Alguns elogios a
A vida é melhor com amigos

"Os retratos comoventes e íntimos de Rhaina Cohen sobre amizades extraordinariamente devotadas desafiam nossas narrativas culturais sobre quais relacionamentos realmente importam. Com uma abordagem perspicaz e vívida, ela revela que existem muito mais caminhos para conexões profundas e realização do que fomos levados a acreditar. Este livro é uma obra impactante, repleta de compaixão e percepção."

Lori Gottlieb
autora best-seller do *New York Times* de
Talvez você deva conversar com alguém

"Este livro se tornou minha nova bíblia."

Trevor Noah
Comediante e ex-apresentador do *The Daily Show*

"Sinto que esperei por este livro por toda a minha vida adulta. Traz um argumento radical e profundamente convincente para priorizarmos as amizades que nos fundamentam, que nos completam, que nos fazem sentir amados e nos permitem amar os outros com a mesma intensidade em troca."

Anne Helen Petersen
Autora de *Não aguento mais não aguentar mais*

"Adorei e recomendo para todos."

Ezra Klein
Jornalista e colunista do *New York Times* e
apresentador do *The Ezra Klein Show*

"Neste livro, escrito com carinho, Rhaina Cohen realiza um trabalho essencial ao questionar as categorizações sociais simplistas e as hierarquias de reconhecimento e privilégio que frequentemente colocam os casais românticos no topo. O livro é enérgico, aberto, ponderado e magnificamente fundamentado. Ele pulsa com paixão pelo tema e é impulsionado por uma curiosidade histórica e intelectual sobre os relacionamentos que sustentam tantas de nossas vidas, mas que só recentemente começaram a receber a consideração que merecem."

Rebecca Traister,
Autora de *All the Single Ladies* e *Good and Mad*

"Uma releitura fascinante de tudo o que você achava que sabia sobre amizade. Este livro é uma revelação e uma revolução platônica."

Marisa Franco
Autora de *Como fazer e manter amigos para sempre*

"Já vimos a sociedade expandir sua definição de amor, e este livro mostra que podemos ir ainda mais longe. Com histórias inesquecíveis, Rhaina Cohen constrói um argumento essencial para ampliarmos o reconhecimento dos relacionamentos comprometidos. Um apelo cativante para abraçarmos o amor em todas as suas formas mais profundas."

Jim Obergefell
Coautor de *Love Wins*

"Este não é um tributo açucarado à amizade. Cohen nos apresenta exemplos reais que desafiam convenções, cada um trilhando um caminho único e revelando abordagens radicais sobre como podemos estar presentes uns para os outros."

Revista *Mother Jones*

"Um testemunho inteligente e comovente sobre o poder dos laços sociais fora da 'obrigatoriedade do casal'."

Publishers Weekly

"Instigante… envolvente… uma leitura esclarecedora. Este livro serve como um poderoso catalisador para que os leitores questionem normas sociais e ampliem sua compreensão sobre conexões significativas. Inspirador."

Booklist

"Escrito com empatia, curiosidade e um talento evidente para contar histórias, este livro oferece aos leitores um olhar profundo e íntimo sobre como a vida poderia ser se ampliássemos nossos horizontes além da 'obrigatoriedade do casal' e aceitássemos a ideia de que os 'relacionamentos românticos' não são as únicas uniões que podem moldar a nossa vida."

BookPage (resenha estrelada)

"Cohen apresenta uma exploração reveladora das inúmeras formas com que a amizade pode enriquecer e fortalecer a vida para melhor."

Shelf Awareness

"Uma coleção eloquente de histórias de diferentes pares de amigos, abrangendo diversas idades, orientações sexuais e classes sociais… comovente."

The Guardian

Rhaina Cohen

A vida é melhor com amigos

O que a ciência e a vida real dizem
sobre a família que escolhemos

TRADUÇÃO Renato Marques

VESTÍGIO

Copyright © 2024 by Rhaina Cohen
Copyright desta edição © 2025 Editora Vestígio

Título original: *The Other Significant Others – Reimagining Life with Friendship at the Center*

Todos os direitos reservados pela Editora Vestígio. Nenhuma parte desta publicação poderá ser reproduzida, seja por meios mecânicos, eletrônicos, seja via cópia xerográfica, sem autorização prévia da Editora. Proibida a venda em Portugal.

DIREÇÃO EDITORIAL
Arnaud Vin

CAPA E PROJETO GRÁFICO
Diogo Droschi

EDITORA RESPONSÁVEL
Bia Nunes de Sousa

DIAGRAMAÇÃO
Waldênia Alvarenga

PREPARAÇÃO DE TEXTO
Cacilda Guerra

REVISÃO
Claudia Vilas Gomes
Giovanna Pires

Dados Internacionais de Catalogação na Publicação (CIP)
Câmara Brasileira do Livro, SP, Brasil

Cohen, Rhaina
  A vida é melhor com amigos : o que a ciência e a vida real dizem sobre a família que escolhemos / Rhaina Cohen ; tradução Renato Marques. --1. ed. -- São Paulo : Vestígio Editora, 2025.

  Título original: The other significant others: reimagining life with friendship at the center.
  ISBN 978-65-6002-101-3

  1. Afetividade 2. Amizade 3. Ciências sociais 4. Estudos culturais 5. Relacionamento interpessoal 6. Relações sociais 7. Vínculos I. Título.

Índices para catálogo sistemático:
1. Ciências sociais 300
Eliane de Freitas Leite - Bibliotecária - CRB 8/8415

A **VESTÍGIO** É UMA EDITORA DO **GRUPO AUTÊNTICA**

São Paulo
Av. Paulista, 2.073 . Conjunto Nacional
Horsa I . Salas 404-406 . Bela Vista
01311-940 . São Paulo . SP
Tel.: (55 11) 3034 4468

Belo Horizonte
Rua Carlos Turner, 420
Silveira . 31140-520
Belo Horizonte . MG
Tel.: (55 31) 3465 4500

www.editoravestigio.com.br
SAC: atendimentoleitor@grupoautentica.com.br

Para M. e Coco

Os relacionamentos mais valiosos são, quase sempre, aqueles que não se encaixam perfeitamente nos espaços preconcebidos que criamos para os arquétipos que imaginamos que povoariam nossa vida – o amigo, o amante, o pai, o irmão, o mentor, a musa […]. Portanto, devemos nos empenhar para criar espaços moldados a partir desses relacionamentos singulares, suportando as cada vez mais intensas dores da autoexpansão, ou nos petrificamos.

Maria Popova

Por que escolhemos o que escolhemos?
O que escolheríamos se tivéssemos uma opção autêntica?

Ellen Willis

Nota da autora	11
Introdução	13
Capítulo 1: Definindo o relacionamento	25
Capítulo 2: Outras caras-metades	45
Capítulo 3: O que o sexo tem a ver com isso?	69
Capítulo 4: Ser dono do próprio nariz	97
Capítulo 5: Famílias funcionais	123
Capítulo 6: Até o fim	147
Capítulo 7: A dor do luto	171
Capítulo 8: Amizade colorida	195
Epílogo	225
Agradecimentos	239
Notas	245

Nota da autora

Este livro mergulha fundo na vida das pessoas para lançar luz sobre um tipo de relacionamento que estava escondido à vista de todos. As pessoas aqui apresentadas, que representam uma fração das cerca de setenta que entrevistei, decidiram compartilhar comigo muita coisa sobre si mesmas porque tinham a esperança de dar visibilidade a amizades como as delas. Uso seus nomes verdadeiros. Em alguns casos, uso apenas seus primeiros nomes ou uma inicial.

Escrevo também sobre mim e, vez por outra, foi relevante me referir a pessoas da minha vida privada. Se as pessoas que entrevistei decidiram participar de maneira ativa deste livro, meus entes queridos optaram simplesmente por ser meus amigos ou parceiros. Algumas dessas pessoas pediram que fossem identificadas por pseudônimos, que uso para preservar sua privacidade.

Introdução

A segunda metade de 2022 foi minha Turnê de Casórios pelos Estados Unidos. Amigos e amigas que tinham adiado suas bodas por conta da pandemia de covid-19 pareciam clientes fazendo fila do lado de fora da loja Target em plena Black Friday, prontos e ávidos para aproveitar os primeiros dias disponíveis para uma celebração segura tão logo as portas se abrissem. Em um período de seis meses fui a seis cerimônias de casamento e perdi outras duas por causa de conflitos logísticos de viagem. Cada uma delas teve toques personalizados. Houve o noivo que formou com os amigos uma banda de rock só para aquela noite; eufórico durante a apresentação da banda, a cada batida de suas baquetas ele suava em bicas sob seu tradicional traje paquistanês dourado. Uma noiva que é poeta conquistou a atenção de centenas de convidados ao declamar o poema que escrevera para a ocasião; segurando um microfone em uma das mãos, na outra o texto impresso, seu véu uma cascata que contornava a parte de trás de sua cabeleira escura, ela leu em voz alta: "Não pertencemos só a nós mesmos". Em silêncio, eu me repreendi por não ter usado rímel à prova d'água naquele dia.

Por mais diferentes que fossem esses casamentos, uma semelhança veio à tona: repetidas vezes, noivas e noivos se referiam ao futuro cônjuge como seu "melhor amigo". Um celebrante iniciou o momento dos votos da cerimônia instruindo a noiva e o noivo a "segurar a mão do seu melhor amigo". Olhei para o padrinho, tão magro e imponente em seu terno de três peças quanto no dia em que ele e o noivo haviam se tornado colegas de quarto na faculdade – época que antecedeu em mais de um ano o dia em que os noivos engataram um relacionamento romântico. Quando o celebrante pediu que os noivos prometessem, como parte de seus votos para toda a vida, ser o melhor amigo um do outro, tive curiosidade de saber em que o padrinho estaria pensando. Afinal, em língua inglesa, o padrinho de casamento atende pelo epíteto de *best man*, "a melhor pessoa". Seu título havia sido roubado.

Na última parada de minha turnê de festas de casamento, oficiei a cerimônia de matrimônio entre dois amigos que, na minha cabeça, têm a mais perfeita parceria romântica de todos os tempos. Eu me preparei lendo discursos de outras pessoas em meus círculos sociais que já tinham feito o papel de celebrantes. Fiquei impressionada com algumas linhas no discurso de uma mulher que se apresentou como a melhor amiga da noiva (título até então incontestado). Depois de dar as boas-vindas aos convidados, ela anunciou: "O momento mais importante da vida é quando você conhece a pessoa com quem quer passar o resto da vida. A pessoa que faz você ver o mundo como um lugar lindo e mágico, que dá sentido a cada vez que você respira. Para [nome da noiva], isso aconteceu 23 anos atrás, quando ela me conheceu".

Pausa para risadas da plateia.

A celebrante continuou: "Porém, há oito anos, ela conheceu [nome do noivo]".

Achei que foi uma piada brilhante. Mas então, jornalista desmancha-prazeres que sou, comecei a me perguntar de onde vinha o aspecto cômico. Até que ponto a dose de humor se baseava na suposição de que amigos não decidem passar o resto da vida juntos? Era realmente algo tão absurdo assim?

Meu interesse nessas questões era mais do que teórico. Havia muito tempo me debruçava sobre o tema da amizade com o fervor que outros reservam para casos de amor romântico. Já anunciei a algumas pessoas que sentia por elas uma "paixonite de amiga" (no fim, ficou claro que essa é uma ótima maneira de acelerar o florescer de uma amizade incipiente). Muitas vezes brinquei que sou uma "empurradora de amigos", porque sinto prazer em apresentar meus amigos uns aos outros e vê-los formar um relacionamento entre eles.

E então apareceu M. Nós nos conhecemos na casa dos 20 e poucos anos, alguns meses depois de eu me mudar para uma nova cidade, e ela ampliou minha compreensão do papel que uma amizade poderia desempenhar na minha vida. Uma amiga poderia ser parte essencial das minhas rotinas diárias; eu passava na sua casa para bater papo, trocar confidências e comer mingau de aveia, depois ela me dava abraços de esmagar costelas antes de eu rumar para o metrô no meu trajeto matinal até o trabalho. Uma amiga era alguém que poderia me pedir para ser sua acompanhante na festa de fim de ano do escritório, orgulhosamente me apresentando a todos, desde estagiários até executivos do alto escalão. Uma amiga era alguém capaz de me fazer sentir tão apaixonada que, de caso pensado, eu limitava a frequência com que mencionava o nome dela, a fim de evitar que achassem que eu estava obcecada – a mesma autocensura que me impus no início do meu relacionamento com meu atual marido. Em suma, uma amiga era capaz de eletrizar minha vida.

Tendo visto por meio de M. o quanto uma amizade tinha o poder de ser expansiva, eu quis encontrar pessoas que estivessem à frente de nós, que já tivessem redesenhado as fronteiras da amizade, movendo as linhas cada vez mais para fora de modo a abranger mais espaço na vida uma da outra. Na ocasião em que me deparei com aquela piada do discurso de casamento da celebrante, eu já havia conversado com muitas dezenas de pessoas que queriam passar o resto da vida com um amigo ou amiga (ou amigos e amigas). Na verdade, *queria* não é bem a maneira certa de dizer. Isso sugere um futuro não realizado. Esses amigos e amigas já viviam lado a lado havia anos ou décadas e planejavam fazer isso por tempo indeterminado.

O primeiro par de amigos com quem falei foi Andrew Bergman e Toly Rinberg; a irmã de Andrew, que por acaso era minha amiga, me disse que Andrew e Toly eram tão próximos que ela considerava Toly seu cunhado. Em 2018, nós quatro marcamos um almoço no restaurante do prédio do meu escritório, e perguntei a Andrew e Toly sobre sua amizade. Meu escritório acabou sendo um lugar adequado para essa conversa, porque o tom do nosso bate-papo teve um ar de reunião com um mentor, como se eu tivesse convidado dois colegas de trabalho mais experientes para tomar um café e discorrer sobre suas carreiras. Eu nunca falara longamente com pessoas que vivenciavam o mesmo tipo de amizade que havia encontrado com M., muito menos com um par de amigos que eram tão comprometidos um com o outro quanto aqueles dois.

Andrew e Toly tinham se conhecido quinze anos antes, quando Toly era o garoto recém-chegado à escola em que eles estudavam num subúrbio de classe média de Nova Jersey. Sua escassa vida social consistia em sair com o irmão e praticar artes marciais numa sala comunitária ao lado da biblioteca pública. Uma festa do Super Bowl [a partida final do campeonato da NFL, a principal liga de futebol americano profissional dos Estados Unidos] a que ambos compareceram acabou marcando o dia em que "cruzaram o rubicão" e, numa decisão sem retorno possível, passaram de conhecidos a amigos; Toly se juntou ao grupo de amigos de Andrew, composto por cerca de dez garotos nerds que brincavam de frisbee e frequentavam a lanchonete Hoagie Haven depois da escola. Mais cedo ou mais tarde, os dois formaram entre si uma sólida amizade.

Eles também tinham amizade com um terceiro colega de classe chamado David, que com sua espontaneidade e entusiasmo animava os encontros diários. Certa vez, David descobriu que não existia limite para a arte da fritura, então ele e Toly prepararam massa e os três fritaram todos os itens comestíveis disponíveis na cozinha da casa de Toly. David também enfrentava dificuldades com sua saúde mental, e perto do fim do ensino médio e durante os anos de faculdade Andrew e Toly, segundo eles mesmos me disseram, foram as duas "tábuas de salvação" do amigo. David abandonou a universidade no início do segundo ano; enquanto Toly cursava o terceiro ano, David passou meses dormindo em um colchão ao lado da sua cama em seu dormitório na faculdade. Mais tarde, ele morou com Andrew. Separados por centenas de quilômetros em suas respectivas faculdades, Andrew e Toly ligavam regularmente um para o outro, e às vezes ficavam pendurados no telefone por horas a fio para conversar sobre tudo que estava acontecendo com o amigo. Meses depois, David tirou a própria vida. Andrew e Toly imprimiram um panfleto para o funeral, fizeram discursos para homenageá-lo e reuniram amigos no porão da casa dos pais de Andrew para uma noite de reminiscências e luto. Quando os dois falam sobre David agora, a voz deles já não cai em um registro tristonho e sombrio; ao contrário, eles se encantam e riem ao evocar a lembrança do amigo. Ajuda o fato de que, enquanto sofriam a dor do luto, tinham outra pessoa que sabia exatamente qual era a sensação de perder David.

Depois de se formarem na faculdade em 2011, Andrew e Toly tocaram adiante sua vida, em paralelo. Num esforço para serem úteis e, em parte, inspirados por David para pensar além dos caminhos convencionais, eles se ofereceram como voluntários para atuar como desenvolvedores de software no Instituto Nacional de Pesquisa Médica na Tanzânia, país onde ambos residiram por sete meses. Andrew conta que não houve um momento específico em que ele e Toly determinaram que sua amizade ia além do que as pessoas costumam entender por "melhores amigos". "Nosso compromisso era quase que mais motivado pela forma como agíamos naquelas horas em que tudo poderia ter caído por terra", diz, sobretudo durante os dois anos que passaram em lados opostos do país. Eles conversavam com frequência e se tornaram colegas de quarto na pós-graduação, onde ambos estudaram física da matéria mole no mesmo laboratório, e novamente quando cofundaram uma organização governamental sem fins lucrativos dedicada à questão da transparência. De morar juntos a trabalhar juntos, os dois tomaram decisões deliberadas para organizar sua vida em torno um do outro. Andrew e Toly tornaram-se um *nós*.

A proximidade deles desconcertava algumas pessoas que os conheciam. Em uma conversa por telefone quando Andrew tinha cerca de 30 anos, sua mãe, Lisa, perguntou com todas as letras se ele era gay. E fez questão de lhe assegurar que, se ele e Toly estivessem em um relacionamento romântico, ela aceitaria numa boa. Embora Andrew se sentisse grato pela aceitação, por parte de sua mãe, de um hipotético relacionamento romântico entre pessoas do mesmo sexo, não era isso que ele e Toly tinham um com o outro. Andrew achava que já tinha deixado bem claro que ele e Toly não eram um casal.

"No fundo", diz Lisa, "eu não achava que era um relacionamento romântico, porque Andrew não é o tipo de pessoa que teria vergonha de dizer que era, se de fato fosse." Andrew tampouco é o tipo de pessoa que reprimiria a atração pelo mesmo sexo, se a sentisse. Ele e Toly costumam ter maratonas de conversas nas quais inspecionam seus sentimentos e comportamento com a meticulosidade de psicanalistas. Se ele ou Toly tivessem interesse sexual um pelo outro, isso teria vindo à tona.

Nas palavras de Lisa, sua confusão acerca da natureza da amizade de Andrew e Toly "me corroía", mas ela se absteve de fazer perguntas a respeito. Em vez disso, passou a perguntar ao filho se ele estava namorando alguém. Andrew respondia com sua própria pergunta: Por que era tão importante para ela que ele estivesse namorando? Lisa dizia que queria que ele tivesse alguém que pudesse lhe dar "integridade emocional", alguém a quem ele pudesse recorrer caso enfrentasse um problema ou uma decisão difícil a tomar. Como mãe, dizia, ficaria feliz por saber que havia alguém na vida do filho capaz de cumprir esse papel de esteio emocional.

Andrew lhe disse que já tinha tudo isso – com Toly.

"Como assim?", Lisa insistiu.

Andrew descreveu Toly como um "parceiro de vida platônico".

Lisa argumentou: "Não entendo como seu parceiro de vida pode ser alguém com quem você não tem um envolvimento romântico".

A amizade de Andrew afrontava duas crenças amplamente difundidas: que uma parceria é, por definição, um relacionamento romântico e que sem um relacionamento romântico de longo prazo a vida é incompleta.

Este é um livro sobre amigos e amigas que se tornaram um *nós*, apesar de não terem roteiros, cerimônias ou poucos e preciosos modelos para guiá-los em direção ao comprometimento platônico de longo prazo. São amigos e amigas que, juntos, se mudaram para outros estados e continentes. Pessoas que foram os principais cuidadores de amigos e amigas depois de cirurgias de transplante de órgãos e sessões de quimioterapia. São famílias coparentais, coproprietários de imóveis e executores dos testamentos um do outro. Pessoas que pertencem a um clube que não tem nome nem formulário de associação, muitas vezes sem saber que existem outras como elas. São pessoas que se enquadram no guarda-chuva do que Eli Finkel, professor de psicologia da Universidade Northwestern, chama de "as outras caras-metades". Tendo rejeitado uma configuração de vida mais usual, esses amigos e amigas enfrentam perigos e fazem descobertas que em outras circunstâncias não teriam feito.

Pessoas que não vivenciaram pessoalmente uma amizade como essa talvez nem sequer percebam que já viram uma antes, embora provavelmente tenham conhecido outras pessoas que a tiveram e podem reconhecê-la quando ela lhes é apontada. Era muito comum que amigos e conhecidos a quem contei sobre este livro se lembrassem – quase dava para ver um balãozinho de pensamento do tipo "momento eureca" brotando acima da cabeça deles – de uma tia ou avó que dividiu a casa com uma amiga até o fim da vida. Médicos que trabalharam com pacientes mais velhos me disseram que muitas vezes a pessoa ao lado da cama de um paciente moribundo não é um cônjuge ou parente, mas um amigo querido e de longa data.

Comecei a trabalhar neste livro com o simples desejo de chamar a atenção para essas amizades. Minha amizade com M. fez o mundo pulsar com mais possibilidades de intimidade e apoio do que antes, e eu queria que outros sentissem por si mesmos essas possibilidades. Ao conversar com pessoas que contavam com amizades devotadas e decisivas – capazes de definir a vida –, ouvi histórias como as de Andrew e Toly, sobre como seus entes queridos às vezes reagiam com perplexidade ou desconfiança. Comecei a perceber que esses relacionamentos incomuns também podem ser uma provocação, desestabilizando o conjunto de princípios sociais que circunscrevem nossa vida íntima: a norma de que a pessoa central e mais importante na vida de alguém deve ser um parceiro romântico, e amigos e amigas não passam de elenco de apoio; que o amor romântico é a coisa genuína, e que, se as pessoas afirmam sentir um forte amor platônico, não deve ser *realmente* platônico; que adultos que criam filhos juntos devem fazer sexo um com o outro, e que o casamento merece tratamento especial pelo Estado.

Contestar essas normas sociais não é novidade, tampouco os parceiros platônicos são os únicos dissidentes. Pessoas que são feministas, *queer*, trans, negras e pardas, não monogâmicas, solteiras, assexuais, arromânticas, celibatárias ou que vivem em sistema de coabitação com amigos questionam essas ideias há décadas, se não séculos. Todas oferecem contrapontos ao que Eleanor Wilkinson, professora da Universidade de Southampton, chama de *casal obrigatório*: a noção de que um relacionamento romântico monogâmico de longo prazo é necessário para uma vida adulta normal e bem-sucedida. Trata-se de uma variação do influente conceito de "heterossexualidade compulsória"[1] da escritora feminista Adrienne Rich – a ideia, imposta por meio de pressão social e incentivos práticos, de que o único relacionamento romântico normal e aceitável é entre um homem e uma mulher. Algumas das primeiras histórias que ouvimos na infância incutem em nós a noção do casamento obrigatório, equiparando personagens que encontram seu "único amor verdadeiro" a viver "felizes para sempre".

Em uma sociedade regida pelo casamento obrigatório, os indivíduos que não são a metade de um casal podem se sentir excluídos. Meg, uma pintora na casa dos 70 anos que conheci enquanto trabalhava neste livro, me contou sobre o período em que suas amigas se casaram e ela foi relegada ao "horário do almoço". O jantar era reservado aos maridos. Ouvi de pessoas solteiras da mesma geração ou de uma mais abaixo da de Meg que elas tinham a sensação de que outros as rebaixavam, tratando-as como "figurantes" ou como imaturas – como um trem que empacou antes de chegar à estação da idade adulta plena. O privilégio de relacionamentos românticos, fato comprovado por farta documentação acadêmica, permeia não apenas nossas normas sociais, mas também a lei; para dar um exemplo, estadunidenses podem estender o seguro-saúde e os benefícios da previdência social aos cônjuges, mas não aos amigos mais próximos.[2]

Assim como a heterossexualidade compulsória desconsidera as experiências de atração por pessoas do mesmo sexo, o casamento obrigatório ignora o grande número de pessoas que não estão em uma unidade romântica. Nas últimas décadas, a idade do primeiro casamento vem aumentando a um ritmo constante, à medida que os jovens buscam primeiro se estabelecer financeiramente e se sentir seguros sobre sua compatibilidade com um parceiro antes de se comprometerem com a devoção até a morte. Se por um lado algumas pessoas estão indo para o altar mais tarde, outras optam por não se casar. Atualmente, apenas cerca de metade dos adultos nos Estados Unidos com idade entre 25 e 54 anos está casada, índice bem abaixo dos 67% de algumas décadas atrás.[3] Ao mesmo tempo, a parcela de adultos nessa faixa etária que nunca se casaram aumentou para quase um terço. E o casamento praticamente tornou-se um símbolo de status, atingível sobretudo por aqueles que têm mais educação formal e mais dinheiro: os norte-americanos mais ricos estão mais propensos a se casar do que aqueles com rendas mais baixas.[4] Muitos estão abrindo mão de mais do que o casamento; vários não voltam para uma casa onde um parceiro romântico os aguarda no final do dia. De acordo com dados de 2019 do Centro de Pesquisas Pew, 38% dos adultos norte-americanos não são casados nem coabitam com um parceiro – em 1990, esse número era de 29%.[5]

Uma resposta a essas mudanças tem sido lamentá-las e tentar voltar no tempo. Alguns políticos e formuladores de políticas públicas vêm fazendo veementes apelos para fomentar o casamento,[6] enquanto o governo dos Estados Unidos tem gastado centenas de milhões de dólares no incentivo ao casamento, com pouco resultado prático.[7] Em geral, devemos ser cautelosos com o paternalismo, mas, nesse caso, temos motivos para ser especialmente céticos: o relacionamento romântico idealizado repousa em terreno instável.

Essa instabilidade decorre, pelo menos em parte, de modernas expectativas acerca de parcerias românticas. Um homem que entrevistei comentou que muitas pessoas que ele conhece têm um enfoque de "loja de conveniência" no que diz respeito a relacionamentos românticos: depositam numa única pessoa todas as suas esperanças de encontrar de uma tacada só um "pacote completo": um parceiro sexual, confidente, parceiro de coparentalidade, companheiro de casa e muito mais.[8] Especialistas de renome reconheceram esse padrão e estão preocupados com isso. A psicoterapeuta Esther Perel escreve: "Quando canalizamos todas as nossas necessidades íntimas em uma única pessoa, na verdade deixamos a relação mais vulnerável".[9] Essas expectativas totalizantes acerca de relacionamentos românticos podem nos deixar sem amortecedores se um parceiro falhar em pelo menos uma área. Ao mesmo tempo que enfraquecemos as amizades ao esperar muito pouco delas, minamos as ligações românticas ao esperar demais delas.

Pedir tanto de uma única pessoa parece ainda mais arriscado quando percebemos que é muito provável que não consigamos contar com um parceiro romântico por toda a nossa vida adulta. Em geral, o casamento ou uma relação semelhante a ele é um status temporário da idade adulta. Poucos norte-americanos engatam um relacionamento romântico aos 18 anos e permanecem nele de forma contínua até a morte. Há períodos de solteirice. As pessoas põem um fim na relação e se divorciam. Sobrevivem aos parceiros; mulheres são especialmente propensas a viver mais que os cônjuges: cerca de um terço das estadunidenses com mais de 65 anos são viúvas.[10] Meg, que havia sido relegada ao "horário do almoço", casou-se aos 50 anos – na época em que muitas de suas amigas estavam se divorciando – e ficou viúva duas décadas depois. Até agora, ela não permaneceu casada por mais de dois terços de sua vida adulta.

Assim como Meg, muitos de nós passam grande parte da vida fora do casamento. Hoje o casamento médio abrange um número menor de anos tidos e havidos como o auge da vida – dos 18 aos 55 – do que há algumas décadas. Em 1960, o casamento médio abarcava 29 desses 37 anos; em 2015, eram 18.[11] Ao ler estatísticas sobre casamento, divórcio e cônjuges sobreviventes, lembrei-me da observação de Susan Sontag sobre a precariedade da saúde: "Todos que nascem têm dupla cidadania, no reino dos sãos e no reino dos doentes". A maioria de nós tem dupla cidadania no reino dos casais e no reino dos solteiros. É prudente adotarmos formas de conexão que existam além do domínio dos relacionamentos românticos.

Pode ser confuso viver no abismo entre a vida que você tem e a vida que você acredita que deveria estar vivendo. Em resposta a um artigo que escrevi para a revista *The Atlantic* sobre amizades muito parecidas com a de

Andrew e Toly, recebi uma enxurrada de relatos de pessoas familiarizadas com essa confusão. Um e-mail veio de Paula Archey, que me contou sobre sua amiga que ultrapassa a proximidade de uma melhor amiga. Cada vez que Paula tinha que designar um contato de emergência, ela pelejava para encontrar um rótulo para sua amizade e anotava termos como "parceira de vida platônica" e "minha pessoa". Paula se divorciou aos 30 e poucos anos e, desde então, estava procurando um novo relacionamento romântico. Ela escreveu: "Embora minha pessoa e eu proporcionemos uma à outra muitas das coisas que, na nossa sociedade, são tradicionalmente fornecidas em uma ligação do tipo matrimonial, eu ainda sentia a necessidade de encontrar alguém para preencher esse papel". Ler histórias sobre outras amizades como a dela foi um "tapa na cara (muito necessário)". Uma vez que tinha absorvido a ideia de que um parceiro romântico a tornaria completa, Paula não havia nem sequer cogitado a possibilidade de que era feliz do jeito que estava, que já tinha um relacionamento que lhe dava alento. Por fim, ela se deu conta de que não havia um buraco em sua vida que precisasse ser preenchido.

Há valor em práticas sociais como o namoro que nos ajudam a transpor o abismo de acesso à mente de outras pessoas; ao nos propiciar um roteiro a seguir e expectativas e prioridades compartilhadas, essas práticas nos poupam do exaustivo trabalho de tomarmos nós mesmos todas as decisões. Mas essas práticas e as mensagens da sociedade sobre relacionamentos nos afetam de maneiras que podemos acabar ignorando: elas alteram as possibilidades que imaginamos para nossa vida. Elas podem dificultar nossa compreensão acerca do que queremos ou, a exemplo de Paula, nos impedir de perceber quando já temos aquilo que queremos. Mesmo que sejamos capazes de discernir nossos desejos, enquanto pensarmos que ninguém mais anseia pela mesma coisa, podemos simplesmente acabar nos sentindo isolados. Contudo, a partir da reação ao artigo em *The Atlantic* e do trabalho para a escrita deste livro, aprendi que muitas pessoas têm ou querem uma vida que não se encaixa no ideal de casal "pacote completo comprado em loja de conveniência" e estão ávidas para construir uma vida com amigos ou amigas. Elas simplesmente não sabem quantas outras pessoas iguaizinhas a elas existem por aí.

Tem sido uma de minhas preocupações profissionais descobrir incompatibilidades como essas, desencontros entre percepção e realidade. Ao identificar nossas convicções equivocadas e as regras sociais que nos confinam, espero que possamos criar laços mais profundos com os outros.

Isso não é pouca coisa em um momento em que os norte-americanos estão passando por uma "recessão de amizade"[12] e a solidão é tão generalizada que o médico-chefe dos Estados Unidos, a autoridade máxima de saúde pública no país, declarou tratar-se de uma epidemia.[13] Uma série de estudos constatou que a falta de conexão social destrói nossa saúde e felicidade,[14] e até políticos conservadores[15] têm argumentado que precisamos de um conjunto mais amplo de relacionamentos do que aquele que a família nuclear fornece. Décadas depois que o cientista político Robert Putnam publicou seu revolucionário livro *Jogando boliche sozinho*,* que relatava o declínio do envolvimento dos norte-americanos na vida comunitária, eles continuam a se afastar de fontes de conexão social, conforme atestam tendências que vão desde a queda na frequência às igrejas[16] até a diminuição no seu número de amigos.[17] Ao mesmo tempo, a depressão e a ansiedade aumentaram entre adolescentes e adultos.[18] Não há controvérsia alguma em afirmar que muitos estadunidenses precisam de uma rede mais espessa de relacionamentos. E, no entanto, o ideal cultural continua a tratar uma única relação romântica como a chave para a realização pessoal.

A sociedade negligencia as possibilidades de conexão platônica profunda, mas os amigos que descrevo em cada capítulo deste livro insistem nelas. As amizades, como eles demonstram, podem fornecer segurança e transformar as pessoas nelas envolvidas. As amizades podem conter a emoção e a ternura que a maioria de nós só espera encontrar em relacionamentos que incluem sexo.

Embora existam muitas maneiras de buscar uma vida significativa além do casal romântico, as parcerias platônicas merecem atenção especial porque sua semelhança com uniões românticas oferece reflexões e revelações valiosas. Comparar esses tipos de relacionamentos desmascara suposições profundamente arraigadas sobre parcerias românticas, amizades e família que, de outra forma, poderiam passar despercebidas.

Os capítulos do livro, cada um construído em torno de um minucioso exame de uma amizade específica, transformam essas suposições em perguntas: O sexo é essencial para a parceria? Duas pessoas devem formar (ou ter formado) um casal para serem parceiras de coparentalidade adequados? Por que reconhecemos a perda de alguns tipos de relações como

---

* Trad. Marcelo Oliveira da Silva. Curitiba: Instituto Atuação, 2015. Série Coletânea da Democracia.

acontecimentos devastadores, mas de outras não? O primeiro capítulo faz perguntas que surgiram da minha amizade com M. e que traçaram meu caminho até este projeto: O que *é* exatamente uma amizade desse tipo, e o que significa o fato de que hoje em dia as pessoas têm tanta dificuldade para entendê-la? O livro começa com histórias de pessoas na faixa dos 20 e 30 anos, período em que muitos sentem a pressão para encontrar um relacionamento romântico duradouro se quiserem encetar uma vida plena. Os capítulos seguintes investigam as maneiras como amizades profundas e comprometidas se desdobram e se expandem em torno do terreno de estágios posteriores da vida, dos cuidados à aposentadoria. Os retratos íntimos de amizades neste livro não são um chamamento para substituir normas existentes por um novo imperativo ou uma nova hierarquia. Tampouco constituem um guia prático para parcerias platônicas. Ao contrário, essas histórias são um convite para expandirmos as opções que estão abertas para nós.

Descobri que a natureza improvisada dessas amizades – que não seguem roteiros preestabelecidos – tem vantagens e escrevo sobre elas aqui, mas não estou sugerindo que todo mundo penhore suas alianças de casamento, muito menos estou argumentando que as parcerias platônicas são inerentemente superiores às ligações românticas. As parcerias platônicas não são utópicas, e os relacionamentos românticos podem ser tremendamente gratificantes. Mas o casal romântico não é a configuração que leva todos a florescer, e, para um número cada vez maior de pessoas – solteiras, divorciadas, viúvas etc. –, um relacionamento romântico não é o ponto central da vida, seja por escolha, seja por circunstância. O xis da questão é se as pessoas podem buscar os relacionamentos que importam para elas com dignidade e reconhecimento por parte da sociedade e do sistema legal.

Assim como muitas pessoas que organizaram a vida em torno de um relacionamento romântico e estimularam outros a fazer o mesmo, a mãe de Andrew tinha boas intenções. "Quero que meus dois filhos sejam felizes", disse ela. "A meu ver, essa felicidade emocional viria de um relacionamento" – um relacionamento romântico, ela quis dizer. Lisa estava tentando empurrar o filho em direção à forma de felicidade que ela conhecia bem. Mas é fácil confundir o que é conhecido e habitual com o que é sábio. Andrew e Toly descobriram que há outros relacionamentos que podem levá-los ao mesmo destino que Lisa queria para o filho, a uma paisagem que ela não sabia que existia.

Capítulo 1
Definindo o relacionamento
As possibilidades do amor platônico, antes e agora

> As coisas mais difíceis de falar são as que nós mesmos
> não conseguimos entender.
> *Elena Ferrante*

Em 2017, cinco meses depois de me mudar para Washington, D.C., caminhei até a estreita sala dos fundos de um bar chamado Lost & Found [Achados e Perdidos] para comemorar o aniversário do melhor amigo da minha colega de quarto. A sala era uma caixa de sapatos industrial, com teto baixo, parede de tijolo aparente e piso de concreto que abafava os sons do espaço lotado e nos obrigava a falar aos berros. Do outro lado da sala avistei uma pessoa que, mesmo de longe, achei magnética. Ela não se parecia com os outros jovens da capital do país apinhados no bar naquela noite de quarta-feira, cujos blazers e camisas de botão no colarinho não caíam muito bem e pareciam figurinos mal-ajambrados para uma encenação da vida adulta. Vestindo uma blusa sem mangas em tom pastel e saia lápis justa, ela tinha a postura de uma dançarina – se essa dançarina também estivesse comandando uma reunião de diretoria – e gestos expressivos. Mais tarde, consegui puxá-la para uma conversa e notei a dicção e a melodia cristalinas em sua voz.

Um pouco embriagada, soltei o que poderia ter sido uma cantada: "Você é cantora, não é?".

Ela ficou surpresa que eu tivesse detectado isso depois de apenas algumas frases de conversa. Na verdade, ela cantava como soprano em dois corais.

Seu nome era M. Taças de vinho na mão, conversamos sobre minha experiência amadora em artes cênicas quando era criança; ela me contou que vinha de uma família musical e desde muito cedo fez aulas de piano e canto. Com a garganta doendo de tanto levantar a voz por causa da barulheira do bar, depois de algumas horas saímos da festa e fomos a pé até o metrô. Durante as quatro paradas que levamos para chegar ao nosso bairro, descobrimos que morávamos a apenas alguns quarteirões de distância uma da outra. Trocamos números de telefone, deixei M. na casa dela e me senti zonza enquanto caminhava até a minha.

Logo descobri que M. não tinha um pingo de comedimento. Ou, pelo menos, não tinha vergonha de demonstrar entusiasmo. Logo depois de nos separarmos naquela noite, recebi dela uma mensagem de voz. Eu descobriria que as mensagens de voz de M. eram o equivalente em áudio dos e-mails que ela escrevia aos amigos, textos inteligentes e repletos de fluxo de consciência. Ela tinha a habilidade de transformar observações sobre as coisas mais ínfimas em perguntas intrigantes. Entre nós havia uma verdadeira tempestade de ideias – fartas trocas de impressões sobre livros e artigos que estávamos lendo e detalhes sobre as pessoas importantes em nossa vida, diálogos que facilmente se alternavam entre o interpessoal, o emocional e o intelectual.

Três dias depois de nos conhecermos, M. me convidou para uma reunião semanal descontraída que ela realizava em sua casa e que me introduziu ao que eu viria a definir como sua "introversão extrovertida". M. costuma reunir amigos, mas também pode optar por comemorar seu aniversário indo ao cinema sozinha. Nessa ocasião, ela fundiu os dois impulsos convocando amigos para bater papo durante uma refeição que preparou para nós; em seguida, depois de acender uma vela, fez todo mundo se aconchegar em sua sala de estar e ler os próprios livros em silêncio.

Não demorou muito para apresentarmos uma a outra às pessoas e aos espaços que eram importantes para nós. M. tornou-se uma presença tão habitual no meu escritório que em pouco tempo estava contando piadas ao segurança. Cerca de um mês depois de nos conhecermos, M. me convidou para ir junto com ela e sua família a um festival de jazz ao ar livre em D.C. Entrávamos e saíamos da casa uma da outra com a frequência e a descontração que antes só pareciam possíveis em seriados de TV.

Foi tudo uma magnífica surpresa. Eu não esperava sentir a euforia que encontrei com M., porque não me ocorreu que esses sentimentos poderiam surgir mais de uma vez. Eu a conheci dois anos e meio depois de engatar um relacionamento com meu atual marido, a quem chamarei de Marco. Senti que era afortunada por ter encontrado um parceiro ainda tão jovem – eu tinha 22 anos – e presumi que havia feito uma troca: ao ter conhecido meu parceiro na flor da idade, não conseguiria saber qual era a sensação de me apaixonar de novo – a menos que algo desse tremendamente errado entre Marco e mim. Mas agora, com M., lá estavam aqueles mesmos sentimentos, só que desprovidos de desejo sexual.[1]

De certa forma, M. e Marco eram semelhantes: analíticos, disciplinados, charmosos. No entanto, Marco era constante, estável – seus defeitos não eram tão graves, e seus pontos altos não eram nada fora do comum –, ao passo que M. era pura intensidade. Com os sentimentos à flor da pele, ela era uma manteiga derretida e não conseguia esconder as provas disso: quando suas lágrimas evaporavam, anéis de sal se formavam sob seus olhos. Ela dava conselhos tão sábios que os terapeutas que eu consultava me decepcionavam – parecia absurdo gastar tempo e dinheiro falando com pessoas cujas percepções não eram tão argutas quanto as dela. Enquanto Marco buscava a beleza passando tempo ao ar livre, M. olhava para o palco.

A intensidade da minha amizade com ela não tinha precedentes reais. Na escola primária tive uma melhor amiga, que depois se mudou. Tive outra no fim do ensino fundamental: fazíamos aulas de atuação e de canto juntas e na maioria dos fins de semana dormíamos na sua casa, fazíamos macarrão com queijo e gravávamos vídeos engraçados. Comecei a me sentir como um membro da família estendida dela, mas, depois que nos distanciamos no ensino médio, passei a contar com vários amigos próximos, não com uma única pessoa, e nunca encontrei alguém que me fizesse querer me abrir como faria mais tarde com M. No ensino médio, tive dificuldade para falar sobre o que estava acontecendo: que minha mãe havia perdido o emprego durante a recessão; que meu pai não trabalhava havia anos; que na prática meus pais estavam separados e a principal razão pela qual minha mãe permanecia na mesma casa que ele em Nova Jersey era a falta de dinheiro para se mudar, agora que estava desempregada. Eu não conseguia falar sobre como o desespero podia tomar conta de minha mãe, e sobre como meu pai, que tinha sido uma figura tão adorável para mim, às vezes me assustava com sua ira e amargura em relação a ela.

Durante meu terceiro ano do ensino médio, eu me aproximei de uma garota chamada Sophia, que era um ano mais velha que eu. Com ela eu me abria e compartilhava mais coisas do que com outras pessoas, mas ainda não conseguia abordar alguns dos meus problemas em casa. Sophia também me ajudou a descobrir a existência de algo que eu queria, pois ela tinha uma melhor amiga com quem falava o tempo todo e para quem podia ligar a qualquer hora. Ela e essa amiga eram uma unidade reconhecida por todos. Eu me aproximei desse tipo de conexão na pós-graduação, quando fiz uma melhor amiga, Anna, embora depois tenhamos nos mudado para cidades diferentes. E então conheci M., de quem acabei me tornando tão próxima que o termo *melhor amiga* parecia inadequado.

Na véspera do Ano-Novo de 2017, M. e eu organizamos juntas uma festa na minha casa para cerca de dez amigos, alguns dos quais estavam de passagem pela cidade e não conheciam os outros convidados. Tal qual um poeta que gosta de lidar com as restrições criativas do esquema de rimas, M. tem prazer em elaborar encontros sociais estruturados. Ela preparou um esquema para que nossos amigos (e ela mesma) tocassem música e instruiu as pessoas em um exercício de escrita: uma série de sugestões que nos instigou a refletir sobre o ano que passou e olhar para o futuro. M. nos fez perguntar: Quais votos queremos renovar para nós mesmos?

O voto que M. fez a si mesma foi pedir ajuda com mais frequência. "Toda vez que você inicia um novo projeto, pessoal ou profissional, você deve *começar* perguntando: '*Quem poderia me ajudar com isso?*'", disse ela. A resolução de Ano-Novo que me propus foi reduzir minha sensação de isolamento no grande escritório em que trabalhava – onde me sentia retraída, muito distante do meu eu social –, estabelecendo, a cada mês, um contato mais próximo com uma nova pessoa que eu quisesse conhecer melhor. Estar com M. era ser empurrada para crescer, e mais tarde eu veria esse elemento de nossa amizade refletido no relato do relacionamento romântico de um casal. Uma das pessoas dessa dupla descreveu em seu blog um princípio fundamental na relação com sua cara-metade como "não acomodação mutuamente assegurada".[2]

Por meio de M., senti um tipo de vitalidade e paixão na amizade que ainda não tinha conhecido. Saboreava tudo com grande prazer. Queria entender como a mente dela funcionava, imitar a maneira exuberante como ela desfilava pelo mundo. E eu me sentia cúmplice de um segredo:

que é possível encontrar, no âmbito de uma amizade, a embriaguez e a segurança que associamos a relacionamentos românticos.

"Segredo" está longe de ser uma hipérbole, porque, conforme M. e eu nos aproximamos, descobrimos que nossa amizade não tinha um rótulo trivial ou predefinido. Nós nos sentíamos como uma espécie que os biólogos ainda não haviam classificado. Não éramos meramente "amigas". Até mesmo "melhor amiga" parecia um rebaixamento; nosso comprometimento excedia o da maioria dos melhores amigos que conhecíamos. Trocávamos mensagens de voz várias vezes por dia, e com regularidade encaminhávamos uma para a outra cópias ocultas de importantes e-mails de trabalho. Apresentávamos nossos amigos uma à outra e, embora mantivéssemos nossos próprios laços, em torno de nós duas cresceu uma rede de amigos em comum.

Quando eu queria que alguém conhecesse M., perguntava a ela se poderia estender um convite para uma das festas que ela promovia a cada poucos meses. Nessas festas, os amigos de M. dotados de talento musical apresentavam composições que atravessavam séculos, gêneros e continentes, desde música coral clássica do século XIX até canções infantis africanas e cantigas folclóricas originais. O ambiente era descontraído: dezenas de convidados sentados de pernas cruzadas no chão da sala de estar e repousando sobre o console da lareira um buquê de 5 dólares comprado no supermercado Safeway, a maior extravagância de M. em matéria de decoração. Mas ela coreografava cuidadosamente as festas, e uma lista definida de antemão enumerava a ordem das canções, as horas de ensaio e um horário de término do evento respeitado com rigor. (Numa dessas reuniões, uma amiga de M. presenteou-a com uma faixa que dizia "Por favor, vão embora às nove".) Uma das brincadeiras de M. como mestre de cerimônias era explicar que numa das línguas que seus pais falam não existe uma tradução exata para a palavra *cantor/cantora*; há uma expectativa cultural de que todos cantem, então seria estranho alguém descrever a si mesmo como "cantor/cantora" ou dizer "Não sou cantor/cantora", como as pessoas fazem nos Estados Unidos. M. levou essa ideia para suas festas. Perto do fim da noite, ela nos dividia em seções e nos orientava a cantar juntos uma rodada de canções, ou então, feito uma maestrina, ditava o ritmo entoando conosco uma música bem conhecida como "Seasons of Love". Mesmo quem tinha a voz de um guaxinim ou de uma taquara rachada ficava com a sensação de ter contribuído para os tons harmoniosos.

M. também cuidava de mim como nenhuma outra amiga jamais havia feito, misturando a efervescência de uma fada madrinha com as eventuais súplicas de uma mãe de verdade para que o filho pequeno coma verduras. Em mais de uma ocasião, quando eu estava resfriada, ela foi até minha casa carregando uma sacola cheia de limões, gengibre fresco e chá preto, que transformava em uma infusão no fogão. Ela me fazia beber até a última gota a poção fumegante, mesmo quando eu estremecia com a acidez do líquido e reclamava feito criança. M. tinha longas conversas comigo sobre as dificuldades familiares, me enviava e-mails com lembretes para eu encontrar um terapeuta e me ajudou a reduzir o constrangimento que eu sentia ao falar sobre sexo. Já teria sido suficiente se ela apenas me deixasse à vontade ao discutir acontecimentos e pensamentos que antes eu mantinha escondidos. Mas, por meio de sua mente aberta e compreensiva, receptividade e espírito de investigação analítica, M. me ajudou a fazer a mim mesma perguntas que antes eu não teria feito e a identificar pensamentos e sentimentos aos quais eu ainda não tinha dado solo fértil para crescer.

Eu sabia também que era a melhor pessoa de M. Várias vezes, em noites nas quais que ela estava passando por momentos difíceis, eu ia até sua casa e a abraçava. Dormia lá, morrendo de calor sob seu cobertor de pele falsa. Vi como ela se preocupava com seus familiares e com sua montanha de dívidas do financiamento estudantil. Volta e meia ela sofria para equilibrar seus tortuosos e instáveis interesses analíticos com suas ambições criativas como musicista e escritora – M. era como uma casa que entraria em curto-circuito se muitos aparelhos elétricos fossem ligados ao mesmo tempo; ela tinha que escolher qual deles ligar em momentos específicos. Sempre conversávamos sobre como ela poderia manter em funcionamento eficaz essas duas partes essenciais de si mesma.

Quatro meses depois de nos conhecermos, M. encerrou um telefonema entre nós dizendo: "Eu te amo". Disparei um "Eu também te amo" em um tom meio tímido, envergonhado. Estava sentada ao lado de um desconhecido em um trem da Amtrak – cenário que para mim dificultou assimilar aquelas palavras e responder com um sincero e enfático "Eu te amo". Lamentei não ter sido capaz de transmitir mais sinceridade, porque não havia dúvida de que amava M.

Alguns dias depois, tentei analisar em meu diário o que nós duas estávamos construindo juntas. Escrevi que não sabia o que pensar acerca da nossa amizade. E, sem uma estrutura, continuei: "Não tenho uma maneira fácil de descrever nossa amizade para os outros, o que parece loucura, porque nossa amizade tem que ser o fato mais importante desde que nos mudamos para D.C.".

Posso não ter tido muitos precedentes pessoais para uma amizade como a que M. e eu desenvolvemos, mas o registro histórico revela um bocado.

No piso da capela do Merton College em Oxford, Inglaterra, sob vitrais que retratam apóstolos, um monumento plano de bronze de três metros de comprimento marca a cripta conjunta de John Bloxham e John Whytton. Os homens estão lado a lado, suas vestes caindo até os pés, ambos com as mãos unidas em oração como se fossem um par de santos. Por que foram enterrados nessa capela – juntos – e homenageados como um par? A resposta mais direta é que Whytton tomou providências para que isso acontecesse. Ele forneceu fundos para o monumento e o túmulo após a morte de Bloxham em 1387. E também pediu para ser enterrado com Bloxham.

Depois de visitar esse memorial e outros semelhantes, o historiador britânico Alan Bray considerou uma possibilidade radical: talvez fossem evidências de uma prática havia muito esquecida de casamento entre pessoas do mesmo sexo. Afinal, seu design imitava o de outros dedicados a maridos e esposas, em igrejas inglesas medievais.[3] Certos monumentos para casais do mesmo sexo incluíam o nó de casamento que aparece em mausoléus de cônjuges. Alguns apresentavam escudos familiares, sugerindo a fusão de duas linhagens.

Demorou décadas para Bray chegar a uma conclusão diferente, que esses homens tinham um tipo de relacionamento que agora é estranho para nós: um relacionamento socialmente reconhecido e comprometido, construído em torno do amor platônico. Decidido a interpretar o passado em seus próprios termos, Bray concluiu que os europeus dos séculos anteriores tinham uma concepção de amizade diferente da nossa. A amizade não era um relacionamento privado, como agora é entendida, mas um relacionamento de significado público, regularmente honrado nas igrejas.

O caminho de Bloxham e Whytton até seu local de descanso na capela começou por volta de 1364, quando se conheceram, ainda jovens, no Merton College. Na época, Whytton provavelmente era um jovem acadêmico e Bloxham, um membro do corpo docente da instituição. A amizade deles durou mais de vinte anos.[4] Além do fato de terem sido enterrados em uma igreja, um detalhe no monumento do túmulo eleva sua amizade a um plano espiritual. O entalhe do nome *Johannes* parece identificar São João Batista como o padrinho espiritual dos homens, o que tornaria Bloxham e Whytton irmãos espirituais.

Ao que parece, Bloxham e Whytton seguiram uma prática comum na Inglaterra medieval e do início da Idade Moderna, na qual homens eram ritualmente transformados em irmãos e, depois, deles esperava-se que apoiassem um ao outro pelo resto da vida. A irmandade juramentada tinha raízes profundas. Entre os séculos IV e VII, monges às vezes formavam pares, e cada membro da dupla assumia a responsabilidade pelo progresso espiritual do outro.[5] No século VI, dois monges da Síria, Simeão e João, tinham uma conexão tão profunda que compartilhavam as mesmas visões.[6] Por fim, eles deixaram o mosteiro no qual tinham ingressado na Jordânia e juntos tornaram-se eremitas do deserto; mas, antes de sua partida, o abade se ajoelhou e, com um dos monges de cada lado, orou por eles.[7] O ritual entre esses dois homens, de acordo com Claudia Rapp, professora de estudos bizantinos da Universidade de Viena, foi o ato inaugural da *adelfopoiese* – literalmente, a "criação de irmãos".

Durante séculos, esses rituais aconteciam em igrejas cristãs do Oriente: dois amigos entravam na igreja, pousavam as mãos sobre o Evangelho, uma em cima da outra, e o padre fazia orações sobre eles.[8] Após se abraçarem, os homens passavam a ser vistos como "irmãos" pelo resto da vida.[9] A adelfopoiese era praticada por monges e leigos no Império Bizantino, e evidências escassas sugerem que também havia amizades juramentadas entre pares de mulheres e entre mulheres e homens. Historiadores encontraram formas semelhantes de fraternidade – conhecidas alternadamente como *irmãos casados* ou *irmãos de sangue*[10] e celebradas com uma gama de rituais – por toda a Europa, Ásia e Oriente Médio.[11] Embora os homens pudessem entrar nesses relacionamentos por razões instrumentais – por exemplo, garantir uma aliança estratégica entre famílias –, muitos deles eram levados a se tornar irmãos pela profunda afeição que nutriam um pelo outro.[12] A fraternidade juramentada poderia coexistir com o casamento.[13] Às vezes, homens escolhiam ser enterrados com seus irmãos juramentados em vez de com suas esposas.[14]

As mesmas características que fazem com que essas amizades tão intensas pareçam fora de lugar hoje em dia eram, em outros momentos da história, vistas como normais e louváveis: o afeto, a devoção e o ritual que envolvem; a maneira como os amigos operam como uma unidade; a forma como os amigos são integrados às famílias de origem uns dos outros. Uma das primeiras obras da literatura, o poema *Epopeia de Gilgámesh*, é um canto de louvor a uma amizade masculina inseparável. O Antigo Testamento apresenta histórias de extrema devoção entre amigos: Davi, futuro rei de Israel, se uniu em aliança ao amigo Jônatas porque este "o amava como à sua própria alma". Pensadores gregos e romanos de outrora usavam uma linguagem muito parecida com essa para descrever a amizade. Na Roma Antiga, alguém podia se referir a um amigo em termos que hoje as pessoas considerariam apropriados para um cônjuge, como "metade da minha alma" ou "a maior parte da minha alma".[15]

Na Antiguidade e no início da Era Moderna, família, amigo e cônjuge não eram classificados em uma hierarquia clara, e um amigo poderia assumir papéis que hoje admitimos que caberiam apenas a um parente ou cônjuge. Isso acontecia de um extremo a outro do mundo. Amigos na França medieval tardia e em outros lugares do Mediterrâneo podiam unir suas famílias em um contrato legal conhecido como *affrèrement* (algo como "irmandade").[16] Eles prometiam viver juntos e compartilhar *"un pain, un vin, et une bourse"* – o mesmo pão, o mesmo vinho, o mesmo dinheiro – e em geral tornavam-se herdeiros legais um do outro, retirando esse direito de parentes de sangue.[17] Na China, irmãos juramentados contribuíam para o dote da filha de um irmão juramentado, para os custos de um funeral na família de um irmão juramentado, e tinham obrigações de luto quando os pais do irmão juramentado morriam.[18] Esse tipo de relacionamento embaralhava os limites entre amigos e parentes.

Embora a irmandade juramentada empregasse a linguagem de família, assemelhava-se ao casamento. Ambos os relacionamentos envolviam rituais que criavam parentesco por pacto em vez de pela biologia, unindo publicamente as famílias. Ambos eram encenados diante de testemunhas e santificados pela Sagrada Comunhão. Na verdade, essas amizades eram amiúde chamadas de "irmandades conjugais" – no inglês médio, a palavra *wed* (casar-se, unir-se) tinha o significado de compromisso ou aliança e não se referia exclusivamente a marido ou esposa "unidos por matrimônio".[19] Homens poderiam falar com seus amigos usando termos associados a casamento ou parentesco. Jaime I, rei inglês do século XVII, e o primeiro duque de Buckingham referiam-se um ao outro em suas cartas com uma mistura de termos, entre os quais *friend* ("amigo"), *husbande* (forma arcaica de *husband*, "marido"), *wyfe* (forma arcaica de *wife*, "esposa") e *chylde* (forma arcaica de *child*, "filho"), sugerindo que sua amizade misturava cada um desses tipos de relacionamento.[20] Não havia linhas claras a separar casamento, família e amizade.

Hoje, amigos não podem entrar em uma casa de culto ou um cartório e "casar" um com o outro, tornando-se irmãos aos olhos da comunidade. Mas seria um erro supor que as pessoas sempre organizaram relacionamentos como fazemos agora, com linhas divisórias rígidas e classificações muito nítidas. Por mais incoerente que uma linguagem como "irmandade conjugal" possa parecer aos nossos olhos, Bray, o historiador, escreve: "A confusão não está nesses termos do passado, mas em nós".[21]

Não havia nada de novo no tipo de proximidade que encontrei na minha amizade com M., mas os termos para descrevê-la e os rituais para celebrá-la haviam desaparecido. Sem essas formas de reconhecimento social ou consciência da história que agora conheço, tive a sensação de que ela e eu estávamos pesquisando um território não mapeado. Certa tarde, um amigo chamado Adam sugeriu uma maneira diferente de pensar sobre minha amizade com M. Ele me perguntou quais eram as diferenças entre meu relacionamento com Marco e com ela. Tive que refletir sobre a questão por um momento.

Marco e eu nos conhecemos em Oxford, onde ambos estávamos em programas de mestrado. Ele me pareceu uma pessoa séria – nossa primeira conversa envolveu uma discussão sobre a queda da União Soviética –, então fiquei surpresa ao descobrir que aquele cara estudioso que usava camisa social como traje informal fazia generoso uso de emojis em suas mensagens on-line. Poucos meses depois de começarmos a namorar, ele contou ao pai que nosso relacionamento era diferente de outros que já tivera. Marco, que um dia chegara a cogitar a ideia de seguir uma ambiciosa carreira política, disse ao pai que em vez disso conseguia se ver de prontidão nos bastidores, assistindo ao meu trabalho e me dando apoio. Quando ele me acompanhou aos Estados Unidos para fazer doutorado, estava tão preocupado em aproveitar melhor seu tempo que mantinha uma planilha com a programação de suas atividades definidas em intervalos de seis minutos, mas aprendi que ele também era capaz de se sentar com o filho pequeno de um amigo e, absorto e feliz, observar a criança tirar e recolocar a tampa de canetinhas durante uma quantidade de tempo que me parecia uma eternidade.

Marco não é do tipo que usa termos carinhosos, a menos que o propósito seja provocar. Ele me chama de "Grudenta", apelido às vezes abreviado para "Grude", por causa da maneira como o abraço e vez por outra me recuso a me desvencilhar. (M., por sua vez, me abraçava com força suficiente para fazer minhas costas estalarem, e certa vez tive de lhe pedir para não segurar minha mão enquanto andávamos por meu escritório cheio de gente, o que ela fazia num gesto impensado.) Sou um vulcão jorrando palavras afetuosas, mas Marco, fiel à sua herança holandesa, demonstra afeição por meio de suas ações.

Marco e M. se expressavam de forma diferente, mas eu sentia que os alicerces do meu relacionamento romântico com Marco e da minha amizade com M. eram semelhantes. A óbvia distinção era que eu fazia sexo com Marco e não com M. Meu amigo Adam me disse que eu era poliamorosa – avaliação que ele se sentia à vontade para fazer, sendo alguém que tinha experiência em relacionamentos poliamorosos. A seu ver, Marco e M. eram, ambos, meus parceiros – minha parceria com M. simplesmente não envolvia sexo. No entanto, o enquadramento do poliamor não me dizia nada. Eu associava o poliamor a relacionamentos sexuais e acreditava que outras pessoas também faziam isso. De que adiantaria eu me descrever como alguém que tinha uma relação poliamorosa com Marco e M. se outras pessoas entendessem que isso significava algo que não correspondia à verdade? Embora a sugestão de Adam não tenha resolvido meu problema de nomenclatura, seu comentário de que eu tinha dois parceiros me deu validação externa de que minha amizade com M. era significativa e, de muitas formas, mais próxima de um relacionamento romântico comprometido do que de uma amizade convencional.

Até aquele momento, M. tinha sido uma presença maior no meu dia a dia do que Marco. Ele estava fazendo doutorado em uma faculdade que ficava a seis horas de trem de D.C., e nos víamos todo fim de semana. Marco ficou feliz por eu ter encontrado alguém que rapidamente me deu uma sensação de enraizamento na minha nova cidade e de cuja companhia ele também gostava.

Em outubro de 2017, pedi Marco em casamento. Conspirei com um grupo de amigos para organizar um jantar na minha casa, estruturado nos mesmos moldes dos muitos jantares a que Marco e eu íamos nos tempos do mestrado e que depois passamos a oferecer, nos quais todos traziam um texto curto para ser lido em voz alta e depois debatido. Depois que Marco deu o pontapé inicial lendo um trecho de um livro sobre teoria da informação, cada um dos demais leu seu próprio texto – de um fragmento das memórias de Tina Fey à transcrição de uma conversa com a avó –, e todos eles tinham a ver com o amor. Como Marco estava intensamente focado em cada leitura específica, até mesmo rabiscando anotações em um guardanapo de papel, o tema lhe passou despercebido. Aturdido quando o pedi em casamento, ele disse "sim".

Depois de nos servirmos de *prosecco*, todos começamos a conversar. Eu me vi trocando ideias com a esposa de um amigo de Marco, que me perguntou como tínhamos nos tornado duas pessoas tão próximas, e tão rapidamente – mas ela não estava se referindo a mim e meu novo noivo. Ela estava falando comigo e M. Embevecidas enquanto nos revezávamos na narração, traçamos toda a trajetória de nossa amizade. Estávamos ambas profundamente envolvidas na história, quando me lembrei de que minutos antes havia pedido Marco em casamento. E essa não foi a única vez que alguém me faria lembrar da maneira como minha relação com M. ecoava aquela que a sociedade reconheceria publicamente.

Na celebração do meu casamento, nos Países Baixos, um ano e meio depois, M. cantou várias músicas. Durante nossa primeira dança, Marco e eu alinhamos nossos passos *lentos-rápidos-rápidos* do foxtrote às batidas da interpretação de M. de "I Could Write a Book", o clássico do jazz que ela havia escolhido para interpretar em nossa festa. À guisa de agradecimento por ela cantar e ajudar a organizar um evento surpresa durante o fim de semana do casamento, dei-lhe uma foto emoldurada de nós duas que fora tirada antes da cerimônia. Nela, seguro um buquê numa das mãos enquanto minha outra mão envolve a cintura dela. M., que é 17 centímetros mais alta do que eu, inclina a cabeça para baixo, e nossas testas se tocam enquanto rimos.

Um colega viu essa foto na escrivaninha de M. e perguntou se ela tinha se casado. Foi uma interpretação razoável da foto: além da óbvia intimidade entre nós duas, estávamos envoltas em um arco de flores de lavanda, e eu usava um vestido de renda enquanto M. ostentava um vestido de verão branco estampado com rosas.

Em séculos passados, entendia-se que mulheres podiam ter sentimentos profundos tanto por suas amigas quanto pelos maridos. Mulheres davam mechas de cabelo de presente para seus pretendentes e para as amigas.[22] No romance epistolar *Júlia ou A nova Heloísa*, de Jean-Jacques Rousseau, a amizade entre Claire e Júlia excede a intensidade da conexão entre Claire e o noivo. Claire escreve para Júlia que "ao lado de minha Júlia [meu noivo] não é nada para mim" e diz isso ao noivo.[23] Claire escreve para Júlia: "Desde nossos primeiros anos, meu coração foi absorvido pelo seu [...] você sozinha tomou o lugar de tudo para mim, e eu vivi apenas para ser sua amiga".[24] Em momento algum o noivo se sente ameaçado ou preterido por causa dos apaixonados sentimentos de Júlia por Claire; ao contrário, ele os considera uma indicação da bondade essencial da noiva, o que faz com que se sinta ainda mais atraído por ela.

Esses relacionamentos não eram apenas material de ficção. Sarah Stickney Ellis, autora do manual de etiqueta mais importante do século XIX na Inglaterra – pense em Emily Post,* só que vitoriana –, tratava as amizades femininas como as servas do casamento. Na época, acreditava-se que o casamento unia duas criaturas de naturezas opostas: homem e mulher.[25] Ellis argumentava que intensificar a diferença entre homens e mulheres fomentava o amor entre os cônjuges.[26] Para mostrar como as amizades entre pessoas do mesmo sexo podem fazer isso, ela escreve: "No círculo de seus amigos particulares [...] [a mulher] aprende a compreender o profundo mistério daquela elétrica cadeia de sentimentos que vibra perenemente no coração da mulher, e que o homem, com toda a sua filosofia, jamais é capaz de entender".[27] As amizades entre as mulheres as põem em contato com uma maneira especificamente feminina de sentir, para benefício do casamento.

Havia um lado obscuro na harmonia tranquila entre amizades românticas e casamento. Estava enraizado na desigualdade de gêneros: a dependência econômica das mulheres em relação aos homens embotava qualquer ameaça percebida que uma amizade entre pessoas do mesmo sexo pudesse representar – a maioria das mulheres precisava se casar, por mais ardentes que fossem seus sentimentos em relação às amigas. Tal qual Ellis, homens escreviam com aprovação sobre as "amizades românticas"

---

* Emily Post (1872-1960), romancista e socialite estadunidense (nascida em Baltimore), famosa por escrever livros sobre etiqueta. [N.T.]

de mulheres em parte porque acreditavam que elas serviam como campos de treinamento para a vida de esposa.

A possibilidade de que um relacionamento com outra mulher pudesse substituir o matrimônio surgiu no final do século XIX, quando se abriu para as mulheres a oportunidade de se candidatarem a empregos de escritório, bem como cursarem universidades mistas e atuarem em algumas profissões de prestígio como a medicina, o que criou mais opções para elas se aventurarem por conta própria.[28] Durante esse período, pares de mulheres – em geral abastadas ou bem-educadas – passaram a viver juntas e a se apoiar mutuamente no que ficou conhecido como *casamentos de Boston*.[29] A historiadora Susan Freeman descreve essas relações de longo prazo entre duas mulheres não casadas como "uma espécie de prima das amizades românticas". Penso nelas como uma prima mais velha e descolada que consegue se movimentar livremente, sem toque de recolher, ao contrário das mulheres envolvidas em amizades românticas, que, no fim das contas, tinham que viver sob o controle de um homem. No século XIX, um editor da revista *Atlantic Monthly* que conhecia várias mulheres em casamentos de Boston as chamou de "uma união – não há palavra mais verdadeira para isso".[30]

Uma união é o que me vem à mente quando olho para a "Casa Rainha Anne" – localizada a poucos quilômetros da minha – que pertenceu a duas luminares intelectuais de Washington, D.C., Lucy Diggs Slowe e Mary Burrill.[31] Elas compraram essa casa na colina em 1922, quando Slowe era reitora das alunas na Universidade Howard e Burrill trabalhava como professora e dramaturga. Juntas, elas influenciaram os campos da educação, da política e das artes. Slowe ajudou a fundar a primeira irmandade para mulheres universitárias negras e, no cargo de secretária assistente da Associação Nacional pelo Progresso das Pessoas de Cor (NAACP, na sigla em inglês), de Baltimore, lutou em prol das mulheres negras no movimento sufragista.[32] Escritoras da era do Renascimento do Harlem tinham no trabalho de Burrill um modelo e, em alguns casos, foram pupilas dela.[33]

As pessoas tratavam as duas como um par; amigos escreviam cartas para Slowe com uma menção para transmitir seu "amor à sra. Burrill".[34] Slowe dedicou um de seus poemas "à minha boa amiga MPB" – as iniciais de Burrill –, "cujo solidário encorajamento me induziu a escrever estas linhas".[35] A casa delas, onde viveram juntas por cerca de quinze anos, era um ponto de encontro de estudantes, educadores, políticos e ativistas.[36] Tamara Beauboeuf-Lafontant, professora do Grinnell College que escreveu uma biografia de Slowe, acredita que o relacionamento de Slowe e Burrill era erótico no entendimento que Audre Lorde* tinha do termo: aquele que fortalece a determinação do indivíduo, alimenta a criatividade e lhe dá energia para mudar o mundo ao seu redor. Como muitas outras mulheres que viviam nesse tipo de arranjo, o universo delas era feminino, construído em torno da vida intelectual e emocional de outras mulheres – no caso de Slowe e Burrill, a vida de mulheres negras.

Após a morte de Sowe em 1937, o secretário da Universidade Howard mencionou Burrill diretamente no obituário, apontando que ela "foi uma amiga e companheira de longa data da srta. Slowe, e tenho certeza de que não há ninguém que conheça sua vida melhor do que ela". Outra mensagem dizia: "Meu coração dói por você, pois sei que vocês duas se amavam como somente irmãs poderiam se amar. Sei que a vida será triste e solitária sem a doce companhia dela".[37] Burrill mandou encadernar cópias de um elogio fúnebre para Slowe e as distribuiu a seus colegas. Em resposta aos repetidos maus-tratos a Slowe por parte da Howard (por exemplo, a certa altura quiseram que ela morasse em uma casa que dava para o lixão do campus), Burrill proibiu o reitor de ter qualquer papel oficial no funeral realizado na universidade. Ela se vingou da instituição enviando o acervo de Slowe para o Morgan State College.[38] Mostrou-se uma feroz protetora do legado da amiga.

A questão que paira no pano de fundo de histórias como a de Slowe e Burrill ou dos irmãos juramentados medievais é: esses "amigos" faziam sexo? Não há dúvida de que alguns, sim. Estudiosos descobriram evidências de relacionamentos sexuais entre pares do mesmo sexo.[39] É essencial reconhecer esses casos, sobretudo porque as menções a relações sexuais entre pessoas do mesmo sexo foram, por muito tempo, deliberadamente apagadas dos registros históricos. Para dar um exemplo: ao examinar os

---

* Audre Lorde (1934-1992), escritora, filósofa, poeta e ativista feminista norte-americana. Negra, lésbica, filha de imigrantes caribenhos que viviam nos Estados Unidos, foi uma ferrenha defensora dos direitos humanos e participou das lutas pelos direitos civis. Atribui-se a ela a criação do termo "autocuidado feminino". [N.T]

diários da proprietária de terras e autora de diários inglesa Anne Lister,* um antiquário e herdeiro de Lister decodificou referências sexuais ao relacionamento dela com uma mulher.[40] O antiquário sugeriu queimar todos os diários de Lister. Estudiosos acadêmicos, mesmo quando tinham evidências de sexo, não os reconheciam.

Mas há um risco de correção excessiva. Ideias atuais sobre sexo e intimidade não são facilmente transportáveis ao longo do tempo. Em seu livro sobre amizades masculinas nos Estados Unidos do século XVIII, o historiador Richard Godbeer observa que os norte-americanos daquele período não presumiam – como fazem agora – que "pessoas que estão apaixonadas uma pela outra devem querer fazer sexo" uma com a outra.[41] A conclusão é que as proclamações de amor fervoroso de amigos não implicavam, necessariamente, desejo sexual.

Como não havia um vínculo automático entre sexo e afeto, considerava-se normal e inocente que amigos e amigas se derretessem efusivamente uns pelos outros. Por volta da virada do século XX, quando duas alunas de uma faculdade feminina se apaixonaram, ambas foram declaradas "inebriadas".[42] (Na Inglaterra, um relacionamento semelhante era conhecido como "ficar fora de si".)[43] Uma carta de 1873 descreve o fenômeno: "Quando uma garota de Vassar** se encanta por outra, ela de imediato entra em um frenesi constante de envios de buquês, intercalados com bilhetes coloridos, pacotes misteriosos [...] talvez mechas de cabelo, e muitos outros mimos em sinal de ternura, até que finalmente o objeto de suas atenções é capturado, e as duas tornam-se inseparáveis".[44] Do século XVIII ao início do século XX havia amizades entre homens que – nas palavras de um historiador – "beiravam o romance".[45] Declarações ardentes como a feita pelo impressor Thomas B. Wait a seu amigo George Thatcher não teriam se destacado como atitudes incomuns na época; em uma carta que escreveu em 1809, Wait descreveu a Thatcher seus problemas cardíacos

---

* Anne Lister (1791-1840) foi empresária, alpinista nas horas vagas e se aventurou na política. Os detalhes de sua vida amorosa, registrados por meio de um engenhoso código em uma série de diários, levaram décadas para serem conhecidos. Uma vez públicos, mudaram como se via a história do lesbianismo. [N.T.]

** Situado em Poughkeepsie, ao norte da cidade de Nova York, o Vassar College é uma das mais antigas, tradicionais e renomadas instituições privadas de ensino e de artes dos Estados Unidos. Fundado em 1861 por Matthew Vassar como faculdade exclusivamente para mulheres, foi a primeira universidade laica no país [N.T.]

e garantiu-lhe que "este meu coração, por mais fraco que esteja e ainda que em breve pare de bater, suas últimas pulsações vibrarão por você".[46] Homens dividiam a cama com amigos e expressavam seus sentimentos de amor fraternal.[47] Não apenas as formas de afeição eram escancaradas; a intensidade emocional e o aspecto físico que agora associamos quase exclusivamente a relacionamentos românticos eram então uma marca registrada da amizade.*

Um perigo de pressupor que a paixão sempre se traduz em atração sexual ou consumação do ato sexual é que corremos o risco de deixar de ver os relacionamentos como eles de fato eram. Bray, o historiador britânico que passou décadas tentando entender o significado de túmulos compartilhados como o de Bloxham e Whytton, escrevera um livro sobre sexo entre homens na Inglaterra renascentista. Ele não tinha interesse em negar o sexo onde o sexo existia, mas enquanto trabalhava em sua obra seguinte, *The Friend* [O amigo], preocupou-se com a possibilidade de que estreitar demais nossa atenção à sexualidade nos fizesse perder de vista o que de fato estava acontecendo em relacionamentos de séculos atrás. "A incapacidade de conceber relacionamentos em outros termos que não sexuais diz algo sobre a superficialidade contemporânea", escreveu. Um foco aguçado na sexualidade também pode limitar as perguntas que fazemos; Bray argumentou que isso pode acabar por "obscurecer o quadro mais amplo" de investigação.[48]

Ampliar o quadro nos permite ver que as categorias e hierarquias distintivas de hoje não são inatas, nem tampouco universais. O casamento não precisa ser classificado acima da amizade. Amor não envolve automaticamente desejo sexual. Sentimentos românticos e platônicos nem sempre são fáceis de distinguir.

E mais: *sexual* não é o mesmo que *erótico*. Sharon Marcus, professora da Universidade Columbia, investiga a maneira como a cultura vitoriana dominante endossou a atração erótica por pessoas do mesmo sexo entre meninas e mulheres, mas não o sexo entre mulheres. As meninas eram estimuladas a idolatrar ou acariciar suas bonecas femininas; das esposas,

---

* Há uma rica área de estudos históricos investigando se as amizades românticas se enquadram em linhagens *queer*. Ver, por exemplo, *Intimate Friends: Women Who Loved Women, 1778-1928* [Amigas íntimas: mulheres que amavam mulheres, 1778-1928], de Martha Vicinus.

esperava-se que tivessem prazer em olhar ilustrações de mulheres usando roupas da última moda.[49] Marcus explica que as mulheres podiam falar em termos enlevados sobre outras mulheres sem que se interpretasse seu desejo como sexual, "precisamente porque os vitorianos não viam sexo lésbico em quase lugar nenhum".[50] É por isso que, em 1874, uma mulher casada de 25 anos pôde escrever em seu diário o seguinte comentário, bastante despreocupado, sobre mulheres que ela observara patinando: "A beleza das meninas era algo que fazia alguém gritar de alegria. Quanto mais velha fico, mais escrava da beleza eu sou".[51] Até que o lesbianismo se tornasse identidade sexual – e uma identidade estigmatizada –, mulheres puderam desfrutar abertamente do prazer sensual e das intensas emoções que inspiravam umas nas outras.[52]

A distinção entre o sexual e o erótico, mais clara no passado do que tende a ser agora, me ajudou a entender os sentimentos em meus próprios relacionamentos. Cresci pensando que era hétero porque tinha paixonites por garotos, portanto descartava ser lésbica; não tinha levado em consideração que poderia ser bissexual, pois me disseram que a bissexualidade não era algo "real" – que as pessoas que alegavam ser bissexuais estavam mentindo para os outros ou para si mesmas. Depois que me dei conta de que a bissexualidade era de fato uma realidade e um rótulo certeiro para mim, examinei minhas amizades femininas anteriores e me perguntei se em alguma delas havia sentido desejo *queer*. A resposta foi "sim": se antes interpretava meus sentimentos sobre certas garotas como inveja delas, agora vejo desejo sexual. Mas eu não me sentia assim com todas as minhas amigas, entre as quais M., que também é *queer*. Minha amizade com M. tem um tipo diferente de carga, algo que não é sexual, mas erótico, na definição de Audre Lorde. M. traz à tona em mim uma sensação de vivacidade. Quando compartilhamos uma com a outra o que está em nossa mente, é como se estivéssemos criando em conjunto uma nova maneira de ver o mundo e a nós mesmas. Entre me assumir como bi e estudar amizades ao longo da história, passei a entender que há muito mais formas de desejo, atração e conexão do que me fizeram acreditar.

Depois que M. entrou em cena, levei pouco tempo para perceber que poderia ser uma bênção ter relacionamentos profundos com mais de uma pessoa. Gosto de ser influenciada por ela e também por Marco. Quando falamos sobre alguma questão pessoal, Marco é capaz de oferecer uma perspectiva diferente da minha, ao passo que M. com frequência renova minha confiança de que meus sentimentos sobre a situação são justificados e comparáveis aos que ela teve no passado. Ambos são úteis. Sendo tão próxima de duas pessoas, tenho a oportunidade de aprender, graças à osmose das conversas cotidianas, detalhes sobre o tema da biografia política que Marco está lendo, mas também sobre qualquer novo conceito de psicologia que M. julgue surpreendente. Passei a ter dois temperamentos e experiências de vida com os quais aprender, dois caudalosos rios fluindo para dentro da minha mente. As ocasiões em que nós três andávamos pela vizinhança – às vezes M. segurava uma das minhas mãos, Marco a outra – me faziam sentir uma alegria indescritível.

No começo, M. e eu ansiávamos por um rótulo para nosso relacionamento, sobretudo para ajudar outras pessoas a entendê-lo – um termo com a mesma firmeza e clareza de *irmã*, *supervisora* ou *cônjuge*. A cultura pop me fez suspeitar de que outras pessoas também precisavam de um termo: havia o vínculo excêntrico e apaixonado entre Ilana e Abbi na série *Broad City – A Cidade das Minas*, a inabalável devoção entre Cristina e Meredith na série *Grey's Anatomy* (numa cena que ficou famosa, Cristina diz a Meredith: "Você é minha pessoa") e o duradouro afeto entre Gayle King e Oprah Winfrey, que chorou durante uma entrevista na qual declarou que Gayle é "a mãe que nunca tive" e "a irmã que todos gostariam de ter. Ela é a amiga que todos merecem ter".[53] Ao falar com pessoas entre as quais havia uma amizade de profundidade e comprometimento semelhantes, eu achava em igual medida pungente e frustrantemente ineficaz que pares distintos de amigos se esforçassem para encontrar uma linguagem capaz de descrever quem eram – de "alma gêmea platônica" a "parceiro de vida não romântico" –, muitas vezes sem saber da existência de outros relacionamentos idênticos aos deles. A crença de que sua amizade era singular fazia com que a conexão parecesse especial, mas também podia fazê-los se sentirem sozinhos.

Pensei que a linguagem compartilhada, talvez um termo emprestado do passado, como *amizade romântica*, ajudaria as pessoas que hoje em dia têm amizades semelhantes a entender sua própria experiência. Talvez um termo pudesse legitimar essas amizades aos olhos dos outros e fecundar a imaginação das pessoas acerca do que uma amizade poderia ser. Decidi usar o termo *parcerias platônicas* para descrever os relacionamentos sobre os quais escrevo no livro; porém, com o tempo, fiquei menos interessada em tentar popularizar um rótulo. As pessoas podem simplesmente adicionar uma categoria ao seu dicionário de relacionamentos e seguir em frente, ao passo que minha amizade com M. me deu muito mais do que um novo cartão com anotações ou frases-chave para memorizar: ela me levou a esquadrinhar a sabedoria recebida sobre relacionamentos, o que eu não sabia que precisava de verificação de fatos. Além disso, nossa amizade acabaria mudando de tal forma que um rótulo como "parceira platônica" não seria relevante para nós. O que durou mais que a minha busca por palavras foram as questões que nossa amizade, e amizades como a nossa, desvendaram.

Capítulo 2
Outras caras-metades
Além da "pessoa escolhida"

> Ao contrário do ouro e do barro, o Verdadeiro Amor,
> dividido, não diminui.
> *Percy Bysshe Shelley*[1]

Em um dos primeiros encontros com um homem que ela estava conhecendo melhor, Kami West decidiu que era melhor já deixar uma coisa bem clara: o que quer que acontecesse entre os dois, a pessoa número um de Kami sempre seria sua melhor amiga, Kate Tillotson, ou Tilly. Ela chegara antes dele e "estará aqui depois de você", declarou Kami. "E, se acha que em algum momento ela não será minha número um, você está redondamente enganado."

Kami e Tilly se conheceram em 2007 no campo de treinamento do Corpo de Fuzileiros Navais dos Estados Unidos em Parris Island, Carolina do Sul. Embora os uniformes transformassem os recrutas em um borrão de camuflagem, Kami se destacou como uma das mulheres mais altas do pelotão e, tendo passado quase dez anos nos Jovens Fuzileiros Navais, um programa de liderança juvenil, ela era hábil e confiante em matéria de exercícios e comandos. Tilly, por outro lado, era discreta e reservada, mas Kami logo percebeu que era também uma observadora sagaz de gente e situações. Ela era uma boa pessoa para ter em sua equipe.

Após um mês de treinamento, elas foram transferidas para o mesmo beliche e descobriram que estavam mais comprometidas com os fuzileiros navais do que a maioria dos colegas. Tilly vinha de uma família de militares que se mudava frequentemente de cidade; ela recebera educação domiciliar até ser matriculada em uma enorme escola pública de ensino médio em um subúrbio de Tulsa. Almoçava sozinha no refeitório da escola quase todos os dias. Kami, que havia crescido em uma cidadezinha nos arredores de Denver, sofrera bullying em sua pequena escola de ensino médio e vivia se metendo em brigas; seus professores, ao que parecia, a ignoravam, por julgar que era uma aluna que nunca daria em nada. Agora, porém, seus instrutores de treinamento militar a viam como alguém dotado de capacidade de liderança.

À medida que se conheciam melhor nas conversas noturnas, Tilly pensou: *Eu me identifico com você. Tipo assim: alguma esquisitice em mim se identifica com a esquisitice em você. Temos de ser amigas.* Elas descobriram também que a mãe de Kami havia se mudado do Colorado para um subúrbio de Tulsa chamado Broken Arrow, perto de onde os pais de Tilly moravam. Depois de concluírem o período de treinamento, as duas foram para Oklahoma, e Tilly, depois de uma briga com os pais, foi morar com Kami por duas semanas. Para matar o tempo, elas dirigiam sem rumo no sedã preto da mãe de Kami, de óculos escuros, Flo Rida e Beyoncé soando a todo volume pelas janelas abertas.

Nos anos seguintes, em meio a mudanças de endereço, relacionamentos românticos, filhos e a pandemia, elas conversavam quase todos os dias. "Tilly sabe de cor cada detalhe, cada segredo, tudo sobre mim. Tudo", diz Kami. Estivesse Tilly em um relacionamento romântico ou não, Kami era sempre a primeira pessoa que ela procurava para falar sobre algum assunto difícil – "consultar o Oráculo", nas palavras dela.

Kami decidiu explicar logo de cara para o pretendente sua proximidade com Tilly porque isso havia se tornado um problema para um de seus ex-namorados, que tentara dissuadi-la de passar tempo com ela. Ele tinha chamado Tilly de "puta" – epíteto que Tilly achou hilário, porque sua vida amorosa estava na época em uma prolongada seca. Esse namorado ficara furioso com Tilly quando ela fez uma piada que comparava (em termos elogiosos) a bunda de Kami com a de Kim Kardashian. O comportamento controlador dele recrudesceu, o que trouxe tensão à amizade das duas. Depois de terminar o namoro, Kami jurou para si mesma: "Eu nunca, nunca mais vou deixar isso acontecer, porque Tilly é muito importante para a minha vida".

Por meio de uma conversa sincera e direta sobre o status de número um de Tilly, Kami tinha a esperança de conseguir evitar que um relacionamento romântico ameaçasse a amizade das duas. Mas o rapaz não captou a mensagem. Ele perguntou: "Só que, mais cedo ou mais tarde, vou ser o seu número um, certo?".

O potencial namorado de Kami estava agindo com base em um pressuposto que repercute em toda a cultura norte-americana: que um relacionamento romântico vem em primeiro lugar e as amizades devem dar um passo atrás. Caramba, até na série de TV *Friends* a amizade vem em segundo lugar: Rachel é forçada a sair do apartamento que dividia com sua melhor amiga, Monica, de modo que o namorado dela possa se mudar para lá.

Desde nosso primeiro contato com filmes da Disney e comédias românticas, somos ensinados a fantasiar sobre encontrar nossa alma gêmea, que, nas palavras da psicóloga Bella DePaulo, também esperamos que seja nossa *única* companhia. O parceiro romântico tem a obrigação de ser a loja de conveniência onde possamos atender a todo o espectro de nossas necessidades práticas e psicológicas.[2] Para muita gente, isso agora inclui o papel de melhor amigo. Se no passado as características sobrepostas do casamento e da amizade igualavam diferentes tipos de relacionamentos, o fenômeno meu-cônjuge-é-meu-melhor-amigo tem um quê de acumulação: cônjuges, que já ocupam um lugar de honra, reivindicam o título principal em outra categoria de vínculo.

Esse privilégio dado aos relacionamentos românticos pode fazer com que eles pareçam obrigatórios. A solteirice pode não ter o mesmo estigma de apenas algumas décadas atrás, em especial para as mulheres.[3] E, no entanto, a exemplo de Paula, que conhecemos na Introdução, pode ser que já esteja internalizada em nós a mensagem de que perdemos algo fundamental se não estivermos em um relacionamento romântico. Expressões como *minha cara-metade* ou *metade da laranja* sugerem que o indivíduo só se torna um ser humano completo quando tem um parceiro romântico.[*]

Ao mesmo tempo, o ideal do tipo pacote-completo-comprado-em-loja-de-conveniência define padrões irrealistas, preparando o cenário

---

[*] Em língua inglesa isso fica evidente nas expressões para se referir ao cônjuge ou ao parceiro amoroso: my other half (literalmente, "minha outra metade"), ou my better half ("minha melhor metade"). [N.T.]

para a decepção. (Aplicativos de namoro provavelmente não ajudam, pois dão a impressão de que alguém melhor está a apenas um clique de distância.) Esses dois ideais de relacionamento podem nos empurrar em direções opostas: o desejo de encontrar nossa "cara-metade" nos leva a mergulhar de cabeça em relacionamentos românticos, ao passo que o padrão pacote-completo-comprado-em-loja-de-conveniência pode nos levar a desistir de relacionamentos com muita facilidade. No entanto, ambos reforçam a primazia das conexões românticas. Se acreditamos que um parceiro romântico nos tornará completos e será tudo para nós, nada mais lógico que esse relacionamento venha em primeiro lugar.

O casamento nem sempre esteve sob tal pressão. Nos séculos passados, as pessoas não esperavam que seu cônjuge fosse seu amante apaixonado e melhor amigo, tudo em um único pacote. A bem da verdade, antes do final do século XVIII os casamentos nos Estados Unidos e na Europa Ocidental tinham mais semelhanças com tratados governamentais do que com o reality show *The Bachelor*. Entre outras coisas, o casamento criava relações políticas, econômicas e alianças militares e estabelecia direitos e obrigações como sexo e propriedade.

Isso não quer dizer que no passado distante as pessoas – mesmo aquelas que se casavam por razões instrumentais – nunca experimentaram o amor romântico genuíno. Pelo menos desde 4 mil anos atrás, amantes e enamorados escreviam poemas românticos. Mas até meados do século XIX, segundo a historiadora Stephanie Coontz, "o amor no casamento era visto como um bônus, não como uma necessidade". De fato, se um pretendente pudesse oferecer a uma mulher segurança financeira, mas não uma grande dose de paixão, ela tinha de avaliar se sair no encalço do amor compensava o risco de passar fome ou sofrer desaprovação social. Em uma carta para sua sobrinha, a romancista inglesa Jane Austen sintetizou esse dilema. Embora insistisse que "qualquer coisa é preferível ou suportável a um casamento sem afeição", ela acrescentou um desalentador choque de realidade: "Mulheres solteiras têm uma terrível propensão a serem pobres – o que representa um argumento muito forte a favor do Matrimônio".

Na época em que Austen escreveu isso, esposas não podiam ter propriedades – pelo contrário, elas eram propriedade do marido. Ao marido cabia o direito de bater na esposa (contanto que não a matasse nem deixasse sequelas) e de ter sexo sempre que quisesse.[4] Não é de admirar que até o século XX as pessoas geralmente tivessem conexões emocionais mais fortes com os amigos do que com o cônjuge.[5]

Alguns pensadores do Iluminismo, persuadidos por ideais de igualdade e cidadania, passaram a acreditar que o casamento deveria ser um contrato voluntário entre marido e mulher e que as pessoas deveriam se casar por amor, e não por razões financeiras, familiares ou religiosas.[6] Em meados do século XIX, consolidou-se uma ideia radical: o amor não deveria ser apenas um bônus, mas sim *a base* para o a união conjugal.[7] Trava-se um debate fervoroso entre historiadores quanto ao momento e à causa das mudanças no casamento, particularmente se mudanças na economia alteraram a dinâmica do casamento ou se mudanças na dinâmica do casamento e da família tornaram possível a Revolução Industrial. E o casamento não mudou da mesma forma em todas as classes ou em uma linha direta de progresso.[8]

Qualquer que tenha sido a causa, o casamento evoluiu de uma união projetada para adquirir parentes úteis ou dinheiro para um relacionamento privado entre duas pessoas. Tornou-se mais fácil alcançar o ideal de um "casamento companheiro" à medida que as mulheres ganharam autonomia.[9] Em meados do século XIX, alguns estados dos Estados Unidos começaram a desmantelar as regras da *coverture* ou "cobertura", prática legal calcada na ideia de que um homem e uma mulher constituíam uma única pessoa jurídica – a do marido. A mulher casada perdia suas próprias obrigações e direitos legais e se tornava "coberta" pelo marido, que, portanto, tinha autoridade sobre ela.[10] Ainda assim, apenas algumas pessoas tinham permissão para usar o amor como base para o casamento. Nos Estados Unidos, as leis negavam direitos de casamento a negros estadunidenses escravizados, casais inter-raciais e casais do mesmo sexo.

No final do século XX, o cenário legal havia mudado.[11] A lei do divórcio já não favorecia mais tão pesadamente os homens, o estupro conjugal enfim tornou-se ilegal e as mulheres passaram a poder fazer coisas extravagantes, como obter um cartão de crédito no próprio nome. Foi nessa época que os norte-americanos começaram a aumentar suas expectativas em relação aos cônjuges. Eli Finkel, professor de psicologia na Universidade Northwestern, chama as últimas décadas de era do "casamento autoexpressivo". Essa forma de convívio em casal exige não apenas amor e companheirismo, mas também a satisfação de profundas necessidades psicológicas.[12] Finkel diz que queremos que nossos cônjuges ajam como Michelangelo para o nosso proverbial mármore, que sejam o escultor incumbido de revelar a melhor versão de nós mesmos oculta dentro da pedra.

Algumas dessas expectativas mais altas são uma bem-vinda mudança em relação a uma época em que esposas tinham padrões desconcertantemente baixos. Quando Coontz entrevistou mulheres nas décadas de 1950 e 1960, elas fizeram comentários como: "Oh, meu casamento é bom até demais – meu marido não bate em mim".[13] Hoje em dia o nível de exigência não está tão baixo, mas as expectativas podem ter oscilado muito na outra direção, tão grandes que qualquer pessoa tem dificuldades para satisfazê-las. Isso não impede os cônjuges de tentar. Tendo ouvido a máxima mais ou menos recente de que "casamento é uma trabalheira", eles se esforçam para manter uma união bem-sucedida.[14] Em um ensaio que analisava conhecidas representações de casamento nas telas, o crítico cultural do jornal *The New York Times* A. O. Scott escreveu: "No cinema e na televisão, trabalho e felicidade conjugal são agora sinônimos: quanto mais penoso é o casamento, mais romântico ele parece".[15]

Uma vez que os casais devem investir mais tempo e ter habilidades emocionais superiores para atender a essas expectativas elevadas, Finkel argumenta que "os melhores casamentos de hoje são melhores do que os melhores casamentos de eras anteriores; na verdade, são os melhores casamentos que o mundo já conheceu". Mas as mesmas expectativas que alçaram a nata dos casamentos a alturas supremas parecem estar prejudicando o casamento médio.[16] O título do livro de Finkel sintetiza a gritante divisão: *The All-or-Nothing Marriage* [Casamento tudo-ou-nada]. Nas últimas décadas, aumentou a proporção de cônjuges cujos casamentos não estão correspondendo às expectativas.[17] Menos norte-americanos relatam estar "muito felizes" no casamento.[18] Finkel diz que o casamento médio piorou durante esse período porque é difícil atender a requisitos tão exigentes. Ao exigir tanto de um relacionamento, os casamentos de hoje são como vidro soprado à mão: requintados, mas frágeis.

As vastas expectativas acerca do casamento podem prejudicar relacionamentos que estão fora do casulo da união conjugal. As sociólogas Naomi Gerstel e Natalia Sarkisian escrevem que o objetivo comum de encontrar uma "alma gêmea", aspiração que um par de décadas atrás poucas pessoas declaravam, "significa voltar-se para dentro – deixando de lado outros relacionamentos".[19] Parceiros que se veem como almas gêmeas despejam sua energia um dentro do outro, e isso é tempo perdido de convivência com amigos e vizinhos. Em uma análise de grandes pesquisas nacionais realizadas na década de 1990 e início dos anos 2000, Gerstel e Sarkisian descobriram que norte-americanos casados tinham menos probabilidade do que norte--americanos solteiros ou divorciados de conviver com parentes, visitá-los ou ligar para eles. Os estadunidenses casados socializavam menos com vizinhos ou amigos do que os solteiros, tinham menos propensão do que filhos adultos solteiros a cuidar de pais idosos e se envolviam menos em questões políticas.[20] Gerstel e Sarkisian concluem que o casamento, em vez de ser a pedra angular da comunidade, como muitos políticos e especialistas afirmam, muitas vezes tensiona os laços comunitários.[21] Outros pesquisadores constataram que, quando esposas acreditavam que o casamento era um relacionamento entre almas gêmeas – em vez de um relacionamento amoroso que também envolve a formação de uma parceria financeira e a criação de filhos –, tanto o marido quanto a esposa estavam menos inclinados a dedicar tempo ao trabalho voluntário.[22] Toda essa atenção exclusiva que o casamento exige, afirmam sociólogos, faz dele uma "instituição gananciosa".[23]

À medida que os norte-americanos adiam ou renunciam ao casamento, os tentáculos das expectativas conjugais se estendem aos relacionamentos românticos não conjugais. Seja a parceria romântica formalizada ou não por meio do casamento, o efeito é o mesmo: pessoas que se sentem insatisfeitas em seu relacionamento podem achar mais fácil atribuir a culpa a si mesmas ou ao parceiro em vez de apontar expectativas falhas como causas. Mesmo que a ideia de aprofundar as conexões com amigos ou familiares passe pela cabeça delas, pode não parecer uma maneira de fortalecer o casamento, mas sim de se ajustar.

Esses padrões não prejudicam apenas quem está de fato insatisfeito. Aqueles que estão em um relacionamento romântico gratificante podem descobrir, em algum momento, que ter mais de uma pessoa em quem se apoiar melhoraria sua vida. É uma rede de segurança: se uma pessoa é tudo para você e o relacionamento termina, você corre o risco de perder tudo: seu confidente, melhor amigo, parceiro sexual, *coach* profissional e muito mais – tudo de uma vez.

Hoje em dia, espera-se dos parceiros românticos que ocupem tanto espaço em nossa vida que é difícil imaginar a possibilidade de alguém rivalizar com eles. Mas Kami e Tilly, por meio do apoio duradouro que sua amizade propicia, descobriram que relacionamentos românticos não precisam ser dominantes de um jeito tão avassalador.

Isso não quer dizer que isso sempre tenha sido tranquilo e descomplicado. A amizade delas passou por um solavanco em 2008, depois que Kami topou por acaso com mensagens trocadas entre seu então noivo e Tilly no MySpace. Kami telefonou, furiosa, para Tilly, que estava de serviço numa base da Marinha, e Tilly desligou na cara dela. As duas ficaram meses sem se falar. Quando Kami, que interpretara de forma equivocada a natureza da conversa entre a amiga e seu então noivo, enviou uma mensagem no Facebook para se desculpar, Tilly já havia sido enviada para o Iraque. Depois disso elas mantiveram contato, mas foi apenas em 2010 que enfim se encontraram de novo.

Muita coisa tinha acontecido. Kami dera à luz um filho, Kody, e o estava criando sozinha. Tilly ficou apaixonada pela criança de cabelo loiro-platinado, mas também preocupada com a amiga – ela já vira outra mãe solo na Marinha comer o pão que o diabo amassou. De fato, Kami estava tendo dificuldades no trabalho. Kody tinha baixa contagem de glóbulos vermelhos, e ela era repreendida quando precisava faltar ao trabalho para levar o menino a consultas médicas e transfusões de sangue. Sua situação não era como a dos líderes homens dos fuzileiros navais, que em sua maioria contavam com esposas civis em casa para lidar com questões de cuidados infantis. Apesar da esperança de Kami de ser uma fuzileira naval de carreira e atuar na área jurídica, ela se viu sobrecarregada com um trabalho administrativo tedioso em uma base na Califórnia.

Tilly, por sua vez, acabara em um casamento ruim. Tinha oficializado a união no fórum aos 19 anos, pouco antes de ser despachada para sua primeira missão na Marinha. Agora cumpria serviço numa base da Carolina do Norte e estava morando numa casa alugada perto da praia a fim de se distanciar um pouco do marido. Sentia-se pronta para pôr um ponto-final na relação com ele.

Quando Tilly e Kami se reencontraram pessoalmente, a amizade das duas voltou à vida. Kami sentiu "uma nova onda oceânica de emoções" – uma exuberância adormecida ressurgiu. Antes de Tilly partir, elas se comprometeram a manter contato e começaram a trocar mensagens de texto e e-mails e ligar uma para a outra o tempo todo.

Havia algumas coisas que Tilly não dizia nos telefonemas: que seu empenho em consertar seu casamento não tinha dado resultado, que o transtorno de estresse pós-traumático transformara seu sono em uma espiral de pesadelos. Em 2012, ela voltou para Oklahoma, envergonhada por estar se divorciando e por não ter condições financeiras de se manter em Nova York. Kami, em contrapartida, recebeu com entusiasmo o retorno de Tilly. Ela a obrigava a sair e se divertir. Juntas, as duas faziam aulas de zumba e tomavam drinques no bar que Kami adorava por sua atmosfera parecida com a da série *Cheers*.

Tilly passou a acompanhar habitualmente a amiga na hora de levar e buscar Kody na creche e, depois, na pré-escola. O menino ficava no meio das duas, segurando uma das mãos de cada uma delas. Kami tinha a sensação de que "os mares se abriam" quando elas andavam pelo corredor, entre os armários de tamanho infantil. De tempos em tempos alguma professora, ao ver Tilly, perguntava: "Quem é?". Era muito difícil explicar a profundidade dessa amizade cada vez que alguém indagava, então elas começaram a se referir a si mesmas como "melhores amigas do campo de treinamento militar".

O termo *melhores amigas do campo de treinamento militar* sintetiza como a amizade começou, mas não como atingiu o nível de intensidade que tinha agora. Durante aqueles anos em Oklahoma, a amizade entrou em uma nova categoria. Kami e Tilly passavam o tempo todo juntas. Kami seguiu a sugestão de Tilly de se transferir para uma faculdade que fosse mais perto dela; elas faziam as mesmas aulas para que pudessem compartilhar livros e economizar dinheiro.

Kami havia terminado recentemente o relacionamento com seu namorado controlador, aquele que não tivera um pingo de senso de humor ao ouvir a piada de Tilly sobre a bunda de Kim Kardashian, mas isso não fez com que ela se sentisse empoderada. Sentada diante da lareira de Tilly, Kami disse que se via morando em um trailer e "trabalhando numa lojinha e cuidando do meu filho pequeno, e essa seria minha vida". Ela achava que nunca se formaria na faculdade, nunca encontraria um parceiro romântico e que sua situação financeira ficaria ainda pior. Tilly disse a ela: "Nem a pau. Porra nenhuma que essa será a sua vida!".

Tilly pediu a Kami que elaborasse uma lista das coisas que ela queria em um parceiro e as coisas que não toleraria. Depois de ter tomado todo o cuidado para não a pressionar a deixar o namorado, Tilly enfim foi sincera com a amiga. Enfatizou que um parceiro precisaria "contribuir com algo em sua vida" e acolher o filho dela. Sendo sua amiga, Tilly já havia demonstrado como seria fazer isso. Ela não se importava com o fato de que Kami não podia sair para beber porque precisava cuidar do filho. No período em que Kami trabalhou em um bar, Tilly tomava conta de Kody.

Kami, que tinha um histórico de parceiros românticos que não a tratavam exatamente bem, considera que essa conversa foi "um trampolim para mim, por me mostrar que posso ser valorizada como mãe. Que posso ser valorizada como esposa. Que não tenho que me acomodar". Ela diz: "Eu digo isso para a Tilly o tempo todo, tipo: 'Cara, você realmente me ensinou a ficar bem comigo mesma e a estabelecer padrões elevados'".

Embora a conversa de Kami sobre ranking não tenha caído muito bem na primeira vez que ela levantou o assunto em um encontro, ela insistiu em fazer isso. Ao dizer com todas as letras que Tilly era sua principal prioridade, ela estava quebrando a convenção. "A expectativa é que nosso namorado, nossa cara-metade e nosso marido seja o número um", afirma. "Nosso mundo está invertido."

Por fim, Kami começou a namorar um homem, Rawley Brenton, que reagiu de forma diferente. Ele lhe disse que lamentava saber o que ela havia passado com o ex e que achava ótimo que Tilly continuasse unha e carne com ela. Tilly ficou imediatamente impressionada com Rawley, um homem corpulento e musculoso com suas camisas xadrez. Sobretudo um detalhe específico chamou sua atenção: o quanto ele gostava de Kody. Rawley sempre levava o garoto consigo para cima e para baixo, como se este formasse com ele uma dupla dinâmica. Quando Rawley consertava algo, explicava a Kody o que estava fazendo. Os dois inventavam piadas e brincadeiras que só eles entendiam.

Em 2014, Kami e Rawley tiveram uma filha, Delilah, que recebeu o diagnóstico de uma doença genética rara. No último semestre do último ano, Kami abandonou a faculdade porque levava Delilah ao hospital toda semana, onde ficavam por vários dias seguidos.

Incapaz de frequentar a faculdade ou trabalhar, Kami ficou isolada de outras pessoas. "Eu não tinha comunicação fora das minhas quatro paredes, a menos que alguém viesse até mim", conta. Ela perdeu os amigos porque ninguém parecia entender o que significava ter uma criança com necessidades especiais. A exceção era Tilly. Ela ficava no hospital com Kami o tempo todo – às vezes simplesmente para fazer companhia à amiga enquanto esta ficava pendurada no telefone durante horas, brigando com os atendentes de seu seguro-saúde. Para poupar Kami de ter que dirigir oitenta quilômetros por dia, Tilly lhe deu as chaves de sua casa, que ficava na mesma rua da escola especial que Delilah frequentava em esquema de meio período. Dessa forma, Kami podia tirar uma soneca ou passar um "tempo normal de adulta" com Tilly até a hora de ir buscar a filha, ao meio-dia.

Kami e Tilly defendem duas ideias que parecem estar em desacordo: que a amizade delas eleva o nível do relacionamento, mas também as faz exigir menos de um parceiro romântico. Para muita gente, em uma sociedade que não trata um indivíduo como um adulto completo se ele não fizer parte de um casal, estar em um relacionamento romântico imperfeito pode parecer uma aposta melhor do que não estar em nenhum. Mas a amizade de Kami e Tilly as liberta dessas barganhas desagradáveis. Como têm uma à outra, não precisam se preocupar com a possibilidade de que, se e quando não estiverem em um relacionamento romântico, não haverá ninguém envolvido nas complexidades da vida delas. E, como essa amizade já lhes fornece tanto, elas não acham necessário encontrar tudo em um parceiro. Tilly considera um relacionamento romântico algo complementar – "a cereja do bolo". Referindo-se a si mesma e a Kami, ela me explica: "Nós somos o bolo".

Ao pedir menos de um parceiro romântico, você corre o risco de diminuir muito o nível de exigência; não existe uma linha clara para demarcar o ponto em que as expectativas sensatas terminam e começa a acomodação. Mas a amizade de Kami e Tilly não diminuiu seus padrões acerca de relacionamentos românticos. Ela os ajustou numa sintonia fina. Kami e Tilly podem abrir um atalho em meio ao pântano de expectativas e descobrir o que consideram mais importante.

Em geral, um portfólio de relacionamentos diversificado torna os relacionamentos românticos mais satisfatórios. Um estudo de 2015 encabeçado pela psicóloga Elaine Cheung descobriu que pessoas que dispersam suas necessidades emocionais em vários relacionamentos são mais felizes do que aquelas que concentram suas necessidades em um número menor deles.[24] Em um estudo de 2018, pesquisadores mediram os níveis de cortisol, o hormônio do estresse, em pessoas casadas. Descobriu-se que, para os cônjuges que se sentiam satisfeitos com o grau de apoio social que tinham fora do casamento, o estresse fisiológico dos conflitos conjugais do dia a dia era menor do que no caso dos cônjuges que não estavam tão satisfeitos com sua rede de apoio.[25] Para fortalecer o casamento, o professor Eli Finkel recomenda que as pessoas tenham OCMs – outras caras-metades.

A ideia de distribuir a carga também sustenta a não monogamia ética – a prática em que os parceiros consentem em formar relacionamentos românticos não exclusivos. Alguns defensores da não monogamia ética argumentam que muitas pessoas desfrutam de um relacionamento melhor com um parceiro principal quando as pressões sobre esse vínculo são reduzidas por um relacionamento externo.

Nessa configuração, os prováveis parceiros devem contornar a trajetória típica das uniões românticas – o que tem sido chamado de "escada rolante do relacionamento", termo que se refere à expectativa de que o casal em uma ligação "séria" deve aumentar cada vez mais seu nível de comprometimento e entrelaçamento, em que ambos se tornam exclusivos e acumulam papéis de confidente, colega de moradia, coproprietário da casa, parceiro de coparentalidade, cuidador e acompanhante preestabelecido. Assim como uma escada rolante, essas expectativas têm seu próprio ímpeto.

Uma vez que a ideia do relacionamento romântico abrangente do tipo "tudo incluído" é tão arraigada, tentar descobrir outros termos pode ser complicado. Andrew Bergman e Toly Rinberg, sobre os quais escrevi na Introdução, viram-se em apuros para explicar a profundidade de sua amizade a potenciais parceiros românticos e, por fim, recorreram à não monogamia como modelo.

Em 2019, Toly falou abertamente para a então namorada sobre o que Andrew significava para ele: era seu melhor amigo desde o ensino médio, fora seu colega de quarto por muitos anos e um grande parceiro em seu desenvolvimento intelectual e político. Alguns meses depois do início do relacionamento, ela convidou Toly para tomar um café da manhã. Sentada em um pátio ao ar livre em Somerville, Massachusetts, ela lhe disse que havia descrito a amizade de Tony e Andrew para seu terapeuta, que respondera nos seguintes termos: "Meio que parece que eles são casados". Ela pensou: *Sim, pois é!* Toly não gostou da caracterização feita pelo terapeuta. "*Essa* é a linguagem que você tem de usar para descrever isso?!", exclama ele ao me contar a história.

Naquela mesma manhã, ela terminou o namoro com Toly. Deu a entender que queria um parceiro romântico que estivesse mais envolvido em sua vida – "um companheiro". Toly ficou desapontado, mas compreendeu que essa era provavelmente a melhor decisão.

A essa altura, ele e Andrew já tinham um histórico de quebrar as expectativas de outras pessoas em relação ao tema amizade. O chefe do laboratório onde Andrew e Toly trabalhavam como alunos-pesquisadores de doutorado perguntou a outros funcionários do laboratório se os dois estavam romanticamente envolvidos. Bem antes do término do namoro de Toly, a mãe de Andrew fizera a incômoda pergunta sobre se seu filho e ele estavam em um relacionamento romântico. Alguma coisa na amizade dos dois não fazia sentido para as pessoas ao redor deles.

Eles tomavam importantes decisões de vida pensando um no outro, um nível de dedicação incomum até mesmo para os amigos mais próximos. Cerca de um ano após começar seu doutorado em física aplicada em Stanford, Toly candidatou-se a uma vaga em Harvard, onde poderia trabalhar no mesmo laboratório que Andrew. Como estava se transferindo de uma universidade de elite para outra, ele conseguiu explicar a mudança como uma decisão de ir para onde a pesquisa era mais empolgante. Toly nutria um entusiasmo genuíno pelo trabalho que faria no laboratório de Andrew, mas também foi impelido a se mudar porque isso significaria que os dois ficariam juntos no mesmo lugar durante muitos anos. Depois que Donald Trump foi eleito presidente em 2016, Toly e Andrew tiraram licença da pós-graduação para iniciar uma organização sem fins lucrativos de transparência governamental em Washington, D.C. Eles tinham a impressão de que o período passado na capital do país, onde dirigiam a ONG a partir do apartamento que sublocavam no sétimo andar, fez sua amizade subir de nível. Andrew diz que a mudança foi "um tipo diferente de comprometimento, porque estávamos mudando nossa vida, e estávamos mudando nossa vida juntos".

Quando finalmente retornaram à universidade e se envolveram na organização trabalhista e no campo científico da remoção de dióxido de carbono, eles concluíram que Toly, cuja quietude as pessoas equiparavam a gentileza, às vezes estava mais bem preparado do que o sociável e agitado Andrew para comunicar as ideias que ambos compartilhavam. Toly empregava suas habilidades de implementador para traduzir em realidade as excêntricas ideias de Andrew. Para eles é difícil saber com exatidão se começaram a trabalhar mais juntos porque estavam se tornando amigos mais próximos ou se sua crescente proximidade como amigos os levou naturalmente a projetos em conjunto.

Embora não sentissem a necessidade de definir a amizade para si mesmos, Andrew e Toly achavam que seria melhor encontrar uma maneira de tornar sua amizade mais compreensível para os outros. O rompimento no café foi parte de um padrão no qual, num período que variava de três a seis meses de relacionamento romântico, a mulher passava a querer ocupar uma parcela maior da vida de Andrew ou de Toly do que eles estavam dispostos a dar. Andrew e Toly não escondiam o quanto sua amizade era importante e que continuaria sendo prioridade de ambos; ainda assim, as mulheres com quem um e outro saíam demoravam um bocado para entender completamente essa ideia. Era como se aquela amizade fosse uma luz ultravioleta, não uma cor no espectro visível; por mais informações que suas namoradas tivessem a respeito, elas não conseguiam vê-la e só começavam a compreender seu poder quando sentiam a pele queimar.

Por mais avesso que Toly fosse à comparação com o casamento feita pelo terapeuta da ex-namorada, isso pelo menos punha sua amizade com Andrew no mesmo nível de um relacionamento romântico, algo muito parecido com o que senti quando meu amigo me disse que eu estava praticando poliamor com M. e Marco. Para evitar confusão com futuros parceiros românticos, Andrew e Toly precisavam transmitir de maneira precisa a noção de que eram tão dedicados um ao outro quanto as pessoas em relacionamentos românticos de longo prazo. Eles encontraram uma estrutura existente – a não monogamia – e testaram o rótulo para ver se era cabível. Embora nem um nem outro se sentissem atraídos pela ideia de ter mais de um parceiro romântico, decidiram dizer a possíveis pretendentes que eram não monogâmicos, para que assim as mulheres não fossem pegas de surpresa ao saber da importância da amizade na vida deles.

Em fevereiro de 2020, Andrew se preocupou com os riscos dessa decisão enquanto se preparava para se encontrar com uma mulher de seu sindicato, Nevena. Talvez ela considerasse a não monogamia algo inviável, uma carta fora do baralho, fator que impossibilitaria qualquer perspectiva promissora entre os dois, pensou ele. Depois de cerca de uma hora no bar, o tópico da não monogamia surgiu de maneira orgânica. Aconteceu que Nevena também estava animada para encarar os relacionamentos dessa forma.

Toly se sentia menos à vontade com o rótulo. Uma vez que seu relacionamento com Andrew não é romântico, ele não queria limitar desnecessariamente seu grupo de potenciais namoradas a mulheres que não viam problema na não monogamia. Julgou que poderia descrever sua amizade com Andrew já em um primeiro encontro, a fim de ver se mesmo depois disso a eventual interessada em um relacionamento romântico monogâmico ainda se manteria a bordo. Mas Andrew estava cético de que mulheres que esperavam exclusividade aceitariam a amizade dos dois. "É *essa* a quantidade de pessoas [monogâmicas] que acham que lidam numa boa com isso", diz ele com um gesto largo, abrindo bem os braços e afastando as mãos uma da outra até ultrapassar em muito a linha dos ombros. "E é *essa* a quantidade delas que realmente lida numa boa", declara, agora fechando bem os braços até a distância entre as mãos ficar da espessura do pescoço. Por fim, Toly concordou, e os dois começaram a se referir um ao outro como "parceiro" – o mesmo termo que Andrew e Nevena usavam para definir um ao outro. Toly usou esses termos atualizados para explicar sua amizade com Andrew durante um encontro em 2021. A mulher que ele estava começando a conhecer disse que ficou aliviada ao saber que Toly priorizava sua amizade com Andrew; ela também se importava profundamente com sua comunidade.

Por meio de seus respectivos relacionamentos românticos, diz Toly, eles estão "aprendendo a confiar em outros relacionamentos como uma forma de abrandar e encontrar coisas que não podemos obter um do outro". Em certo sentido, a estrutura de não monogamia os estimula a exigir menos da amizade, mas, de outras maneiras, os instiga a exigir mais. Em ocasiões em que Toly se sentiu decepcionado – seja porque Andrew deixou suas roupas de corrida suadas no espaldar da cadeira da sala de estar, seja porque não enviou uma mensagem importante que prometeu enviar –, ele comunicou a Andrew que este não estava agindo como um bom parceiro. A palavra *parceiro*, originalmente destinada a outros, é um lembrete para ambos de que eles podem esperar muito um do outro.

No entanto, essa concepção de "parceiro" no estilo "faça você mesmo" tem seus limites. Não é um termo que Andrew e Toly usam em contextos acadêmicos ou profissionais; nesse caso, teriam que fazer ressalvas ou dar explicações acerca do que querem dizer com o termo mais específico, porém mais longo, *parceiro de vida platônico*. Embora responda de bom grado às perguntas que as pessoas lhe fazem sobre sua amizade com Andrew, Toly prefere não fornecer informações a respeito. Como é avesso a chamar a atenção para si mesmo ou a insinuar que é especial, ele permite que em ambientes cotidianos a amizade dos dois seja mal interpretada.

Ele e Andrew não têm o privilégio que um casal monogâmico tem: levar adiante seu relacionamento sem precisar dar explicações constantes.

Anos depois de perguntar ao filho se ele era gay, a mãe de Andrew, Lisa, se viu em uma conversa semelhante, mas dessa vez de um lado diferente. Em uma chamada via Zoom, as amigas de Lisa estavam todas falando sobre o casamento dos filhos; ela teve a sensação de que aquilo parecia uma competição, à medida que, uma a uma, as mulheres relatavam uma tradicional fieira de sucessos que seus filhos haviam alcançado. Quando o nome de Andrew surgiu na conversa, uma das mulheres insinuou que ele e Toly estavam romanticamente envolvidos. Lisa disse que seu filho e Toly têm um tipo diferente de relação próxima. E rebateu frontalmente a suposição da amiga de que a proximidade entre duas pessoas deve significar que há algo romântico em jogo.

A crença, no Ocidente, de que a intimidade entre pessoas do mesmo sexo envolve necessariamente desejo sexual ganhou força alguns séculos atrás. Um panfleto intitulado *Satan's Harvest Home* [A colheita de Satanás], publicado em 1749 em Londres, afirmava que homens que se cumprimentavam com um beijo – àquela altura, ainda uma saudação onipresente – estavam fadados a trilhar o caminho para Sodoma.[26] A repulsa pela sodomia na Inglaterra do século XVIII recrudesceu, e as autoridades empreenderam um cerco a acusados de serem sodomitas por meio de detenções em massa e execuções.[27] Uma vez que agora o espectro do sexo pairava sobre as interações físicas masculinas, fazia sentido que os homens se afastassem uns dos outros. No final da década de 1780 na Inglaterra, o beijo foi substituído pelo aperto de mão.[28]

A intimidade entre pessoas do mesmo sexo durou mais para os homens nos Estados Unidos, onde começou a desaparecer da vista do público no século XIX. Na virada do século XX, uma forma mais agressiva de masculinidade – personificada por Theodore Roosevelt – eclipsou a masculinidade sentimental que a precedera, na qual um homem podia dizer ao amigo, sem medo de julgamento, que as "últimas pulsações do meu coração vibrarão por você". A modernização estava enfraquecendo o domínio dos homens situados no meio e na extremidade mais baixa do espectro econômico: homens presos ao trabalho assalariado perderam a autonomia que antes tinham por meio do trabalho autônomo. O poder dos homens em relação às mulheres também ficou mais instável, pois agora elas estavam fazendo exigências (às vezes bem-sucedidas) por participação econômica e política.[29] Uma forma vigorosa e viril de masculinidade poderia atuar como uma espécie de compensação pelas perdas dos homens. A categoria da homossexualidade – junto com o estigma a ela associado – surgiu nessa época.[30] Se o homem expressasse amor por um amigo, sua intenção poderia ser mal interpretada como sexual.

No livro *Gay New York* [A Nova York gay], o historiador George Chauncey detalha que as relações sexuais entre homens não haviam sido escondidas no final do século XIX e início do século XX, mas, por volta da década de 1930, tornaram-se alvo de intensificada hostilidade.[31] Em meados do século XX, a conexão entre comportamento sexual e identidade passara por mudanças. Um indivíduo não poderia mais ter um encontro sexual com alguém do mesmo sexo sem o risco de que lhe pespegassem o novo rótulo de "homossexual".[32] É a diferença entre dizer que você mora em Nova York e se descrever como "nova-iorquino". O primeiro é um fato potencialmente temporário; o outro é uma descrição da sua essência como pessoa. A heterossexualidade e a homossexualidade se consolidaram em categorias opostas; a primeira ligada à normalidade, a última associada à doença física; um eufemismo para homossexual era "mórbido".[33]

Também a intimidade entre mulheres acabou sendo sexualizada e estigmatizada, embora não tenha sido criminalizada de forma tão ampla nem punida com tanta severidade quanto a sodomia.[34] Durante a virada do século XX, influentes livros de sexólogos como Havelock Ellis ajudaram a reformular a paixão mútua das mulheres como "desviante". Todo ardor pelo mesmo sexo – inclusive quando a mulher em questão não desejava relações sexuais com outra – parecia se qualificar como uma "inversão", ou seja, era como se seus desejos ou comportamentos estivessem de cabeça para baixo, fossem mais próprios de um homem do que de uma mulher. Uma mulher a quem Ellis identificou como "verdadeira invertida" simplesmente descreve seu amor ávido e casto por suas amigas.[35] Porém, depois de pegar o exemplar de um livro de outro sexólogo, ela questionou sua afeição. O livro ensinou a ela que "sentimentos como os meus eram 'inaturais e depravados' e 'banidos da sociedade'".[36] Mulheres agora estavam esmiuçando sua própria interioridade em busca de sentimentos que tinham sido perfeitamente tolerados durante toda a vida delas. Sigmund Freud, cuja influência passou a sobrepujar a de outros sexólogos, enquadrou a homossexualidade como uma espécie de desenvolvimento interrompido ou travado.[37]

Um ponto de inflexão na Inglaterra foi a censura do governo a *O poço da solidão*, livro de 1928 que retratava um relacionamento lésbico e se tornou tema de um julgamento de obscenidade de ampla repercussão. O periódico médico *The Lancet* considerou o romance tão perturbador e preocupante que chegou ao ponto de emitir uma crítica: "A falácia do livro está na falha em reconhecer que fortes apegos entre membros do mesmo sexo ocorrem como uma fase do desenvolvimento normal".[38] O romance não descrevia os apegos das mulheres umas pelas outras como uma fase passageira, e aí estava sua ameaça. Mulheres que tinham tido apenas um fugaz flerte adolescente com o amor lésbico ainda poderiam tornar-se esposas de um homem, ao passo que o mesmo talvez não acontecesse com mulheres adultas envolvidas num relacionamento amoroso homossexual. "Amizades românticas", "inebriamentos" e coisas do tipo haviam perdido a inocência. O esgotamento da intimidade das amizades entre pessoas do mesmo sexo coincidiu com o aumento das expectativas de conexão emocional no casamento. O casamento era como um homem sentado no assento do metrô com as pernas abertas: deixava pouco espaço para qualquer outra pessoa. Se as amizades quisessem se encaixar, precisavam encolher.

Em 2022, depois de passar grande parte da pandemia no estado de Washington, Tilly se mudou para a casa de Kami em Broken Arrow, pronta para recomeçar a vida em Oklahoma. Nesse verão as visitei; quando nos sentamos para conversar na cozinha, era palpável a alegria entre Tilly e Kami. Quando elas contam uma história, há momentos em que quem ouve sente que está assistindo a um esquete de improviso; como se fossem atrizes, elas complementam com um *"sim, e aí…"* os relatos uma da outra e têm a teatralidade de artistas cênicos. Tilly faz mímicas enquanto explica as coisas e adota uma voz estridente para canalizar as palavras de alguém que a irritou. Kami berra ao relatar algo que acha engraçado ou revoltante. Acostumada a estar "no modo mãe 24 horas por dia, sete dias por semana", ela diz que a amiga lhe permite ser a "Kami de 2007" – aquela que abaixava as janelas do carro enquanto ouvia música e batia papo com Tilly sobre "coisas engraçadas". Tilly diz que estar com Kami significa que ela consegue existir "em um mundo fora das expectativas".

Apesar de toda a animação de Tilly durante a nossa conversa, ela seria a primeira a dizer que não é uma pessoa que costuma dar abraços ou que é aberta em termos de demonstrar emoções. Ela não quis compartilhar muitos detalhes sobre seu parceiro romântico, um ex-fuzileiro naval que sofre de dor crônica, mas, depois de anos de relacionamento com ele, abriu um sorriso apaixonado ao falar sobre o quanto o ama.

Pelo que pude perceber, há pelo menos três Kamis: a Kami exausta, a Kami obstinada e rebelde e a Kami não-se-meta-comigo. A primeira foi a mais fácil de notar. Certa noite, sua filha a manteve acordada; na noite seguinte, surgiu uma emergência familiar. A exaustão de Kami estava presente em seus movimentos desajeitados enquanto a duras penas ela carregava um cesto de roupa suja abarrotado para a sala de estar, ou na maneira como cortava mecanicamente um burrito em pedacinhos pequenos para Delilah comer no café da manhã. Ela usou a mesma calça de moletom rosa-chiclete dois dias seguidos. Mas, de vez em quando, suas sobrancelhas se arqueavam e seu sorriso largo aparecia, e eu podia imaginá-la tendo prazer em quebrar regras ou beber em um bar.

Enquanto eu fazia perguntas a Kami sentada com ela à mesa de jantar, Tilly vagava ao fundo, preparando um lanche para Delilah, dando uma bronca na menina e depois embalando-a no colo em uma poltrona de couro. Ela agia com a autoridade e a confiança de alguém em quem Delilah confiava. Alguns meses antes, Kami fora à cerimônia de formatura da sobrinha e, quando voltou, deparou-se com uma casa impecavelmente arrumada, que havia sido limpa de cabo a rabo com esmero por Tilly. (Kami descreveu o estado de pré-limpeza da casa como "se um tornado tivesse sido assolado por um tornado".) Até Tilly se hospedar com eles, Kami não tinha entendido o tamanho da ajuda de que ela e Rawley precisavam.

Quando perguntei a Tilly sobre o que parecia ser um desequilíbrio entre dificuldades e necessidades na amizade delas, ela contestou a premissa embutida na minha pergunta. "A amizade não se baseia em eu receber algo ou não receber", disse ela. "É mais tipo: 'Isso parece certo?'" Ela afirmou que, caso se sentisse usada, seria outra coisa. "Mas para mim é tipo: 'Oh, não, só quero despejar mais na sua xícara porque tenho muito na minha'", completou.

E Kami cuida dela de maneiras mais sutis. Depois que conversei longamente com Tilly sobre sua experiência no Iraque e, em seguida, trouxe à baila um assunto que ela achava delicado, Kami pediu-lhe "um favor". O favor exigia que Tilly saísse de casa para buscar alguma coisa. Levei vários minutos – mais a confirmação de Kami – para perceber o que ela estava realmente fazendo: dando a Tilly uma desculpa para se retirar. Era uma forma de cuidado.

Além da natureza platônica do vínculo, há uma diferença importante entre a amizade delas e muitos relacionamentos românticos: essa amizade tem espaço para conexões de intensidade semelhante. Na primavera de 2015, Tilly perguntou a Kami se podia "me fazer um favor e ajudar minha amiga", o que significava deixar que esta morasse com Kami. A amiga era Ziraya, mãe soló de dois filhos que queria se mudar para Oklahoma; tratava-se da mesma amiga que dera a Tilly uma noção acerca das dificuldades da vida de uma mãe solo na Marinha. Tilly disse que assumiria total responsabilidade caso o arranjo não desse certo. Kami não teve problemas para tomar a decisão. Ela disse a Tilly: "Claro que sim. Confio em você. Confio no seu julgamento. Pode dizer a ela que venha". Kami sabia que Ziraya enfrentaria uma difícil transição entre estar nas Forças Armadas e aprender a ser mãe no mundo civil. Queria cercá-la com o apoio que ela e Tilly poderiam lhe oferecer.

A principal preocupação de Tilly era se todos se dariam bem; ela achava que eram crianças demais para uma casa só. No fim das contas, nos nove meses ou mais em que todos viveram juntos, o filho de Ziraya tornou-se o melhor amigo de Kody – os dois tinham a mesma idade. Tilly não se preocupou se a amizade entre Kami e Ziraya ofuscaria o que ela tinha com sua melhor amiga do campo de treinamento militar. "Eu estava animadíssima que essa amiga complementasse o que eu já tinha com Kami."

Quando a pandemia atingiu o mundo em 2020, Kami teve muito mais estresse para administrar do que o normal. Rawley chegava bem tarde em casa, porque os negócios estavam bombando na empresa de materiais de construção onde ele trabalha; Kami sentia que estava "sendo mãe solo". As crianças não podiam ir à escola. Enquanto Kody implorava para voltar, Delilah, sem a distância habitual de Kami que a escola impunha, sentia agora uma ansiedade de separação ainda maior do que o normal. Bastava Kami levantar a perna para sair da sala que Delilah começava a gritar com a mãe por não segurar sua mão. Nos primeiros meses da pandemia, sair de casa não era uma opção. Ela se preocupava com a segurança de Delilah – se a filha pegasse covid, a saúde da menina estaria em grave perigo.

Em nada ajudava o fato de que os vizinhos não eram especialmente cautelosos. Kami ia às compras no Walmart e era a única pessoa usando máscara.

Tilly ficou com Kami por alguns dias em maio de 2020 antes de rumar para uma ilha no estado de Washington, para onde seus pais tinham se mudado. Durante esses dias, viu de perto como a vida de Kami se transformara em um emaranhado de barulho e demandas. Ela comprou para Kami um par de fones de ouvido do tipo AirPods como um dispositivo de sanidade, capaz de abafar o barulho que fluía pela casa de conceito aberto de andar único da amiga.

Kami e Tilly ligavam uma para a outra todos os dias, até perceberem que a monotonia causada pela pandemia havia roubado o enredo da vida de ambas. Não havia suficientes coisas novas acontecendo para relatarem em telefonemas diários. "Seis meses após o início da pandemia, quando conversávamos", Kami me relatou suas impressões, "para mim era tipo o dia 8.326 da quarentena, e ainda estávamos fazendo a *mesma* coisa" – a palavra *mesma* sendo prolongada para efeito dramático. Tilly acrescentou: "As mesmas crianças estavam berrando ao fundo". Ambas riram.

Em Washington, Tilly não estava sofrendo como Kami. Ela se sentiu em forma pela primeira vez em muitos anos, tendo perdido quase 45 quilos, e encontrou serenidade no cenário majestoso do noroeste do Pacífico. Mas hesitava em compartilhar cada acontecimento positivo, uma vez que a vida de Kami estava indo ladeira abaixo. Também achava que alguns prazeres eram difíceis de vivenciar por completo sem a amiga por perto. Com Kami distante, ela dizia: "Parece que falta tempero em casa". Enquanto dirigia pela cordilheira Hurricane Ridge no Parque Nacional Olímpico, os pinheiros brotando em meio à névoa, Tilly sentiu uma súbita vontade de se virar para Kami e exclamar: "Colorado!" – o estado natal de Kami, a terra das montanhas que ela adora.

As dificuldades de Kami lhe deram uma percepção inesperada. Ela tem uma aguda consciência do que significa não ser capaz de se mover livremente pelo mundo, o que faz com que incentive Tilly ainda mais a aproveitar sua liberdade. "Sinto que tenho um coração cigano. Eu simplesmente me levantaria e iria embora se pudesse", diz Kami. Não ser capaz de fazer isso "me leva a me colocar do fundo do coração no lugar de outras pessoas", prossegue; "se elas podem fazer isso, digo a elas que façam, porque eu não posso".

Kami acredita que o apoio de Tilly reduziu suas tensões e, por sua vez, deixou-a menos estressada para tocar adiante seu relacionamento com Rawley. Tomar café com a amiga ou sair com ela lhe dá ânimo. Tendo Tilly como sua "parceira de desabafo", Kami não precisa colocar todo o peso em cima de Rawley. "Antes de o meu parceiro chegar em casa, e quando Tilly está de folga", explicou, "falo com ela e fico tipo: 'Menina, adivinha o que aconteceu hoje!'." Tilly entrou na conversa para dizer: "E dá para ouvir a criança gritando no fundo: 'Nhéééé!!'".

> Kami: Ela tira muito do peso de Rawley porque... Eu fico furiosa e fico chateada, tipo: "Esse maldito seguro-saúde", ou "Essa porcaria de grupo de terapia", ou "Meu filho acabou de me bater, ou cuspiu em mim, e eu vou – vou embora daqui! Chega! Deu pra mim!".
> Tilly: Vou botar fogo na casa!
> Kami: Isso. Aí, quando Rawley chega em casa, eu fico tipo: "Oh, oi", e ele diz: "Oi, como você está hoje?". Eu fico tipo: "Muita merda, mas agora está tudo uma maravilha".

Quando Kami se sente melhor, Rawley acaba convivendo com uma parceira mais calma. Isso condiz com o que ouvi de outros parceiros platônicos: a amizade os torna mais pacientes e estáveis em seus relacionamentos românticos. (Amizades convencionais têm benefícios colaterais para parceiros românticos, embora qualquer amizade individual provavelmente faça o mesmo, em menor grau do que uma parceria platônica.) O parceiro romântico de Tilly se beneficia do estado de ânimo melhorado e do apoio que ela extrai da amizade com Kami. Um relacionamento tira a pressão do outro.

Kami e Tilly aprenderam na prática o que especialistas em relacionamento sustentam: embora o ideal romântico atual determine que a pessoa deve fornecer tudo, depender um pouco menos do relacionamento pode de fato levar a um vínculo mais robusto.

Há consequências: como diz o ditado nas comunidades poliamorosas, o amor é infinito, mas o tempo, não.[39] Tilly acha que provavelmente fala menos com as irmãs porque já tem pessoas de confiança – a quem recorrer em busca de conselhos ou opiniões – na forma de Kami e de seu parceiro romântico. Talvez os parceiros românticos das duas também acabem sabendo menos a respeito do desenrolar da vida delas, porque Kami e Tilly têm uma à outra como primeira parada. Mas o equilíbrio que as duas amigas alcançaram parece funcionar para elas.

Tilly descreve sua amizade com Kami como "um banco de confiança, então depositamos confiança, e o cofrinho é bem gordo". Assim como ela não tem a expectativa de que seu parceiro romântico a satisfaça sozinho, "também sei que não posso obter tudo de Kami. Essa não é sua função. E, se eu fizer isso com ela, vou acabar me decepcionando, porque as pessoas são humanas, e humanos erram o tempo todo". Tilly acha que é demais pedir a uma única pessoa – seja ela um parceiro romântico ou um amigo – que atenda a todas as nossas necessidades. "Não posso esperar que minha melhor amiga seja a pessoa mais sábia do mundo em toda e qualquer questão específica", diz.

De fato, ter um melhor amigo ou parceiro romântico do tipo tudo-em--um contraria a expansiva noção de família em exibição em Broken Arrow. Tilly usa o termo *amigamília* – palavra-valise combinando *amiga e família* – para se referir às pessoas próximas em sua vida. Ela e Kami têm o hábito de percorrer a pé o trajeto de cinco minutos até a casa dos pais de Kami e relaxar no jardim de inverno, um lugar para dar risada e bater papo enquanto a fumaça sobe rodopiando de seus cigarros Newport. Ao lado da mesa de jantar de Kami, um grande vaso contém uma planta que pertence à família de Tilly. Eles deixaram sua amada "Soraia, a samambaia" aos cuidados de Kami há quase uma década, porque seus gatos ficavam mordiscando a planta.

Na cozinha, Tilly abre a porta da despensa, revelando um panfleto que diz "Vote em Lawrence" no "Recrutamento Familiar 2022". Lawrence é irmão de Ziraya, o qual se mudou para Oklahoma e logo se deu bem com Rawley. Anos atrás, Tilly disse a Kody que existe um recrutamento familiar – idêntico ao processo de seleção de novos jogadores das principais ligas profissionais de futebol americano e de basquete do país. Ele acreditou que a pessoa poderia fazer *lobby* para ser recrutada pela família da qual quisesse fazer parte. Quando Tilly começou a morar com Kami, ela imprimiu panfletos com os dizeres "Vote em Tilly" e os colocou em lugares inesperados – sob o assento sanitário, dentro de um envelope da Amazon. Certa vez, Kody abriu um livro didático na escola e encontrou um folheto de apoio a Tilly. Os amigos dele ficaram confusos, e ele ignorou a pergunta dizendo que era uma piada de família.

Agora, Lawrence estava no jogo, anunciando seu amor pela dança e pela música. De todas as habilidades para alardear, o talento para dançar é dos mais adequados. Testemunhar a amizade de Kami e Tilly pode dar a impressão de assistirmos a duas pessoas praticando movimentos sincronizados. Mas elas são capazes de mais do que uma dança em dupla. Elas estariam mais do que prontas para entrar em uma tradicional *cèilidh* escocesa ou alguma dança formal de muito tempo atrás, na qual os dançarinos se entrelaçavam e se soltavam em rodas e fileiras, conectando-se com várias pessoas, juntando-se e voltando a se separar em novas formas.

Mais pessoas significam mais peças móveis – para o gosto de alguns, a mera ideia disso já é estonteante, com inúmeras oportunidades para colisões. Porém, quando há mais de um parceiro, há mais de uma pessoa para cuidar de você se você cair e para lhe ensinar uma nova maneira de girar.

Capítulo 3
O que o sexo tem a ver com isso?
Repensando a parceria

> Às vezes parece que vivemos juntos em um
> futuro no qual somente nós
> acreditamos ou que apenas nós entendemos [...].
> Será que o amor entre nós é tão bizarro?
> Eu te amo. Isso não é amor romântico.
> *Andrea Dworkin*[1]

Chame um grupo de pessoas de "privilegiadas", e com toda a certeza vai suscitar divergência. Casais em relacionamentos românticos são uma exceção. Seus integrantes desfrutam dos benefícios de seu status elevado – são vistos como mais maduros, estáveis e felizes do que as pessoas solteiras – sem o rótulo de "privilégio". Longe da negação indignada, talk shows diurnos e filmes da sessão da tarde perpetuam a incontestável premissa de que os relacionamentos românticos tornam a vida completa. Mas a amizade, na cultura norte-americana, não tem esse poder de completar a vida.

No entanto, as pessoas com quem conversei que têm parcerias platônicas relatam níveis de comprometimento, amor e realização que rivalizam com as mais devotadas ligações românticas. Ambas as variedades de vínculo são do tipo voluntário, não aquelas nos quais a pessoa já nasce. Da mesma forma, em parcerias platônicas e românticas, "melhor amigo" é um rótulo que os parceiros costumam usar para descrever um ao outro. Quando meu amigo Adam perguntou qual era a diferença entre meus relacionamentos com Marco e com M., a única coisa em que consegui pensar foi sexo: eu fazia sexo com Marco, mas não com M., e M. e eu não nos sentíamos atraídas uma pela outra dessa forma. Outras pessoas compartilharam comigo a mesma intuição sobre o que separa os relacionamentos românticos até mesmo das amizades mais próximas. Certa vez um dos convidados de um jantar me perguntou: "Um relacionamento romântico não é apenas amizade mais sexo?". De acordo com essa equação, o sexo é o elemento que desencadeia uma mudança de estado, de *apenas* amigos para *mais do que amigos*.

Desde que Stacey Reimann conheceu uma mulher chamada Grace na faculdade, os dois passavam incontáveis horas pensando sobre os limites entre diferentes tipos de relacionamento. Mas a ainda caloura Grace não tinha como antever que Stacey abalaria suas crenças sobre relacionamentos, ou, na verdade, sobre qualquer coisa. Na época, ela não conseguia imaginar Stacey como alguém com quem gostaria de conversar. Quando o viu pela primeira vez, seu GPS interno a instruiu a dar uma guinada para o outro lado.

Grace o avistara do outro lado da sala, numa festa para a equipe do jornal estudantil da Universidade de Chicago, onde ambos trabalhavam. Ele exalava masculinidade; ela deduziu, corretamente, que ele fazia parte de uma fraternidade universitária. Mais tarde, uma das amigas de Grace o compararia a Marlon Brando – embora Stacey tenha um maxilar mais esculpido, maçãs do rosto mais altas e olhos azuis. Grace imaginava uma comparação menos lisonjeira; Stacey lembrava os jogadores do time de lacrosse, dos quais ela fazia o possível para se esquivar em sua escola num subúrbio de Nova Jersey. Ela era o tipo de adolescente que, quando uma ameaça de bomba exigiu que todos evacuassem o hotel onde estava hospedada, correu de volta para dentro do prédio para pegar sua mochila, porque não queria perder o dever de casa. Ao ver Stacey no apartamento do editor-chefe, ela quase revirou os olhos, pensando: *Eu realmente não quero falar com aquele lindo rapaz de fraternidade ali*. Tivera a esperança de que a faculdade fosse um lugar para fugir de caras como ele.

Algumas semanas depois, Stacey e Grace se encontraram de novo em uma feira de profissões, onde acabaram ficando na mesma mesa que reunia estudantes com interesse em jornalismo, mídia e artes – evidentemente, Stacey e Grace tinham aspirações de carreira semelhantes. Grace achava que atuaria em algum trabalho relacionado às artes visuais, talvez numa galeria, e Stacey era atraído pela indústria cinematográfica. Mas Grace ainda não estava interessada nele; com o tempo, ela nem se lembraria de que eles tinham conversado no dia desse evento.

Durante seu segundo ano, Grace encontrou Stacey por acaso pela terceira vez. Ela ainda estava se recuperando de um rompimento amoroso na primavera anterior. Fora seu primeiro relacionamento sério: Grace e o ex-namorado conversavam sobre os filhos que queriam ter, os cachorros que adotariam, o tipo de casa em que viveriam e as viagens que fariam. Apesar de sentir o que ela própria descreve como "uma quantidade insana de amor desvairado", Grace terminou com ele porque a relação parecia sufocante. Sua esperança era que seus anos de universidade a apresentassem a uma gama de novas pessoas e novas experiências; esse único e obsessivo relacionamento não lhe deixava espaço para a exploração de possibilidades que ela desejava. Embora a própria Grace tenha tomado a iniciativa da separação, seu desespero depois do término foi tão avassalador que, quando voltou ao campus naquele outono, durante semanas ela nem sequer abriu suas caixas de coisas, porque não tinha certeza se estaria bem o suficiente para permanecer lá o semestre inteiro.

Determinada a fazer amigos e se ocupar com algo diferente de pensamentos sombrios, Grace transformou sua vida em um show de variedades. Ela fez um teste para cantar em um coral *a cappella*; seu desempenho foi tão sofrível que ela saiu rindo da sala. Embora não seja especialmente feminina ou sociável, ela ingressou numa república feminina. E se matriculou no Instituto de Política da universidade, apesar de não ter conhecimento nem interesse em política; durante seu segundo semestre lá, foi encarregada de liderar uma equipe de alunos que forneciam suporte administrativo aos bolsistas do instituto. Stacey, o dente-de-leão que continuava brotando em seu gramado sem ser convidado, era um dos membros da equipe. Grace tentava criar coesão no grupo organizando passeios para tomar milk-shakes ou levar um colega para jantar no restaurante local. Conhecer Stacey era praticamente uma das atribuições de seu trabalho. Para sua surpresa, ela gostava de estar perto dele.

Logo em seguida, Stacey foi incumbido de ser o editor de Grace em um projeto de vídeo no qual ela estava trabalhando para o jornal. No inverno, ele pediu que ela lhe desse aulas sobre fotografia analógica, e Grace, que não dormia muito, encontrava-se com Stacey na calada da noite na câmara escura, para revelar fotos. Ela descobriu que gostava (de brincadeira) de mandar nele.

Grace contou à sua amiga Caroline sobre o rapaz com quem ela estava passando muito tempo, na câmara escura e em outros lugares. Ela estava interessadíssima nele como pessoa, em termos intelectuais e artísticos. Os dois tinham ótimas conversas. Suas sessões noturnas na câmara escura tinham um quê de romântico – mas isso era apenas circunstancial? Era difícil descobrir a linha entre platônico e romântico. Por outro lado, uma das amigas de Grace comentou que a tensão sexual entre ela e Stacey era palpável.

Stacey começou a aparecer no café onde Grace trabalhava. Fosse qual fosse a pessoa que se aproximava do balcão ou esperava num das mesas que ela servia, Grace sempre parecia ter um gracejo ou uma conexão com todo mundo. A energia que ela trazia para as interações cotidianas era algo que Stacey se esforçava para encontrar em si mesmo. Para ele, simplesmente observá-la batendo papo com os clientes era inebriante.

No cânone da família Reimann, há vídeos de Stacey criança dançando ao som de canções de Ricky Martin; ele tem 3 ou 4 anos de idade, novo demais para saber que estava requebrando os quadris ao som da música de um ícone *queer* ou mesmo para saber o significado do termo *queer*.* Mas agora, quando assiste a esses vídeos, ele vê uma criança curtindo uma festa de dança *queer* solo. Sua dança, assim como outros comportamentos da infância – como ele gravitava na órbita das meninas, usava óculos de natação exclusivamente cor-de-rosa e escolheu uma camisa rosa-choque para usar em sua cerimônia de formatura do quinto ano –, eram recebidos com aprovação pela família e pelos colegas. Essa aprovação evaporou quando a família de Stacey se mudou dos subúrbios de Atlanta para Birmingham, Alabama, e ele ingressou no ensino fundamental. Depois de seu primeiro treino na equipe de natação, ele entendeu que, se quisesse se encaixar, não poderia mais usar seus óculos cor-de-rosa. Também no

---

* Traduzido para o português como "estranho", "esquisito" e "bizarro", queer era o principal xingamento contra homossexuais e travestis nos Estados Unidos. No Brasil, o termo equivaleria a "bicha", "sapatão" e "traveco". A partir da criação da organização ativista Queer Nation (Nação Queer), em 1990, a palavra passou a ser usada de maneira orgulhosa e afirmativa; recentemente, queer foi entendido como identidade, contra qualquer normalização e diferente das identidades construídas e impostas pelo meio social. [N.T.]

ensino fundamental, ele ouviu uma menina dizer: "Algumas pessoas falam que meu namorado tem voz aguda, mas sempre posso dizer que Stacey tem uma voz mais aguda ainda". Não querendo envergonhar a própria namorada, ele então treinou para abaixar o tom de sua voz.

Ele manteve essa voz mais grave mesmo quando começou a namorar um garoto no sexto ano. O pai do garoto descobriu e os instruiu a ir à igreja. Lá, foi ensinado a Stacey que o diabo o estava pondo à prova. Ele se dedicou a se tornar mais religioso: frequentava aulas de estudos bíblicos antes da escola e lia as Sagradas Escrituras antes de dormir. Mas, três anos depois, Stacey concluiu que ainda teria escolhido namorar o garoto, se fosse uma questão de opção, e se decidiu por uma nova missão: ir embora do Alabama. Passou a ser um estudante e um jogador de futebol mais ambicioso – se ele se destacasse em ambos, aumentaria suas chances de conseguir bolsas de estudo para faculdades de outro estado. Não lhe escapou a ironia de que, para se libertar das normas masculinas heterossexuais do Alabama, ele se dedicou a uma atividade que exigia que se tornasse mais estereotipicamente masculino.

Há uma pergunta trivial – um lugar-comum – que se faz às pessoas *queer* acerca de sua sexualidade: "*Quando você percebeu que era gay?*". Porém, quando Lisa Diamond – em seus tempos de estudante de pós--graduação em psicologia, no final dos anos 1990 – entrevistava mulheres de minorias sexuais, ela lhes fazia uma pergunta diferente: "*Quem são as três pessoas pelas quais você mais se sentiu atraída em sua vida?*". Repetidas vezes as mulheres descreviam uma amizade emocionalmente envolvente e abrangente. Uma das entrevistadas disse: "De tão intenso, nosso relacionamento era quase espiritual".[2] As histórias dessas mulheres fizeram Lisa se lembrar de sua melhor amiga do ensino médio, com quem ela analisava filmes de vanguarda e vasculhava livrarias e sebos em busca de poesia confessional.

Juntamente com o resto da turma de literatura de língua inglesa em uma escola só para meninas em Los Angeles, Lisa e a melhor amiga leram o romance *Mrs. Dalloway*, de Virginia Woolf. A personagem principal do livro, Clarissa, sente um amor tão vertiginoso por uma de suas amigas que "gelava de excitação e se penteava numa espécie de êxtase" enquanto se aprontava para vê-la, e há um momento em que fica arrebatada ao saber que a amiga está por perto, dizendo a si mesma: "Pensar nela sob este teto, sob este teto!".

Durante um debate em sala de aula sobre essa cena de *Mrs. Dalloway*, Lisa e sua melhor amiga disseram: "É isso que sentimos!". (Décadas depois, enquanto me contava a história, Lisa imitou seu eu adolescente ao declarar essas palavras com voz estridente.) Foi a primeira vez que as duas viram uma representação de uma amizade tão encantadora quanto a delas.

Suas colegas de classe tiveram uma interpretação diferente da cena: claramente, decretaram os demais alunos, as personagens eram lésbicas. Lisa e a amiga responderam que as personagens não eram lésbicas, porque amigas poderiam sentir o que as personagens sentiam. "É uma coisa normal de sentir!", alegaram. Quando a aula terminou, Lisa e a amiga entenderam que estavam dando a impressão de serem umas esquisitonas, como se todos os alunos da sala estivessem tendo o mesmo pensamento ao mesmo tempo: *Que coincidência as duas garotas que vivem grudadas uma na outra não acharem que as personagens eram lésbicas.*

Quando Lisa foi para a faculdade, uma colega de quarto perguntou qual namorado dela havia gravado a fita cassete que ela estava ouvindo. Lisa corrigiu a colega: a pessoa que tinha passado horas montando a coletânea musical da fita era sua melhor amiga, não um cara. A colega observou que a fita estava repleta de canções de amor. "Bem, é que o nosso amor é muito intenso", explicou Lisa. Mais tarde, ainda nos anos de faculdade, Lisa se assumiu lésbica, mas seus sentimentos por sua melhor amiga sempre tinham sido platônicos.

Então, quando, para seu estudo de pós-graduação, entrevistou as mulheres e ouviu os relatos sobre suas amizades que refutavam categorizações, Lisa sabia o que elas tinham vivenciado. Ela decidiu levar adiante a pesquisa e fazer um acompanhamento das participantes. Das oitenta mulheres que ela entrevistou que eram assumidamente lésbicas ou bissexuais ou não rotulavam sua orientação sexual, setenta disseram ter tido uma amizade platônica tão intensa em termos emocionais quanto um relacionamento romântico.[3] Essas "amizades apaixonadas", na definição que Lisa empregou, eram muito mais propensas do que as amizades convencionais a incluir pensamentos e comportamentos associados a relacionamentos românticos, como inseparabilidade, afagos e carinho, mãos dadas e preocupação.[4] Para algumas das mulheres, as amizades eram atreladas ao desejo sexual. Mas, para muitas delas – como no caso da própria Lisa –, a amizade residia no que Lisa descreve como um "mundo intermediário": envolvente demais para ser uma amizade padrão, mas a paixão mútua não podia ser explicada por desejo sexual reprimido.

As mulheres que Lisa entrevistou não sabiam que outras pessoas tinham relacionamentos semelhantes, hoje em dia ou ao longo da história. Se vasculhassem acervos de pesquisas acadêmicas, tampouco teriam encontrado muita coisa. O artigo que Lisa publicou em 2000 é um dos poucos trabalhos acadêmicos existentes sobre amizades apaixonadas contemporâneas. Embora as entrevistas de Lisa mostrassem que esse tipo de amizade era comum, muitas das mulheres com quem ela conversou a consideravam singular ou até anormal.

Quando teve que decidir quem convidar para ser seu par no baile de fraternidade no inverno de seu segundo ano, Stacey não teve dúvida de que convidaria Grace. Ela era sua pessoa favorita, a pessoa de quem ele mais gostava de estar perto. Os dois se viam o tempo todo, de uma forma que é fácil em ambientes comunitários como faculdade ou acampamento de verão.

Grace estava animada para passar uma noite inteira conversando com Stacey, e pensou que eles poderiam se beijar ou transar. Ela chegou ao apartamento de Stacey para um jantar que ele e os outros dois rapazes do grupo de amigos tinham organizado para suas respectivas ficantes. Os caras arrumaram a mesa e escreveram um menu em um quadro-negro, como se não estivessem apenas comendo comida mediterrânea para viagem, mas jantando em um restaurante. De lá, pegaram um Uber rumo a uma balada underground no centro de Chicago. Grace não ficou nem um pouco impressionada com a atmosfera pretensiosa da casa noturna – você tem que pagar para entrar em uma área no meio do salão enquanto todos os outros ficam ao redor desse quadrado separado por cordões de isolamento, olhando para as pessoas que pagaram mais. Apesar de beberem e dançarem muito, ela e Stacey estavam muito conscientes de si mesmos para de fato se soltarem. Em seu relato, Grace se lembrou de que eles estavam "basicamente psicanalisando tudo durante todo o tempo que estávamos lá, e curtindo, mas não curtindo". Ela teve a impressão de que os comentários críticos que os dois fizeram sobre o espaço era apenas conversa fiada de flerte.

A noite prosseguiu com uma mistura de extravagância e imundície. Quando a música "Famous", de Kanye West, começou a tocar, Stacey e Grace pularam de fininho o cordão de isolamento e entraram sem pagar no quadrado isolado para dançar. Logo depois, foram embora do clube, dividindo um Uber com um dos outros casais. Em certo momento do trajeto o carro teve de encostar no meio-fio para que o cara pudesse sair e vomitar. A ficante permaneceu com ele, e Stacey e Grace retornaram ao campus. À medida que se aproximavam, parecia cada vez mais provável que rolaria algo com Stacey.

Eles entraram no dormitório de Grace, um imponente edifício de tijolo aparente dividido em cerca de cem dormitórios individuais. Os alunos brincavam que dava para se orientar pelo prédio usando as citações nas paredes, pintadas todos os anos pela equipe da semana de orientação educacional.[5] Do lado de fora do quarto de Grace no terceiro andar, Stacey se deteve para ler uma citação do filósofo e imperador romano Marco Aurélio, pintada em um arco-íris de cores, começando em vermelho e terminando em roxo: "Espere pacientemente pelo fim, seja ele aniquilação ou metamorfose".

Grace abriu a porta do quarto dela, cuja decoração em preto e marrom combinava com o estilo taciturno de suas fotografias; os dois se sentaram em sua cama de solteiro. Sentindo que estavam à beira de um beijo, Stacey disse que queria contar algo a Grace: ele estava namorando um homem que conhecera por meio de seu trabalho no escritório de admissões, um recém-formado que havia se mudado para Boston. Nos três meses desde que tinham começado a namorar, Stacey nunca havia mencionado o relacionamento a ninguém. Achava que os outros membros do seu grupo de amigos do escritório de admissões apoiariam sua decisão de se assumir – a maioria deles era *queer* –, mas que poderia ser complicado explicar quem era seu namorado. Esses amigos se consideravam uma família escolhida, e namorar alguém do grupo poderia desestabilizar a unidade. Stacey também não se sentia pronto para sair do armário para nove pessoas ao mesmo tempo. Para complicar ainda mais as coisas, ele não sabia como rotularia sua orientação sexual. Embora pensasse que era gay, ter relações sexuais com um homem não tinha feito tudo se encaixar num passe de mágica como ele esperava. Stacey contou a Grace sobre sua confusão e disse: "Acho que só precisamos ser amigos".

Grace ficou surpresa – ela não achara que essa era a direção para onde a conversa estava indo. E ficou decepcionada. Eles tinham passado a noite dançando em uma balada apinhada de estudantes universitários cheios de tesão. Parecia um encontro amoroso. Mas ela rapidamente mudou de ideia; percebeu o peso do que Stacey estava dizendo e que era um momento de enorme importância para ele.

Ela o amparou em sua cama enquanto ele chorava. Agora que tinha contado a Grace, Stacey sentiu que em breve se assumiria para todos, passo que não tinha certeza se estava pronto para dar. E estava preocupado que Grace achasse que ele tinha sido fingido e a enganara. Mas algumas das suas lágrimas eram de alegria. Stacey acolhe os sinais do mundo sempre que os percebe, e a citação de Marco Aurélio reproduzida nas cores do arco-íris o atingiu em cheio como um sinal de que era hora de se abrir e ser franco sobre quem ele era. Em Grace ele encontrou a pessoa certa a quem contar. Stacey observa que "esse demônio que esteve em mim por vinte anos, eu me senti à vontade em dar a essa pessoa que conheci há três meses – isto é, Grace, mais do que qualquer outra pessoa na minha vida". Relembrando o momento, ele acha que caiu no choro em parte porque "naquela noite me senti sendo apenas quem eu queria ser a minha vida inteira e tive a sensação de que aquilo era um prenúncio de uma boa vida por vir".

Acontece que Lisa também era estudante de graduação na Universidade de Chicago quando se assumiu lésbica. As pessoas lhe perguntavam se sua amizade no ensino médio a fizera perceber que era gay. Ela dizia que não – ela não sentia atração sexual pela amiga (que era heterossexual). Lisa descobriu que esse era um padrão constante em muitas das amizades que ela estudou. Embora as mulheres que ela entrevistou se sentissem atraídas por mulheres, muitas vezes a amiga com quem compartilhavam uma conexão íntima se identificava como heterossexual. No entanto, a paixão na amizade era mútua: as amigas escreviam cartas uma para a outra, se abraçavam, passavam o tempo todo juntas. Para esse estudo específico e também em pesquisas futuras, Lisa falou com um pequeno número de mulheres heterossexuais, e muitas delas também responderam à pergunta sobre as "três pessoas por quem mais se sentiam atraídas" mencionando uma amizade emocionalmente intensa com uma mulher. Lisa afirma que amizades apaixonadas são menos úteis para prever a orientação sexual e são "mais indicativas de nossa [...] ampla capacidade humana de amor e apego, o que não necessariamente acompanha a sexualidade".

A diferença entre amor e sexualidade tornou-se central para o trabalho de Lisa como psicóloga. Hoje professora na Universidade de Utah, ela descobriu, assim como outros acadêmicos, que o desejo sexual e o amor estão associados a diferentes vias e substâncias químicas no cérebro.[6] Cientistas constataram que androgênios e estrogênios influenciam o desejo sexual, ao passo que pessoas apaixonadas recebem um gotejamento de ocitocina, dopamina e outros neuroquímicos que as fazem se sentir motivadas e recompensadas.[7] Renomados psicólogos argumentam que o desejo sexual e o amor servem a diferentes funções evolutivas:[8] que o desejo sexual nos impele a reproduzir e, ao fazer isso, dar continuidade à progressiva marcha de nossos genes, ao passo que o amor nos estimula a cultivar um vínculo duradouro que nos dá uma sensação de segurança e satisfação – o que é chamado de relacionamento de "apego".[9] É um vínculo que vivenciamos pela primeira vez na fase de bebês vulneráveis, quando precisamos ficar perto de um cuidador para sobreviver. Lisa está entre os pesquisadores que acreditam que esse sistema biológico que originalmente evoluiu para a sobrevivência infantil foi reaproveitado: para motivar um par de adultos a permanecerem juntos[10] por um longo período.*

Alguns pesquisadores veem o apego como o segundo estágio do amor romântico, sendo o primeiro a paixão, que nos mantém perto da pessoa por tempo suficiente para que os sentimentos de apego venham à tona.[11] (Trata-se de generalidades: nem todo mundo começa o amor romântico em um estado intensificado; alguns sentem segurança e calma desde o início e podem preferir o amor constante aos imprevisíveis altos e baixos da paixão.) Lisa define o tempo, a união e o toque como os "ingredientes mágicos" do apego. Embora o desejo sexual possa estimular os enamorados a passarem muito tempo juntos, ela diz que o sexo não é essencial para que o apego aconteça.

A partir de pesquisas que mostram que o desejo sexual e o amor têm processos e propósitos biológicos distintos, Lisa continuou argumentando

---

* A filósofa Carrie Jenkins é um exemplo de pesquisadora que tem um enfoque cético acerca de uma explicação puramente biológica do amor romântico. Em seu livro *What Love Is: And What It Coud Be* [O que o amor é: e o que poderia ser], ela analisa o mesmo *corpus* de pesquisa que descrevi aqui e conclui que o amor romântico tem uma "natureza dual": a biologia influencia nossa experiência de amor romântico, mas também nossas expectativas sociais sobre ele.

que a orientação sexual influencia apenas a atração sexual, não o amor.[12] Uma pista veio das amizades apaixonadas que ela estudou: a maioria nunca se tornou sexual. Ela obteve endosso adicional para a ideia em suas entrevistas de acompanhamento com as mulheres. Nos dez anos desde que Lisa as entrevistou pela primeira vez, muitas delas se apaixonaram por alguém por quem não deveriam ter se sentido atraídas com base em sua orientação sexual declarada: lésbicas se apaixonaram por homens; mulheres heterossexuais se apaixonaram por mulheres. Em vez de presumir que essas mulheres estavam erradas sobre sua própria orientação sexual, Lisa interpretou a experiência delas como evidência de que amor e sexo nem sempre seguem o mesmo caminho. Mas esses impulsos podem reforçar um ao outro; para algumas mulheres, o amor pode ter despertado desejo sexual por alguém por quem elas normalmente não sentiriam atração sexual.

Além da pesquisa de Lisa e dos estudos neurobiológicos de outros acadêmicos, há evidências de que amor e desejo sexual nem sempre coincidem. Em um estudo de 1979, 61% das mulheres e 35% dos homens relataram já ter sentido amor sem desejo por sexo.[13] Trinta anos depois, 76% das pessoas que responderam a uma enquete concordaram com a afirmação de que "pode existir amor verdadeiro sem uma vida sexual exuberante/ativa".[14] Na década de 1980, um estudo feito com jovens também constatou que a paixão – geralmente entendida como uma parte fundamental do amor romântico – não precisa envolver desejo sexual. Se as duas coisas fossem inextricáveis, crianças que não passaram pela puberdade jamais deveriam ficar "gamadas" ou "vidradas" por alguém. Mas a maturidade física das crianças não fez diferença quando os meninos e meninas de 4 a 18 anos ouvidos no estudo avaliaram até que ponto concordavam com declarações sobre alguém por quem tinham uma quedinha, a exemplo de "Estou sempre pensando em [o objeto da minha paixonite]" e "Quero que [o objeto da minha paixonite] me conheça, saiba o que estou pensando, o que me assusta, o que eu desejo".[15] Esses resultados podem não ser nenhuma surpresa para quem na infância teve uma paixonite ou uma amizade obsessiva. Lisa relembrou uma ocasião recente em que se juntou a uma brincadeira entre a filha de 7 anos de sua amiga e a melhor amiga da filha. No final da brincadeira, as mães tinham que agarrar as meninas pelas pernas para separá-las fisicamente, como se fossem duas pontas de uma corda em um cabo de guerra. Por mais dramática que a cena parecesse, não era incomum; a mãe da melhor amiga, enquanto puxava a filha, disse, resignada: "Lá vamos nós de novo". Essas amiguinhas apaixonadas, para Lisa, representavam "o cérebro humano aprendendo a se conectar e a buscar segurança e outras pessoas".

Agora, Lisa vê a ideia de apego estampada em sua amizade do ensino médio. A maneira como ela se sentia acalmada pelo cheiro da loção com aroma de rosas da amiga – "Isso é cem por cento apego", diz Lisa, de um jeito, em essência, nem um pouco diferente de um pai ou mãe que se sente reconfortado pelo cheiro de seu recém-nascido. A cena de *Mrs. Dalloway* a tocou fundo porque a personagem, ao exclamar "Pensar nela sob este teto, sob este teto!", estava se deliciando com a mera presença da amiga. "Esse sentimento de estimar e ser estimada não tem nada a ver com sexo", afirma Lisa. "Tem a ver com o sistema de apego entre bebê e cuidador. É isso que todos os humanos querem: sentir que outra pessoa os coloca em primeiro lugar. E, embora em nosso contexto moderno geralmente seja um parceiro sexual, o sistema de apego "não dá a mínima" para sexo.

Na manhã seguinte ao baile, Grace enviou uma mensagem de texto para alguns amigos com uma referência irônica ao livro de memórias *Persépolis* [autobiografia em quadrinhos da iraniana Marjane Satrapi], no qual o ex-namorado da personagem principal agradece por ajudá-lo a perceber que é gay. Grace riu com seus amigos sobre essa reviravolta. Mas, ao contrário da história contada em *Persépolis*, as orientações sexuais incompatíveis de Stacey e Grace não atrapalharam sua proximidade. Depois daquela noite, eles criaram o hábito de falar um com o outro todos os dias.

Um era o convidado oficial do outro para quaisquer eventos que aparecessem na agenda de ambos. Outras pessoas começaram a perceber o nível de profundidade do envolvimento dos dois. Em uma festa, uma mulher com quem Stacey tinha ficado em um baile de gala a que tinham ido juntos perguntou: "Você e Grace estão juntos?". Stacey escapou da conversa sem dar uma resposta clara.

Por muito tempo, Stacey e Grace não tiveram um rótulo para sua amizade, ainda que, depois de se assumir para todo o time de futebol, Stacey tenha começado a brincar de se referir a ela como sua namorada. Ele ria quando os companheiros de equipe perguntavam se a namorada de Stacey, conhecida por ser uma entusiasmadíssima torcedora do time, iria ao próximo jogo.

Por fim, ele encontrou maneiras menos jocosas de caracterizar o relacionamento dos dois. No ano seguinte à formatura, o time competiu na semifinal da Divisão III na Carolina do Norte, e Stacey quis apoiar um grande amigo que jogava no time. Grace o acompanhou. Voou para o outro lado do país e passou um tempo com a família de Stacey, que ficou ansiosa para levá-la ao Chick-fil-A, para que conhecesse essa rede de *fast food* especializada em sanduíches de frango. Ela pediu *nuggets* sem batatas fritas, sem perceber que era o prato que Stacey sempre pedia. Os dois notavam pequenas semelhanças como essa – talvez apegando-se a qualquer coisa parecida com um sinal cósmico, como Stacey tem o hábito de fazer –, mas reparavam também em sobreposições menos prováveis. Seus estados de ânimo pareciam sincronizados, como se fossem parte do mesmo padrão climático. Mesmo quando já não moravam mais na mesma cidade, ficavam doentes ao mesmo tempo. Os dois começaram a dizer que eram a "mesma alma" ou "mesma pessoa". Era o tipo de conexão inexplicável que muita gente espera encontrar.

Antes de Stacey entrar na vida de Grace, houve outra melhor amiga dela, Caroline. Grace e Caroline se conheceram em 2014, em um grupo do Facebook para alunos que haviam sido aceitos na Universidade de Chicago, mas não tinham certeza se iriam se matricular. Ambas estavam divididas entre as universidades de Chicago e Georgetown e trocavam longas mensagens de fluxo de consciência sobre sua incerteza. A indecisão de Caroline estava em desacordo com a postura de jovem madura para sua idade que ela costumava projetar, e ela se sentiu "realmente animada ao ver outra pessoa que eu sentia que era parecida comigo e que estava tendo dificuldades com as mesmas coisas".

Elas se conheceram pessoalmente no dia da mudança. Grace saiu do carro dos pais e caminhou até Caroline para abraçá-la, mas tropeçou e caiu, esfolando os joelhos com tanta violência que rasgou a calça jeans. Caroline passaria a ver esse clássico momento desastrado como "Grace em seu estado puro". Durante o penúltimo ano, Caroline acordou com uma série de mensagens de texto sobre como Grace torcera o cotovelo ao tentar saltar, no meio da noite, um cavalete de sinalização de uma construção.

Caroline não comungava da energia caótica de Grace. Ela ganhou o apelido de "Mamãe Carol", porque era a pessoa que chegava para passar um fim de semana numa cabana com amigos carregando um *cooler* abarrotado de mantimentos, temperos e um plano de refeições bem equilibrado. (Stacey e Grace eram mais propensos a ter mochilas transbordando de roupa suja e um carregador de celular enfiado entre as peças.) A mistura de pensamento analítico e altruísmo de Caroline naturalmente a direcionou para uma carreira no serviço público, que desde o ensino médio ela sabia que desejava seguir.

Caroline e Grace viam-se uma na outra, tendo ambas vindo de famílias dos subúrbios muito unidas e solidárias, e, na universidade, seu senso de afinidade se fortaleceu enquanto elas suportavam juntas uma porção de crises formativas. Depois de encararem um inverno brutal no primeiro ano e se sentirem frustradas com os colegas dormitório que, nas palavras de Caroline, "gostavam de ser uns desgraçados", ela e Grace conversaram com seus respectivos orientadores sobre a transferência para Georgetown, embora no fim das contas ambas tenham decidido permanecer na Universidade de Chicago. Meses depois, Caroline ajudou Grace a superar o rompimento do namoro, e Grace ajudou Caroline a lidar com relacionamentos românticos confusos e decepcionantes que pontilharam seus anos de universidade. Caroline diz que Grace é "uma amiga tipo alma gêmea". Acha Grace infinitamente interessante e admira seu comprometimento com as pessoas importantes em sua vida. Grace descreve Caroline como "um pedaço de mim em outro corpo". Embora em geral compartilhe os mesmos detalhes pessoais com Caroline e Stacey, sua expectativa é que reajam de forma diferente. Ela diz que Caroline, "assim como Stace, está sempre ansiosa para apoiar qualquer um dos meus sonhos ou minhas ideias malucas, mas, comparada a ele, talvez seja um pouco mais realista". Se Grace decidisse largar o jornalismo para se dedicar à arte em tempo integral, Caroline seria a única a tomar providências para que ela tivesse um plano para se sustentar financeiramente.

No início do último ano de faculdade, Stacey e Caroline perceberam que tinham se mudado para casas geminadas vizinhas; a dela, compartilhada com outras cinco mulheres, foi apelidada pelas moradoras de "o Convento". Stacey dividia uma casa com oito jogadores do time de futebol. Na frente de ambas as casas há uma vereda de pedras e uma árvore, formando um dossel, além de um quintal em comum. Grace vinha para fazer uma visita duas-em-uma, hospedando-se na casa de Stacey e tomando café da manhã na casa de Caroline, ou vice-versa. Como presente de aniversário para uma das mulheres que residiam no Convento, Stacey fez um desenho das duas casas de arenito marrom-avermelhado. A imagem dessas casas adjacentes passaria a ser um emblema da comunidade de amigas em torno da qual Stacey, Grace e Caroline queriam construir sua vida adulta. Caroline adotou um mantra que duas de suas amigas mais velhas cunharam: "Chicago aos 35 anos". Isso deu às amigas licença para irem embora país afora, se necessário, a fim de construir a carreira e investir na formação educacional, mas lhes pedia que, ao fim e ao cabo, se mudassem para o mesmo quarteirão ou bairro. As amigas de Caroline tinham mais do que razões sentimentais para uma configuração compartilhada: como as pessoas em seu círculo tendiam a seguir carreiras no serviço público (leia-se: carreiras não muito lucrativas), elas achavam que não conseguiriam se dar ao luxo de viver sozinhas ou criar filhos com a renda de apenas outra pessoa. Uma comunidade poderia distribuir custos e cuidados e restabelecer os prazeres dos mundos sociais interconectados que elas tinham na universidade.

Caroline e Stacey se encontraram no quintal compartilhado quando descobriram que ambos tinham conseguido bolsas Fulbright para lecionar inglês na Espanha. Depois de correrem para os braços um do outro no que Caroline descreve como um "abraço de afirmação da vida", eles brincaram que, se um dia quisessem realizar uma "cerimônia de casamento de amigos", ela teria que acontecer lá no quintal, porque, naquele momento, sentiram que tinham assumido um compromisso mais sério de estar na vida um do outro. Stacey passou um ano ensinando inglês em uma cidadezinha espanhola; Caroline foi morar a apenas um percurso de trem de distância em Madri, e, como viajavam juntos a cada poucas semanas, ela pensava em Stacey como seu "namorado de média distância". Grace passou o outono trabalhando em um jornal na Índia e depois pulou de Nova York para D.C. para Chicago em diferentes empregos no jornalismo. Enquanto Stacey estava na Espanha, ele e Grace constantemente trocavam mensagens de texto e enviavam fotos e mensagens de voz pelo WhatsApp; Caroline e Grace faziam a mesma coisa, preenchendo os espaços da vida uns dos outros, mesmo de longe. A amizade deles agora era a três.

Quando Stacey estava no ensino médio, o sexo só surgia nas conversas na forma de avisos: *Não faça sexo antes do casamento. Sexo é perigoso.* Na faculdade, no entanto, o sexo entrou em cena, todo pomposo, e se instalou no centro do palco. Os alunos criavam vínculos entre si discorrendo sobre suas aventuras sexuais. Stacey diz: "Aquela brusca guinada foi uma confusão: não falar *nunca* sobre isso, e, de repente, falar *apenas* sobre isso". Vindo de um ambiente onde o sexo era reprimido, ele achou a discussão aberta sobre sexo libertadora – pelo menos por algum tempo.

Seu entusiasmo acabou quando ele passou a acreditar que homens heterossexuais e cis definem os termos para o sexo. Seus companheiros de time de futebol não eram exceção. Eles falavam sobre suas relações sexuais ou sobre as mulheres com quem queriam fazer sexo e o tempo todo sobre quem estava namorando quem. Provocavam Stacey por ter feito amizade com jogadoras do time de futebol feminino, insinuando que ele queria dormir com elas, mas nunca imaginando o que mais o atraía: uma dinâmica de grupo de amigas que ele invejava.

As piadas de seus companheiros de time não apenas pressupunham um interesse sexual por mulheres, mas também um desejo geral por sexo que Stacey não sentia. Ao longo de seus anos de faculdade, embora tenha desenvolvido conexões românticas com diferentes homens, ele continuou a ter pouco interesse em sexo. Ele inventava explicações: estava em uma fase de transição depois de ter ficado no armário por tanto tempo; precisava se expurgar da culpa católica; talvez não se sentisse tão atraído por este ou aquele cara específico. Vários de seus relacionamentos eram de longa distância, e, quando algum homem com quem ele estava saindo o visitava, ele enchia a programação com passeios e atividades e fazia planos para comerem fondue de queijo ou alguma outra refeição suntuosa a fim de evitar que ficassem juntos na cama; ele sabia que qualquer desconforto gastrointestinal seria brochante.

Na Espanha, Stacey revelou a uma amiga próxima que não tinha interesse sexual em homens. Sua amiga também estava se questionando sobre o papel do sexo em sua vida. Foi a primeira vez que Stacey ouviu alguém dizer que sentia o mesmo que ele. Robustecido após essa conversa, decidiu contar a um cara que estava começando a conhecer que, embora quisesse estar emocionalmente próximo dele, não estava pronto para lidar com um componente mais físico, e que vinha esmiuçando a questão da assexualidade. O cara respondeu com empatia e concordou que não fazia sentido continuarem levando adiante a possibilidade de um relacionamento.

Apesar da resposta compassiva, depois disso Stacey se sentiu defeituoso. Não entendia por que tinha uma atração tão evidente por homens, mas não queria fazer sexo com eles. Quando se assumiu gay, ele dissera: "Uma porta se fechou, e então havia essa outra porta que eu tinha visto aberta com uma luz entrando". Mas, quando ele começou a aceitar que poderia ser assexual, "então essa porta também estava se fechando. E era eu sentado na frente dessas duas portas fechadas".

Pessoas assexuais, também conhecidas como *aces*, muitas vezes são levadas a sentir que são defeituosas. Angela Chen, autora de *Ace: What Asexuality Reveals About Desire, Society, and the Meaning of Sex* [Ace: o que a assexualidade revela sobre desejo, sociedade e o significado do sexo], escreve que os assexuais recebem a mensagem de que são "feitos no formato de um humano, mas com fiação com defeito e alguma coisa que se perdeu, alguma coisa fundamental para uma vida boa".[16] Um estudo de 2020 sobre minorias sexuais constatou que entrevistados assexuais se sentiam mais estigmatizados do que homens e mulheres *queer* que não são assexuais.[17] Pessoas que outrora eram sexualmente ativas também são tratadas de forma semelhante, como se houvesse algo errado com elas. Anúncios onipresentes de medicamentos como Viagra pressionam os homens a manterem a virilidade até a velhice. Esses julgamentos e pressões são exemplos de sexualidade compulsória em ação, um conjunto de suposições que promovem a ideia de que o sexo é parte indispensável de uma vida "normal" e satisfatória, e de que não querer sexo não é natural. Considere isso um elo na mesma corrente do casal compulsório.

Não faltam argumentos para corroborar a noção de que o sexo é essencial para uma vida plena. Ele pode ser visto como um grande unificador, que torna duas pessoas uma só – e então, potencialmente, cria uma nova vida. Pode fomentar a intimidade; é um ato de vulnerabilidade estar nu e deixar alguém conhecer nossos desejos e expressões desenfreadas de prazer. Em contextos religiosos, o sexo muitas vezes é um ato sagrado.

Na imaginação moderna, o sexo faz ainda mais do que tudo isso. O sexo deve nos ajudar a descobrir quem somos. Em seu clássico estudo de quatro volumes *História da sexualidade*, o filósofo Michel Foucault identifica o século XIX como um ponto de virada no Ocidente, quando o sexo deixou de ser uma atividade que, antes de tudo, assegurava o lugar de uma pessoa na sociedade por meio do casamento e dos laços familiares. O tipo de relações sexuais que alguém praticava – sobretudo se eram consideradas aceitáveis ou inaceitáveis – passou a moldar sua identidade e valor moral percebido.[18] Foucault achava irônico que as pessoas acreditassem que a sexualidade era a chave para a libertação porque, a seu ver, o sexo está invariavelmente enredado com o poder e emaranhado às normas sociais. Tente jogar fora um conjunto de normas e você acabará adotando outro. Ou terá uma mistura do antigo e do novo, como aconteceu com o movimento de positividade sexual no final do século XX, que buscou eliminar o estigma em torno de certas formas de sexo, mas manteve a conexão entre sexo e o eu. O sexo deveria ser uma instância de autodescoberta, autoexpressão, autoatualização.

Embora o sexo possa fomentar essas formas de significado e crescimento, isso não acontece com todas as pessoas em todos os momentos. Nem sempre o sexo é uma união profunda. Terapeutas apontam que alguns encontros sexuais, sejam eles casuais ou no âmbito de um relacionamento que envolve compromisso, podem estar mais ligados a produzir prazer do que a "fazer amor" – e muito menos a gerar vida.[19] O sexo pode ser um meio para a intimidade, mas certamente não é o único, nem tampouco o definitivo. Foi isso que ouvi de uma ampla gama de pessoas que entrevistei – pessoas que estão em relacionamentos românticos felizes; pessoas solteiras; cristãos devotos; pessoas poliamorosas; pessoas que não gostam de sexo; pessoas que gostam tanto de sexo que decidiram atuar em filmes pornôs. John Stoltenberg, que teve um relacionamento de difícil categorização com a escritora Andrea Dworkin, deu uma boa definição ao brincar: "O orgasmo é um profundo ajustador de foco. E também é bastante efêmero. Ele vem e vai".

Ao lado da mensagem cultural dominante que confunde sexo e intimidade, há pelo menos um reconhecimento tácito de que eles podem ser coisas distintas. O conceito de um "caso emocional" sugere que uma conexão não sexual pode se tornar tão próxima que rivaliza, até mesmo ameaça, um relacionamento sexual. Assim como os parceiros podem diferir na quantidade de sexo que desejam, podem diferir também em seus apetites por intimidade, às vezes buscando-a fora de seu relacionamento romântico exclusivo. A existência do termo "caso emocional" destaca como pessoas diferentes encontram necessidades essenciais em lugares diferentes.

Embora o sexo possa ajudar as pessoas a desenvolverem um senso de quem são, até mesmo formando uma parte importante de sua identidade, não é de forma alguma o único caminho para a autodescoberta; a arte é uma forma de investigação, expressão e prazer, mas a sociedade norte-americana não exige que todos fiquem na frente de um cavalete toda semana para serem vistos como humanos completos.

Stacey acabou se assumindo para seus pais duas vezes, uma delas quando cursava a universidade e de novo anos depois, na casa da família no interior rural do Alabama. A varanda protegida por tela, um cômodo da casa que não é nem totalmente interno nem externo, era o cenário de todas as conversas familiares íntimas de que ele se recordava. Em uma noite de verão de 2020, o pai de Stacey estava viajando; enquanto o sol se punha e os insetos murmuravam, ele se sentou para jantar com a mãe. Seria sua última noite no Alabama antes de fazer uma viagem com várias paradas até seu novo lar, Nova York. A manhã e a tarde haviam sido pontuadas por uma série de aguilhoadas e dores, pois Stacey percebeu o desconforto da mãe com sua identidade *queer*, e ele respondeu dizendo coisas que sabia que a magoariam. Ele propôs jantarem na varanda para aliviar a tensão.

A mãe de Stacey não entendia por que o filho estava se descrevendo como "*queer*", pois três anos antes, quando ainda era calouro da faculdade, ele lhe dissera que era gay. O motivo, Stacey explicou nessa noite, era que ele se considerava assexual. Ele não gostava de sexo e, quando buscava relacionamentos, falava abertamente a respeito disso com potenciais parceiros, para que soubessem que ele não estava procurando sexo.

Anos antes, quando revelou ser gay para seus pais conservadores, Stacey se sentira na defensiva, rebatendo as noções deles sobre pessoas gays. Em contrapartida, agora, durante a conversa na varanda, parecia que ele e a mãe estavam brincando de pega-pega, curiosos e abertos um com o outro. A mãe lhe disse: "É tão bom que as pessoas da sua geração tenham o vocabulário para expressar o que elas querem". Na infância, ela recebera a mensagem de que deveria querer sexo assim que chegasse ao casamento, ou, em alguns casos, o tempo todo. Ela não tinha uma série de perguntas para Stacey, como ele pensou que aconteceria. Durante a conversa ele soltou profundos suspiros.

Cerca de uma semana depois, seu pai ligou. Disse que sua mãe o tinha posto a par da situação, e ele entendeu que Stacey não queria um parceiro. Nesse momento, Stacey percebeu que a conversa com a mãe não tinha sido como ele havia pensado – ou que pelo menos o significado havia se embaralhado em algum lugar ao longo do caminho. "Acho que sexo e parceria são duas coisas tão interligadas que presumiram que eu nem sequer desejo ter um parceiro", Stacey me disse. (O pai e a mãe dele não são apenas as únicas pessoas a fazerem essa suposição; uma pergunta na página de "Perguntas Mais Frequentes" da Rede de Visibilidade e Educação Assexual é: "Simplesmente não vejo como uma pessoa assexual pode ser próxima de alguém. Como alguém pode ter um relacionamento sem sexo?".)[20] Stacey sugeriu ao pai que eles encontrassem tempo para conversar pessoalmente. Aí ele poderia fazer outra palestra da série "coisas do sexo", uma orientação sexual básica que ele sem querer estava dando a seus pais. Numa manhã de domingo, durante um passeio de bicicleta pelas íngremes estradinhas secundárias do Alabama, Stacey, repetindo linhas dos planos de aula que ele desenvolvera enquanto lecionava educação sexual na Espanha, explicou ao pai que o sexo não é algo necessário para quem quer ter uma parceria. Seu pai deu a impressão de ter entendido. Stacey contou a Grace que se sentiu eufórico após a conversa.

A observação de Stacey sobre sexo e parceria aplicava-se na prática a seu relacionamento com Grace. Com o tempo, os dois descobriram que tinham construído uma parceria. Conforme seus anos de pós-graduação passavam, eles notaram que estavam fazendo algo diferente dos colegas. Seus amigos da universidade estavam tomando decisões sobre onde morar com base em seus namorados ou namoradas e passavam seu escasso tempo de férias com seus parceiros românticos em vez de com amigos. Não era o caso de Stacey e Grace. Eles viajavam de avião para se ver e passavam as férias juntos. Eles priorizavam um ao outro. Na definição de Grace, um se tornou a "pessoa principal" do outro.

As decisões cotidianas reforçavam o papel de ambos como a pessoa principal um do outro. Quando Stacey explicou que terminara o livro que vinha comentando com Grace e que o fizera chorar em uma longa viagem de carro para casa, ela disse que eles deveriam conversar a respeito do livro naquela noite. Essa conversa e outras semelhantes são o que casais fazem durante o jantar depois de um dia de trabalho: eles contam detalhes. As parcerias dependem da mistura do mundano e do íntimo; é conhecendo os detalhes banais e privados que os parceiros podem ter uma imagem atualizada e de alta definição da vida um do outro. Durante os anos de universidade, Stacey e Grace estavam compartilhando toda a gama de pensamentos e sentimentos, então ela teria achado surpreendente se parassem de se envolver na vida um do outro dessa forma. Caroline tem um relacionamento romântico sério desde o fim da faculdade (com um homem que ela conheceu em um evento que a mãe de Grace organizou), e às vezes ela se põe a especular se está sendo deixada de fora de uma amizade significativa porque Stacey e Grace estão buscando certo tipo de conexão juntos. Mas, quando a "porção de ansiedade" de sua mente se aquieta, ela percebe que admira e quer apoiar o que Stacey e Grace têm. Os três ainda estão decididos a fazer "Chicago aos 35 anos" acontecer.

Cerca de seis meses depois das conversas com o pai sobre "coisas do sexo", Stacey leu o livro de Chen e passou a entender a assexualidade como um espectro – algumas pessoas sentem atração sexual raramente, outras, nunca. As pessoas também diferem na maneira como respondem a atos sexuais: alguns assexuais são indiferentes ao sexo, alguns sentem repulsa, alguns acham que sexo é algo agradável. Stacey aprendeu sobre diferentes tipos de atração e percebeu que o que ele pensava ser atração sexual por homens poderia ter sido um tipo diferente de atração – física de certas maneiras, como beijar e dar as mãos, o que os *aces* chamam de "atração sensual".

O aspecto de que Stacey mais gostou no livro, e que considerou ser o mais gratificante no esquadrinhamento da assexualidade, é seu papel como iniciador de conversas. Ele aprendeu a perguntar: *O que o sexo significa para você? O que você quer que o sexo seja na sua vida?* É uma maneira de pensar sobre sexo que Stacey não encontrou ao ser criado em um ambiente que condenava o sexo não conjugal e não heterossexual. E com a qual tampouco tomou contato nos primeiros anos de sua vida adulta, num ambiente a seu ver hipersexual em que ele acreditava que a positividade sexual era o equivalente a *quanto mais sexo, melhor*.

Em vez de perguntar a si mesmo por que não era mais interessado em sexo, Stacey chegou a uma pergunta diferente: *Se não é o sexo a coisa que vai mover minha vida e meus relacionamentos para a frente, então o que é?* Ele encontrou uma resposta em seu relacionamento com Grace. Percebeu que ambos priorizavam a relação e se apoiavam. "É exatamente isso que estou procurando em um parceiro. Nós já temos. Já existe. Estou pronto e estou interessado em saber o seguinte: como podemos colocar isso no centro da coisa? Como funciona?" Por meio da comunidade de assexuais, Stacey foi apresentado à ideia de parcerias *queer* platônicas – um tipo de amizade baseada no comprometimento que não tem todas as armadilhas de um relacionamento romântico e sexual convencional. Talvez fosse isso que ele poderia ter com Grace.

Nos três meses que antecederam novembro de 2020, Stacey trabalhou numa campanha para o Senado dos Estados Unidos no Alabama e, após a eleição, como muitas pessoas que trabalham na política, sentiu-se esgotado. Para se recompor, passaria um tempo com Grace, que estava subindo na hierarquia como repórter de jornal. Juntos, eles faziam longos passeios de bicicleta por Chicago. Grace estava interessada em se mudar para outra parte da cidade, então visitaram um bairro artístico que ela não conhecia bem. Enquanto pedalavam pela área, apontavam ruas onde podiam se ver morando, e "Chicago aos 35anos" começou a parecer menos um devaneio, algo mais concreto. Eles conversaram sobre comida etíope, discutindo quais características ideais queriam em um bairro para sua futura comunidade de amigos: proximidade do lago Michigan, uma escola pública com diversidade de alunos nos arredores. Stacey conta que nesse período que passou com Grace – durante o qual ele, Grace e o gato dela dormiram na mesma cama por três semanas –, "percebi que viver com ela poderia ser muito especial, e que seríamos bons nisso".

Stacey passava cada vez mais tempo pensando sobre como queria que sua vida fosse à medida que ficasse mais velho. Na época em que se considerava gay, mas ainda sem se identificar como assexual, ele imaginava ter uma família com um parceiro homem, e Grace morando na casa ao lado. Agora que sabia que estava no espectro assexual, "teve que reimaginar tudo". Talvez Grace devesse ser sua parceira de coparentalidade. Ele e Grace conversaram sobre a ideia de dar os passos esperados de parceiros românticos: morar juntos, criar filhos, realizar uma cerimônia de casamento. Viam esse projeto como um plano alternativo; caso não encontrassem parceiros românticos, talvez pudessem preencher esses papéis na vida um do outro.

No verão seguinte, sentados à mesa de um bar com bebidas na mão, Stacey levantou essas questões com mais insistência. Queria saber se fariam mesmo o que vinham discutindo. Queria celebrar a parceria deles, talvez fazer uma cerimônia de casamento de amigos na presença dos entes queridos ou até se casar legalmente. Era uma proposta para dar definição ao relacionamento indefinido deles.

Grace ficou perplexa e disse que não tinha certeza sobre o que pensar.

Enquanto travava uma batalha interna para descobrir se poderia fazer da amizade com Stacey o relacionamento principal de sua vida, em detrimento de um relacionamento romântico, Grace pensou em um trecho do romance *Uma vida pequena*, de Hanya Yanagihara. Dois personagens do livro, Jude e Willem, têm um relacionamento que confunde os limites entre amizade, parceria e romance. Willem pensa em um momento da *Odisseia* em que Odisseu (ou Ulisses) retorna a Ítaca e tem que perguntar se ali é seu lar; de tão desorientado, Odisseu não reconhece seu próprio país. Na interpretação de Grace, Willem encontrou em seu inclassificável relacionamento com Jude um lar, mas não consegue enxergar isso direito. Grace se questiona se em Stacey ela também encontrou um lar – isto é, um companheiro para a vida toda, uma força estabilizadora –, mas não está aceitando o fato. Ela se sentiu assombrada por essa ideia. Seria Stacey sua Ítaca?

Para Stacey, o amor romântico é exemplificado em uma cena do filme *Brilho eterno de uma mente sem lembranças*. Na noite no Dia dos Namorados, os dois protagonistas fitam as estrelas e provocam um ao outro enquanto estão deitados lado a lado em um lago congelado. Na cabeça do rapaz, o perigo de caminhar em um lago congelado reflete um relacionamento romântico. Ele diz: "Estar numa parceria parece a escolha de convidar o risco e a confusão para dentro da ligação entre duas pessoas, e mesmo assim decidir ir em frente de qualquer maneira".

De fato, em certo inverno Stacey e Grace viram-se em um lago congelado em Indiana, durante uma viagem de acampamento que inadvertidamente planejaram para o Dia dos Namorados. Stacey teve uma sensação de romance enquanto eles se amontoavam sob camadas de cobertores e sacos de dormir para se manter aquecidos e contemplavam as estrelas. Para ele, romance tem a ver com comprometimento e vulnerabilidade, e com a ideia de conhecer profundamente alguém – definição que se alinha com a concepção dos psicólogos de "amor companheiro". Seja qual for a compreensão de Grace sobre romance, ela não se ajusta à de Stacey. Ela diz: "Posso facilmente dizer que amo Stace, mas acho que o que quero dizer com isso é diferente" – diferente da maneira apaixonada como ela amava seu ex-namorado da faculdade.

Muita coisa mudou desde aquela viagem de fim de semana do Dia dos Namorados: Caroline trocou Wisconsin por Washington, D.C.; Grace cogitou reacender um relacionamento com seu ex da faculdade; Stacey começou a entender que eles são *genderqueer* ou do gênero *queer* (de agora em diante, usarei os pronomes eles/deles para Stacey; Stacey pediu que eu escrevesse sobre sua vida anterior empregando os pronomes ele/dele). Mas, anos depois, enquanto estamos sentados no apartamento de Caroline em D.C., que ela divide com seu parceiro, Andrew, todos eles ainda estão escarafunchando suas definições de romance. Grace e Stacey vieram de carro e chegaram cedo para curtir a festa de Ano-Novo que Caroline está oferecendo agora à noite, para celebrar a chegada de 2023. Quando pergunto se seus pensamentos sobre romance evoluíram, Grace dá a ousada resposta de que o romance envolve algum grau de mistério. Stacey tem um instinto oposto – que uma qualidade definidora do romance é a certeza: saber que vocês são as pessoas um para o outro agora e no futuro. Lanço a pergunta para Caroline, que zanza pelo apartamento em um vestido-envelope de paetê dourado, acendendo velas cônicas e servindo aperitivos aos convidados. Ela conta sua história de ter dificuldade em distinguir entre sentimentos platônicos e românticos por amigos. A ideia que mais suscita concordância é a sugestão de Stacey de que romance tem a ver com celebrar a intimidade – vestir-se bem e reservar um tempo para honrar o quanto uma pessoa é importante para a outra. Embora você possa celebrar uma pessoa individual por meio de um evento como uma festa de aniversário, o traço distintivo do romance é celebrar o relacionamento.

Enquanto o bate-papo prossegue, penso em conversas semelhantes que tive recentemente com amigos. Tentamos definir o que é um relacionamento romântico e concluímos que é um termo esquivo, que não se baseia em alguma essência imutável. Ao contrário, ele se encaixa no conceito de "semelhança familiar" do filósofo Ludwig Wittgenstein. Pense em um retrato de família em que as pessoas não parecem idênticas, mas as covinhas e o bico de viúva (o ponto do couro cabeludo em formato de V localizado no meio da testa) sugerem uma relação biológica entre elas. Da mesma forma, os relacionamentos românticos têm qualidades sobrepostas, mas não precisam atender a todos os critérios para pertencer à mesma categoria. Alguns fluem com paixão sexual, enquanto outros desfrutam da firmeza do amor companheiro. Alguns parceiros românticos são os confidentes mais próximos um do outro, ao passo que outros têm um parente ou amigo ocupando essa função. Apesar dessas diferenças, todos eles são socialmente reconhecidos como relacionamentos românticos.

Por volta das nove e meia da noite, os amigos de Caroline, Andrew, Stacey e Grace começam a entrar no apartamento para a festa, e, antes mesmo de terem tempo de tirar os casacos, molhados e escorregadios por causa da chuva, Grace os embosca com a pergunta: "Como vocês definem romance?". Um dos convidados responde que outrora acreditava que relacionamentos românticos eram amizade mais sexo, mas agora não tem mais essa opinião. Ele se descreve como "romântico com R maiúsculo", mas diz que o estranho é que descobriu que relacionamentos românticos não correspondem ao seu ideal, enquanto suas amizades geralmente correspondem.

Sei por experiência própria que as amizades podem ser moduladas pelo romance. A paixão que eu sentia por M. era muito parecida com o que senti por Marco no início do nosso convívio – o que a comunidade poliamorosa chama de "energia de novo relacionamento", ou ENR, estado emocional eufórico associado com a fase inicial de uma ligação romântica que descreve os primeiros dias de êxtase de um relacionamento, quando um novo parceiro é cativante e o mundo parece brilhar. Mesmo depois desse período inicial inebriante em nossa amizade, M. e eu continuamos afetuosas e celebrávamos o aniversário de nossa amizade com flores e colares combinando. Como Chen argumenta no livro *Ace*, "há uma sobreposição, e não existe nenhuma separação clara" entre amor romântico e amor platônico. Podemos dizer que relacionamentos românticos e parcerias platônicas também têm uma semelhança familiar.[*]

Embora seja difícil definir com precisão o significado de romance, as pessoas parecem ter ideias fortes sobre qual papel os relacionamentos românticos devem desempenhar na vida de uma pessoa. Recentemente, uma amiga de Grace pediu que elas duas fizessem um exercício que ela havia aprendido em seu programa de mestrado em serviço social. Elas mapearam seu "átomo social", desenhando "bolhas" numa página em branco; o tamanho desses círculos e sua distância em relação ao centro representavam o espaço que cada pessoa ocupa na vida delas e seu grau de

---

[*] Embora eu esteja intencionalmente desestabilizando as categorias "romântico" e "platônico", em nome da maior clareza utilizo ainda no livro os termos "relacionamento romântico" e "parceria platônica". Espero que nossa compreensão evolua no sentido do reconhecimento da diversidade e da sobreposição entre os tipos de relacionamento.

proximidade. A amiga comentou que Grace tinha um número impressionante de relacionamentos próximos e lhe perguntou como seria possível ela um dia abrir espaço para um parceiro romântico. Ela também não estava em um relacionamento romântico, mas, em sua página, havia desenhado um círculo para indicar o espaço que daria a essa potencial adição à sua vida. Grace está interessada em algum tipo de relacionamento capaz de satisfazer seus desejos sexuais (ela está tentando – acabou de ter um encontro malfadado com alguém que se revelou um teórico da conspiração alienígena), mas não quer "estourar uma bolha" em seu mapa para isso. Sua convicção é que quem quer que venha a se envolver nesse aspecto de sua vida não ocuparia o tipo de espaço que se espera de parceiros românticos, e não seria a primeira pessoa para quem ela ligaria se algo acontecesse. Talvez pudesse ser a segunda opção, depois de Stacey ou Caroline.

Grace ficou um pouco ofendida com a reação da amiga ao mapa de sua vida social. Ela pensou que era possível chegar a uma outra conclusão: *Olhe para todas as minhas pessoas. Tenho tanto amor na minha vida.* Quando a amiga perguntou como ela conseguiria ter espaço para um parceiro romântico, Grace respondeu: "Não sei, mas estou feliz. Não é esse o objetivo principal?".

Antes Stacey pensava que, por não fazerem sexo, não estavam vivenciando a intimidade total com outra pessoa; o sexo, acreditavam, adicionaria outra camada ou profundidade à intimidade emocional que sentiam. Eles tinham deixado de duvidar das formas de proximidade que agora se encaixariam em sua definição de intimidade: "O espaço para se sentir bem no próprio corpo a fim de sonhar, examinar pensamentos e sentimentos que surgem na vida com alguém". Não que Stacey pense que a conexão física é irrelevante para a intimidade – seus relacionamentos mais próximos envolvem carícias e compartilhamento da mesma cama. Ao contrário, Stacey acha que há inúmeras formas de conexão física, e que as pessoas diferem em quais tipos sentem mais intimidade com essas diversas formas de conexão. Stacey diz: "Não existe uma hierarquia de 'sexo é mais íntimo do que carinho, dança, massagem'".

Stacey e Grace ainda se descrevem como "a mesma alma". Enquanto Stacey a visitava em Chicago, ela estava trabalhando em um artigo investigativo e não conseguia decidir se deveria expor os fatos em ordem cronológica ou alternar as perspectivas de suas diferentes fontes. Stacey estava ocupado lendo em outra sala, então largou o livro e se aproximou para dizer que precisava conversar com Grace sobre algo: o romance que estava lendo era intenso por causa da alternância de perspectivas de diferentes personagens. Grace pensou: é claro que era isso que Stacey estava lendo, porque ela vinha pensando sobre essa forma de contar histórias. Grace diz: "É esse bizarro sentimento mesma-alma de, não importa onde você esteja no mundo, ter a mesma experiência, as mesmas emoções ou pensamentos". Ela completa: "É difícil demarcar onde uma pessoa começa e a outra termina".

Stacey não trata a conexão especial entre ambos como uma razão para desenvolver um universo à parte, isolado dos demais, para sua amizade com Grace. Eles me disseram: "Acho que a beleza que vejo com Grace na minha vida especificamente é que eu não gostaria de estar com alguém em que eu apenas me sentisse como: '*Oh, somos a mesma alma e vamos simplesmente fazer isso*'. É tipo: quais partes da sua alma se conectarão a outras partes da alma de outras pessoas? E, para mim, isso vai construir uma comunidade com a qual acho que nós dois sonhamos". Em outras palavras, como Stacey e Grace têm gostos tão semelhantes, seu relacionamento torna possível construir laços profundos com outras pessoas, vínculos que se encaixarão bem.

Além de sua conexão de "mesma alma", em essência a parceria de Stacey e Grace gira em torno de encontrar alguém com quem viver a vida, um companheiro de dupla que amenize as enfadonhas tarefas do cotidiano. Quando falo com amigos solteiros, parece que é isso que eles mais desejam em um relacionamento romântico; na medida em que sentem falta de sexo, podem satisfazer essa necessidade muito mais facilmente – o Tinder existe para cumprir essa função.

Relacionamentos românticos podem ter entre si apenas uma semelhança familiar, mas há um fator comum que, acredito, explica seu status privilegiado de hoje em dia – numa época em que eles geralmente não contêm significado religioso, nem tampouco resultam em filhos. Esse fator é o valor de ter um companheiro de dupla de longo prazo. Quando o parceiro de Caroline, Andrew, explicou o que a seu ver tornava um relacionamento "romântico", sem perceber ele rapidamente mudou os termos da conversa de "romântico" para "parceria". Afirmou que adora seus melhores amigos de infância, mantém contato com eles todos os dias e pode recorrer a eles para obter apoio, mas declarou: "Nada disso é uma parceria". O que torna seu relacionamento com Caroline singular é a facilidade com que os dois podem se alternar entre diferentes modos. Ele afirmou: "Em um relacionamento, a qualquer momento você pode ir de 'O que vamos almoçar?' a 'Hoje eu realmente estava meio chateado por causa de algo'". Um parceiro é alguém que está lá para tudo, para o longo prazo.

Essa é a ideia subjacente aos votos de "amar e respeitar na alegria e na tristeza, na saúde e na doença, na riqueza e na pobreza...". E esse, com certeza, é amiúde o momento em cerimônias de casamento em que mais vi noivas e noivos começarem a ficar emocionados. No casamento de que fui celebrante, o noivo explicou em seus votos que, quando estava se recuperando de uma cirurgia no tornozelo, sua futura esposa trouxe uma assadeira, e juntos eles dobraram bolinhos de *wonton*, que ela preparou recriando a receita de sua mãe. "Naquela noite, enquanto estávamos lá sentados comendo bolinhos", disse o noivo, "pude ver um futuro inteiro para nós dois juntos."

Stacey parou de pensar no sexo como o fator determinante para quem formará o "nós" quando imagina seu futuro. Embora a princípio sentisse que a assexualidade lhe fechava uma porta, simultaneamente abriu outra, que dava acesso a uma sala que inspirava imaginação e curiosidade. Stacey começou a perceber que a cultura norte-americana estimula as pessoas a abrirem e reservarem um grande segmento de sua vida para o parceiro romântico – a fim de torná-lo a bolha dominante em seu átomo social. E presume-se que parceiros românticos façam sexo um com o outro. Stacey se interessou em entender "Que espaço damos às pessoas com quem não estamos fazendo isso? Que espaço damos à ideia de criar filhos juntos, ou à ideia de comparecer aos funerais da família um do outro ou de viver juntos?". Com Grace, diz Stacey, "o espaço parece infinito".

Capítulo 4
Ser dono do próprio nariz
Lidando com masculinidade e intimidade

> Não ser ninguém exceto você mesmo num mundo que se esforça dia
> e noite para torná-lo igual a todo mundo é travar a pior das batalhas
> que todo ser humano pode enfrentar.
> *e. e. cummings*

Quando vi Nick Galluccio pela primeira vez pelo Zoom como parte de um webinário em 2020, achei difícil imaginá-lo como uma pessoa que viola normas. Chame isso de julgar pelas aparências, mas o que vi foi um cara ávido para se misturar. Com um boné preto da Adidas e uma blusa de moletom com capuz bege, ele falava na voz passiva, dando a impressão de não ser o protagonista de sua própria história. Fiquei surpresa quando Nick começou a fazer comentários cheios de ternura e sinceridade sobre seu amigo – e colega pastor cristão de jovens – Art Pereira, como se fosse um ator lendo falas para outro personagem. Quando perguntei a Nick por que ele achara tão fácil se abrir com Art desde a primeira vez que tomaram chá juntos, em 2013, quando eram estudantes universitários, um sorriso iluminou seu rosto, e ele me respondeu: "Art é simplesmente o melhor cara".

Os detalhes superficiais que notei em Nick, talvez por pura coincidência, sugeriram aspectos fundamentais de sua personalidade. Até seus 20 e poucos anos, a voz que predominava na cabeça de Nick lhe dizia em alto e bom som para não se desviar das normas conservadoras em meio às quais ele fora criado. Nick e seus quatro irmãos receberam a mensagem de que viver com um parceiro romântico antes do casamento era vergonhoso e que gays mereciam um destino ruim, o mais malfadado com que a vida pudesse atravancar seu caminho. Às vezes, o que os familiares de Nick professavam vinha disfarçado numa embalagem de "busca de valores cristãos", mas quase sempre eles pareciam apenas preocupados com a manutenção da imagem, preocupados com a possível desaprovação por parte dos outros.

A manutenção da imagem motivava a forma como a família de Nick tratava Art: com distanciamento. Art era homossexual, e aparentemente os pais de Nick estavam preocupados que outras pessoas, se soubessem da amizade próxima e devotada de seu filho com Art, pensariam que os dois eram amantes gays secretos. As mulheres que Nick namorava por apenas alguns meses eram convidadas para passar os feriados com a família de Nick, mas Art, não.

Os pais de Nick estavam entre as raras pessoas que não se apaixonaram imediatamente por Art, cujo sorriso caloroso, delineado pela barba bem aparada, lhe dá um jeito de ursinho de pelúcia; qualquer um que converse com Art se imagina com muita facilidade sendo envolvido em um abraço apertado ou acariciado no braço enquanto chora suas mágoas para ele ouvir com toda a atenção do mundo. Não era incomum que as pessoas lhe contassem suas histórias de vida tão logo o conheciam, e depois de uma hora de bate-papo o interlocutor já estava desabafando aos prantos no ombro dele. No decorrer de dois anos, Art havia organizado mais de seiscentas reuniões regadas a chá no hall de seu dormitório na pequena faculdade cristã em Nova York onde ele e Nick haviam se conhecido. Durante a primeira longa conversa dos dois, enquanto tomava chá em uma das xícaras de pedra-sabão de Art, Nick sentiu que ele estava interessadíssimo em conhecê-lo e compartilhou mais do que normalmente faria — em alguns momentos, em meio a lágrimas — sobre o quanto se sentia solitário, sobre sua difícil transição como aluno transferido em sua faculdade, as brigas que ele e a namorada vinham tendo.

Art e Nick foram convidados a dar o webinário porque refletiam bem mais do que a maioria das pessoas sobre a amizade e, fato mais notável, agiam de acordo com esses pensamentos: os dois tinham se comprometido a viver como uma unidade familiar; eles se consideravam irmãos. Dez dias antes do webinário, haviam decidido morar juntos. Era uma situação incomum para qualquer um, mas sobretudo para dois pastores de jovens trabalhando em congregações conservadoras. O público-alvo do webinário eram cristãos gays adeptos de uma ética sexual conservadora. Para as cerca de cem pessoas que se inscreveram e logaram, Art e Nick falaram sobre o significado espiritual da amizade no cristianismo, na esperança de dar a elas uma imagem de como poderia ser uma vida profícua orientada em torno da amizade, especialmente uma amizade capaz de ir além de uma divisão gay-hétero. Uma coisa era viver sua decisão em silêncio, em âmbito privado, outra era propagá-la. Depois de passar um quarto de século preocupado com a manutenção da imagem, Nick estava trabalhando para se importar menos com o que as outras pessoas pensavam.

Em 2016, quatro anos antes do webinário, Nick terminou com sua namorada da faculdade, e Art se sentiu compelido a olhar para dentro de si mesmo. Ele percebeu que Nick estava arrasado por conta da situação com a ex-namorada havia meses. Isso lhe serviu de pretexto para refletir sobre a forma como seus amigos homens descreviam seus sentimentos em relação às mulheres – apaixonando-se perdidamente, tendo um desejo intenso de estar com elas. Com muita frequência, Art se sentia assim com os caras de quem era próximo. Ele se perguntou: "Será que realmente não gosto de mulheres?".

Não era uma pergunta nova para ele. Art percebeu que era gay quando tinha 11 anos. Desde então, fizera o que lhe mandaram fazer: por oito anos, orou para se tornar heterossexual. Foi para a terapia de conversão. Aos 15 anos, seu terapeuta cristão lhe recomendou que assistisse a conteúdos de pornografia heterossexual a fim de impulsionar a terapia de reorientação sexual (pouco importando que assistir a material pornográfico fosse contra os ensinamentos cristãos).

Na idade adulta, Art se identificou como heterossexual, alguém que era "ex-gay". Por um breve período, fora noivo de uma moça. Agora, aos 24 anos, estava namorando uma mulher. Art pensava que as questões sobre sua sexualidade estavam resolvidas, mas eis que elas voltaram a piscar – as lâmpadas não estavam totalmente apagadas.

Se ele ia admitir isso para alguém, seria para Nick. Art o considerava seu melhor amigo. Quando eles ainda mal se conheciam, Art se sentira à vontade para falar com Nick sobre a morte recente de seu pai e se abriu a ponto de confidenciar que eles tiveram uma briga pouco antes de o pai morrer. Art sentiu que Nick não era afeito a criticar e julgar os outros desfavoravelmente; ele queria o melhor para as pessoas ao seu redor.

Agora, vários anos depois do início de sua amizade, eles tinham passado a comemorar o aniversário do dia em que se tornaram amigos, também conhecido como seu "aniversário de irmãos". Os dois tinham uma rotina semanal de ficar na casa um do outro nas noites de quinta-feira e passar as manhãs de sexta bebendo café, jogando jogos de tabuleiro e conversando. Nick até cedera a Art um armário em seu apartamento onde ele poderia guardar suas coisas.

Em uma dessas noites de quinta-feira em 2017, segurando sua mochila, Art sentou-se no sofá de Nick no canto da sala. Ele declarou que achava que era gay. Um instante depois dessa admissão, Art, em suas próprias palavras, "surtou". Arrumava a mochila freneticamente e repetia que iria embora para casa, convencido de que o amigo se sentiria incomodado com a presença dele lá. Quando criança, Art tinha ouvido dizer que, se outros homens soubessem que você era gay, não iriam querer ficar perto de você.

Para Nick, aquilo parecia uma cena de filme, quando o cônjuge enche uma mala de roupas e declara peremptoriamente que quer o divórcio. Ele persuadiu Art a sentar-se de novo no sofá e lhe disse que, acontecesse o que acontecesse, dariam um jeito. Ele conseguiu convencê-lo a passar a noite lá.

Nick o acalmara temporariamente, mas uma pergunta pairava sobre Art: O que ele faria sobre sua sexualidade à luz de tudo o que havia aprendido como cristão? Ele reservou uma cabana em um centro de retiro nas florestas da Pensilvânia. Por três dias, sentou-se lá com seu diário e a Bíblia e orou. Analisando a Bíblia, não conseguiu encontrar apoio para a interpretação cristã progressista que permite o casamento e o sexo entre pessoas do mesmo gênero.

Por mais perturbadora que fosse essa conclusão, Art não conseguia conceber a ideia de abandonar sua fé. Aos 16 anos ele tivera um encontro divino, uma epifania que mudou sua vida. Sentado num canto do porão sujo de uma igreja, como parte de um retiro de jovens que seus pais lhe pagaram para participar (caso contrário, ele não teria concordado em ir), Art xingou Deus, com uma violenta reprimenda: "São duas as opções: ou Você fodeu tudo quando me criou ou Você fodeu sua igreja". Nesse instante, Art ouviu Deus lhe dizer: "Você é gay, e eu o amo, e também quero que você ande comigo, então vamos resolver isso juntos". Quando acordou no dia seguinte, Art se sentiu feliz por estar vivo pela primeira vez em anos e parou de se automutilar, como era seu hábito várias vezes por semana. Foi o ano em que ele decidiu tornar-se cristão, não apenas deixar-se arrastar para a igreja onde seus pais tinham encontrado um lar entre outros imigrantes de língua espanhola e portuguesa.

Viver sem Jesus seria uma impossibilidade para Art. "A solidão espiritual seria devastadora", diz. Art também perderia seu senso básico e fundamental de realidade. Ele acredita que o cristianismo "não é apenas bom, mas é verdadeiro. E então, mesmo nas formas em que é incômodo, é a única coisa que é sólida e real". Ele me conta sobre uma passagem do Novo Testamento, quando Jesus pregou coisas impopulares e, depois, viu diminuir o número de seus seguidores. Jesus então perguntou aos discípulos se eles também queriam ir embora. Pedro respondeu: "Senhor, para quem iremos nós? Tu tens as palavras da vida eterna".[1] Art diz: "Abandonar o cristianismo seria assim". Para quem ele iria?

Art descobriu uma maneira de conciliar sua sexualidade e religião: ele seria celibatário.

"Nada me parecia pior do que o celibato", diz Art. A seu ver, o grande sacrifício não era abrir mão do sexo. O sacrifício era nunca ter "uma pessoa padrão para quem voltar, alguém à minha espera em casa", alguém que lhe entregasse uma caneca de chá depois de um dia difícil e que soubesse o horário do pouso de seu avião. Como é atraído por conexões sociais profundas, Art julgava que era uma "crueldade cósmica" ser chamado para uma vida de celibato. Ele, Nick e dois amigos próximos que se referiam a si mesmos como "a Ameba" tinham feito testes de personalidade recentemente, e os resultados de Art proclamavam com estrondo que ele estava fadado a compartilhar sua vida com outras pessoas.

Certa noite, depois de um dia ruim no trabalho, Art voltou para a casa vazia de sua mãe, onde ele estava morando. Parecia uma prévia da vida que ele teria pela frente: sozinho depois de um dia difícil. Depois de nutrir a expectativa de que aos 28 anos ele já estaria casado e com três filhos, Art não conseguia se imaginar vivendo como uma pessoa solteira a longo prazo de uma forma que parecesse satisfatória. Com um fiapo de voz, Art ligou para Nick da cozinha de sua mãe. Ele tinha apenas 25 anos e disse ao amigo: "Não dou conta de fazer isso por mais 25 anos".

Nick respondeu: "Eu quero ser parte da razão pela qual você quer viver além dos 50".

Argumentando que tinha de haver outra opção para Art além da solidão implacável, Nick se sentiu responsável por descobrir qual era ela. "Isso não é problema seu. É problema *nosso*", assegurou. Juntos, os dois oravam – no sofá, onde Nick apertava o ombro de Art enquanto o amigo chorava, ou pelos alto-falantes Bluetooth do carro nas ocasiões em que Art ligava para Nick enquanto dirigia à noite. Nick também orava sozinho, dizendo que acreditava que Deus era bom – Ele poderia lhes mostrar como encontrar uma vida boa para Art?

Nick acreditava que havia sido colocado na vida de Art como amigo e sentia que Deus o estava chamando para ajudá-lo a ter "uma vida abundante e plena". Cerca de seis meses depois de Art optar pelo celibato, Nick propôs que morassem juntos. Ao ouvir essa ideia, Art sentiu uma centelha de esperança. Mas imediatamente extinguiu essa chama bruxuleante, porque, nas suas palavras, "parecia-lhe algo grande demais para poder contar com ela". Ele disse a Nick que não precisava fazer uma oferta tão generosa. Nick se manteve irredutível.

Ideias sobre o tipo de moradia que eles poderiam comprar surgiam o tempo todo em suas conversas descontraídas. Talvez comprassem um terreno e construíssem uma casa de dois andares. Um dia, andando de carro pelo bairro de Art, Nick lançou: "Se a gente realmente morasse junto, não seria legal para mim chegar do trabalho e você estar fazendo churrasco no quintal?". Poucos meses depois que Nick começou a soltar esse tipo de comentário, Art lhe disse que eles precisavam parar de sonhar acordados – a menos que Nick estivesse falando sério. Mais tarde, Art me disse que o arranjo "parecia fantástico. Parecia um alívio. Além disso, se desse errado, nada mais me machucaria". Nick garantiu a Art que ele já havia pensado seriamente em morar junto com o amigo e estava ficando ainda mais convicto de que era o que ele queria.

Em 2019, Art fez as contas depois que, ao solicitar um cartão de crédito adicional, ganhou uma inesperada fortuna de pontos e percebeu que tinha verba suficiente para bancar duas passagens de ida e volta para o Havaí. Ele mal podia esperar para compartilhar sua boa sorte com Nick; assim que se encontraram no apartamento do amigo, Art lhe contou a novidade. Qualquer empolgação que Nick pudesse ter sentido sobre essas férias subsidiadas foi esmagada pela preocupação. O que o atormentava era que outras pessoas pensassem que ele e Art estavam saindo de férias para uma escapadela romântica.

Essa é a contradição de Nick: uma pessoa que, por um lado, identifica a necessidade de evitar ser alvo da atenção dos outros como parte definidora de sua personalidade; por outro lado, ele tomou avidamente a decisão de construir sua vida com um amigo gay, mesmo sendo líder em uma comunidade religiosa conservadora.

A reação de Nick exacerbou a dúvida de Art. Embora a sugestão de que morassem juntos tivesse partido do amigo, Art não tinha certeza se podia confiar nesse plano. Ele pensou: *Se você tem medo de sair de férias comigo, não sei se realmente confio na sua capacidade de comprar uma casa; o que as pessoas vão pensar de nós quando fizermos isso?* Além disso, Art pensava que algumas pessoas inevitavelmente presumiriam que os dois eram parceiros românticos. Poucos norte-americanos estão acostumados a ver amigos homens tão próximos quanto eles. Muitas vezes, a primeira pergunta que Art ouve depois que se assume gay para alguém é: "Nick também é gay?". É como se as pessoas tivessem uma regra na cabeça: qualquer homem que passa muito tempo com um cara gay deve ser gay também. Talvez Art não tivesse reagido com tamanho exagero nem dado tanta importância a esse momento se várias situações semelhantes não viessem acontecendo em sucessão tão próxima – incidentes em que Nick deixava às claras sua preocupação com a possibilidade de outras pessoas acharem que ele era gay.

O sociólogo Eric Anderson chama de "homo-histeria" o medo do indivíduo de ser percebido como gay. A inclusão de *histeria* faz o termo soar provocativo, talvez de um jeito constrangedor, mas o conceito é valioso. Ajuda a explicar por que homens como Nick restringem seu comportamento – evitando atividades, pessoas ou organizações que possam marcá-los como homossexuais.[2] Uma sociedade pode ter altos níveis de homofobia – definida como ódio, rejeição, preconceito ou aversão a gays, lésbicas ou bissexuais – sem que os homens sintam que devem reforçar sua heterossexualidade. Só faz sentido que eles ajustem seu comportamento se a homossexualidade também for considerada preponderante; aí há motivos justificados para o homem se preocupar que outras pessoas possam pensar que ele é gay e que ser rotulado como tal pode ter consequências. Um ponto de virada na homo-histeria nos Estados Unidos, de acordo com Anderson, foi o influente estudo do sexólogo Alfred Kinsey sobre práticas sexuais masculinas. Divulgado em 1948, o estudo afirmava que 10% da população era de homossexuais.[3] Por volta dessa época os homens começaram a manter distância emocional e física uns dos outros.

Embora nas últimas décadas a homofobia tenha diminuído, em geral os homens norte-americanos ainda acreditam que, se quiserem se encaixar, não devem, digamos, aconchegar-se demais com outros homens.[4] Na adolescência, os meninos aprendem que seu repertório de afeição física entre si limita-se a tapinhas nas costas e abraços de lado.[5] Eles são treinados para agir de maneira competitiva em suas amizades masculinas[6] e espera-se que criem vínculos por meio de atividades, não de intimidades compartilhadas.[7] Trabalhando neste livro, vi como as amizades dos homens são esquadrinhadas de forma diferente das amizades das mulheres. Quando contava às pessoas sobre Andrew e Toly, os amigos físicos que são heterossexuais, eu ouvia perguntas sobre se eles eram *de fato* héteros. As pessoas não reagiam dessa forma quando eu contava as histórias de amigas heterossexuais. O subtexto era: se um homem é muito próximo de outros homens, sua heterossexualidade é suspeita.

Art se libertou das preocupações sobre o que as pessoas podem presumir sobre sua sexualidade porque, conforme diz: "Como homem gay, na verdade não estou tentando me encaixar em visões estereotipadas de masculinidade. Se alguém olha para mim e pensa que sou gay, acertou em cheio. Mas, no caso do Nick, ele quer ser percebido como quem ele é, o que, eu acho, ele merece".

Embora soubesse que Nick estava sujeito a uma forma rígida de masculinidade, Art tinha pouca paciência para a homo-histeria impregnada no amigo e não se sentia nem um pouco contente em deixá-lo ditar como eles deveriam agir em sua amizade; assim, Art teria que censurar comportamentos que para ele eram naturais. Ele era especialmente avesso a aplacar a intolerância da família de Nick. Enfim liberto da necessidade de esconder sua sexualidade, Art não queria "dar uma de macho" quando os pais de Nick visitassem a futura casa de ambos. Diz Art: "Como passei 27 anos da minha vida sufocando minha sexualidade e uma parte muito significativa de mim, eu estava realmente com medo de que, ao escolher criar um laço com Nick, estivesse escolhendo viver com medo do que as pessoas pensam a meu respeito, porque era assim que ele fazia as coisas". Art não queria que outras pessoas determinassem como eles conduziam sua amizade.

Art estimulou Nick a se importar menos com potenciais julgamentos de outras pessoas. Quando Nick se afastava dele por achar alguma forma de afeição física meio esquisita, Art apontava que a percepção de Nick sobre o que é normal entre amigos é culturalmente específica. Art é brasileiro-estadunidense, e é normal que homens brasileiros se abracem. No Brasil, essas ações não são codificadas como "coisas de gays".

As ideias dos norte-americanos sobre o que é normal entre amigos homens não são baseadas em algo universal sobre masculinidade. Amigos homens na Coreia do Sul se envolvem em *"skinship"*, termo que se refere à afeição física não sexual[8] – videoclipes de bandas de K-pop oferecem muitos exemplos. Depois que George W. Bush e o príncipe herdeiro Abdullah da Arábia Saudita deram-se as mãos enquanto passeavam juntos em 2005, os meios de comunicação dos Estados Unidos informaram ao seu público doméstico que é comum nas culturas árabes que os homens se deem as mãos. O mesmo ocorre na Índia e em vários países da África.[9] Altos níveis de segregação de gênero nessas sociedades significam que amiúde as pessoas formam seus relacionamentos mais íntimos com pessoas do mesmo gênero. Algumas dessas mesmas sociedades condenam a homossexualidade, mas, como ela é tratada como aberração, por vezes inclusive associada ao Ocidente, os homens não precisam provar o tempo todo que são heterossexuais.[10] Em países como Uganda, onde o afeto físico entre homens está desaparecendo, acadêmicos e escritores vinculam a mudança à incursão de valores ocidentais.[11]

Até o início do século XX, nos Estados Unidos e na Europa era corriqueiro testemunhar demonstrações de afeição física entre homens. Em 1851, um jovem engenheiro chamado James Blake contou ter ficado acordado até tarde na noite anterior à separação de seu amigo, porque "nossos corações transbordavam daquela amizade verdadeira que não era possível expressar por meio de palavras; deitamos a cabeça no peito um do outro e choramos; pode ser pouco másculo chorar, mas não me importo, o espírito foi tocado". Para Blake, o que ultrapassou a linha da masculinidade não foi deitar a cabeça no peito de outro homem, mas chorar. Em *Picturing Men* [Retratos de homens], estudo de milhares de fotografias comuns de homens tiradas entre as décadas de 1850 e 1950, John Ibson, professor da Universidade Estadual da Califórnia, campus de Fullerton, mostra como homens de todas as raças, classes e regiões se envolviam abertamente em intimidade física com outros homens.[12]

As poses mais comuns incluíam sentar-se no colo um do outro, dar as mãos ou descansar a cabeça no ombro do outro homem. A proximidade física já foi uma das principais características da amizade masculina.

Quando começou a examinar suas intuições, Nick passou a acreditar que seu desconforto nem sempre era um sinal preciso de que algo estava errado. Mas essa nova ideia era desorientadora. Como ele poderia saber o que queria, se tinha sido criado em uma cultura que lhe negava experiências como conexão emocional com outros homens? É uma cultura na qual é tão comum os homens serem emocionalmente fechados que existe até um termo clínico para o que eles vivenciam: *alexitimia masculina normativa*.[13] Psicólogos acreditam que alguns homens têm muita dificuldade em expressar verbalmente seus sentimentos e estados emocionais por causa da maneira como são ensinados a se socializar por meio de uma postura durona e estoica.[14]

Cerca de um ano depois de Art aceitar que era gay, Nick começou a se perguntar se também sentia atração por homens. Ele estava se sentindo mais à vontade com as amizades próximas – "Mas eu deveria?", perguntou-se. Durante uma caminhada em um parque estadual em Kentucky, Nick disse a Art que achava que talvez fosse gay. Art fez a ele uma série de perguntas para detectar desejo por homens, como: Nick já sentira vontade de beijar um homem? Ele se sentia atraído por Art? Não e não. Até onde Art sabia, nada apontava na direção da atração pelo mesmo sexo, então ele perguntou ao amigo o que o fazia pensar que poderia ser gay. Nick disse que gostava quando Art o abraçava e que sentia saudade de Art quando ele se ausentava por uma semana. "Ah, isso é só intimidade", declarou Art. "Isso é só amar alguém, ser muito próximo de alguém."

Nick tinha equiparado intimidade emocional a atração sexual; não sabia que era possível sentir intimidade emocional em um contexto platônico – isso só havia acontecido com uma namorada. Embora no passado os homens estadunidenses expressassem abertamente amor por seus amigos do mesmo sexo, hoje os homens heterossexuais procuram intimidade em outro lugar. Pesquisadores descobriram que, embora muitas mulheres heterossexuais sentissem mais intimidade emocional com a melhor amiga do que com um parceiro romântico, esse em geral não era o caso de homens heterossexuais, cuja parceira romântica muito provavelmente era sua principal fonte de intimidade emocional.[15]

Uma pesquisa de 2021 constatou que os homens tinham cerca de metade da probabilidade das mulheres de relatar terem recebido apoio emocional de um amigo há pouco tempo; entre os homens casados – em comparação com as mulheres casadas –, era bem maior a probabilidade de dizer que o cônjuge é a primeira pessoa a quem recorrem quando têm um problema.[16] Os homens evitam afirmar verbalmente suas amizades; cerca de 50% das mulheres informaram ter dito a alguma amiga que a amavam na semana anterior, em comparação com 25% dos homens.[17] Andrew Reiner, autor de um livro sobre masculinidade, concluiu que os quase duzentos meninos e homens que entrevistou tendiam a confiar em amigos homens para resolver problemas específicos que dificilmente inspirariam juízo de valor – o que ele chamou de "transparência direcionada". Esses homens e meninos se preocupavam que os amigos não quisessem discutir seus problemas carregados de peso emocional, tampouco queriam "sobrecarregar" os outros com seus próprios problemas.[18] Quando buscavam apoio emocional, geralmente recorriam a suas parceiras românticas ou a amigas – forçando as mulheres a propiciarem aos homens os cuidados que os homens não oferecem uns aos outros. Um escritor chamou de "interesseiros emocionais" os homens heterossexuais que mostram a tendência de despejar todas as suas necessidades emocionais em suas parceiras românticas.[19]

Naquele evento via Zoom, Nick descreveu uma dinâmica que tinha com Art: "Para mim, como pessoa heterossexual, é sempre tão fácil [...]. Para mim é fácil dizer: 'Bem, estou incomodado, então você precisa mudar porque sou maioria'". Nick disse que agora sabe que há vários motivos que podem explicar seu desconforto. Talvez "seja um limite bom e saudável, mas talvez haja homofobia ou problemas de percepção ou problemas de intimidade com os quais cresci", disse. Voltando-se para Art, ele declarou: "Só porque estou constrangido não significa que você esteja errado".

É uma verdade universalmente reconhecida que um casal confinado durante os *lockdowns* da pandemia logo fortaleceu seu comprometimento ou entrou em crise. Com os amigos Art e Nick, foi a primeira opção.

Art estava morando sozinho quando leu no Facebook postagens de amigos residentes no exterior sobre as ordens emitidas na Itália para que as pessoas ficassem em casa. Falando ao telefone, Art e Nick decidiram que permanecer juntos era imperativo. Eles já sentiam que estavam funcionando como uma *família habitando a mesma casa* – o termo operacional no início da pandemia de covid, quando nosso mundo presencial consistia nas pessoas com quem vivíamos, não necessariamente nossos parentes.

No verão de 2020, Nick observou que eles logo teriam de encarar sozinhos o inverno; ele achou que era hora de pôr em prática a ideia de morarem juntos. Enquanto procuravam um apartamento, os contrastes do "estranho casal" vieram à tona. Suprimentos de artesanato e bugigangas abarrotam o quarto de Art. Como ele odeia silêncio, põe para tocar sons do oceano enquanto toma banho. Por ter crescido em uma casa que estava sempre cheia de convidados, ele adora hospedar pessoas. Nick, por sua vez, tenta não adquirir coisas e precisa ficar completamente sozinho para descansar bem. Ele queria portas e paredes entre os dois, então insistiu em um apartamento que tivesse um terceiro quarto ou uma segunda sala de estar.

Por causa do orçamento limitado e das necessidades incomuns, a busca por um imóvel foi estressante, mas por fim encontraram um apartamento dúplex com um terraço de ponta a ponta – um recurso de design tão charmoso que se tornaria o nome da casa: o Terraço. A cozinha tinha espaço para montar um cantinho do café, que eles usavam para tomar juntos o desjejum nas manhãs de sexta-feira, ritual que consideravam praticamente sagrado.

Se a história de seus primeiros meses morando juntos no Terraço fosse um épico, seria contada como três provações. A primeira provação foi a vida romântica de Nick. Mais ou menos na mesma época em que se mudaram para o apartamento, ele começou a namorar uma mulher.

Eles já tinham passado por esse tipo de teste. No início da amizade, Nick muitas vezes deixava Art na mão, furava compromissos e chegava absurdamente atrasado aos encontros porque sua namorada da faculdade, com quem ele tinha um relacionamento volátil, sempre vinha em primeiro lugar. Mesmo quando Art o confrontava, Nick defendia seu comportamento. Após o término, Nick mudou de rumo e colocava lembretes no relógio para não deixar Art esperando. Quando Art reclamou que estava sendo obrigado pelo amigo a fazer um trabalho emocional excessivo, Nick marcou consulta com um psicólogo. Desde que seu relacionamento com a namorada da faculdade terminou, Nick decidiu que era um problemão – com o potencial para estragar tudo – se uma mulher não aceitasse sua amizade com Art porque, segundo diz, "tenho a forte convicção de que o fato de Art estar na minha vida realmente me proporciona a mais saudável esperança de casamento que eu poderia ter". Nick acredita que Art o instiga a crescer e que aponta problemas que ele não tem consciência suficiente para observar em si mesmo. Eles começaram a brincar com a noção de que Art compa-rece aos primeiros encontros de Nick – não literalmente, mas sem dúvida Nick o menciona logo de cara. Quando eles se reuniram com o pastor de Art, buscando uma "versão para a amizade" da orientação pré-marital, Art perguntou se seria possível que a amizade entre os dois funcionasse junto com o futuro casamento de Nick. A resposta do pastor foi encorajadora: "É possível na medida em você estiver comprometido com isso".

Semanas depois da mudança para o Terraço, Nick e a nova namorada planejaram um encontro que ele viu como um teste para medir de que ma-neira sua amizade com Art coexistiria com seu relacionamento romântico. Os três marcaram de almoçar no apartamento. Na manhã do encontro, Art disse a Nick que sua mãe pegara covid e estava tossindo sangue; seu padrasto estava no hospital, internado com sintomas da doença. Apesar das notícias, Nick saiu correndo para comprar comestíveis porque a na-morada chegaria em breve. O almoço durou cerca de uma hora, depois do qual saíram juntos. Nick não perguntou a Art se deveria ficar em casa em vez de manter sua parte individual dos planos. Art não ousou pedir isso a ele, por achar que seria pedir demais, a menos que o próprio Nick sugerisse a ideia. Ao contrário, disse a Nick que precisaria de ajuda quando ele voltasse para casa. Nick o instruiu a mantê-lo atualizado e garantiu que passariam um tempo juntos assim que ele voltasse.

Art esperava que Nick voltasse no máximo até as oito da noite, porque Nick vai para a cama cedo – Art comparava o Nick pós-nove da noite a um computador desligado. Quando Nick voltou – bem depois das nove –, ficou surpreso ao encontrar Art na cama – ele achou que sairiam ou ficariam de bobeira juntos. Art lhe disse para ir dormir; àquela altura, já não se importava. Nick não respondera à sua mensagem de texto avisando que a situação de seus familiares tinha piorado. Aconteceu exatamente o que Art temia: uma namorada entrara em cena, e Nick desapareceu.

Nick se sentiu pego de surpresa pela reação de Art naquela noite. Ele pensou que Art lhe dera a bênção para sair com a namorada. Com o tempo, ele passou a acreditar que deveria ter tomado medidas proativas para cuidar da amizade em vez de esperar que o tempo todo Art lhe pedisse explicitamente as coisas de que precisava.

Por mais que em retrospecto a coisa certa a fazer fosse cristalina, Nick achou a ideia de cancelar o programa com a namorada difícil de cogitar a sério naquele momento. Os dois já tinham brigado sobre o fato de a amizade de Nick ter precedência sobre seu incipiente relacionamento romântico. Priorizar Art pode tê-la irritado ainda mais. Dias depois, ela passou uma hora e meia questionando Nick sobre a amizade. Ela trouxe à tona comentários que Art e Nick tinham feito durante o webinário, como a observação de Art de que Nick era "fofo" – o tipo de brincadeira que povoa as conversas cotidianas dos dois amigos. A namorada de Nick achava que na amizade dos dois havia espaço demais para atração. A discussão fez Nick se sentir como se estivesse "em julgamento".

Após o encontro, Art e Nick tiveram uma série de conversas no sofá, tarde da noite. Art disse que, quando decidiram viver juntos, eles não tinham noção do quanto a amizade custaria a Nick. Em lágrimas, afirmou que ele não poderia ser a razão pela qual Nick não tinha se casado e não constituíra uma família. Não pela primeira vez, sugeriu que eles seguissem caminhos separados.

Nick pediu: "Preciso que você pare de trazer isso à tona, porque me machuca todas as vezes". Para ele, não era uma opção não continuar a construir uma vida com Art. Enquanto Art descreve a si mesmo como "uma pessoa que rapidamente se compromete, mas que repensa bastante", Nick é "lento para se comprometer, mas, depois que o faz, nunca volta atrás".

Não que Nick se sentisse frustrado ou paralisado. Ele disse que a melhor versão de sua vida inclui Art. "Sim, pode ser que eu não consiga me casar por sua causa", disse a Art, "mas um casamento sem você não seria uma opção melhor." Ademais, ele estava mais otimista do que Art de que as coisas dariam certo. Achava que era uma questão de *como* – e não de *se* – os dois tipos de relacionamento se encaixariam.

A sugestão de Art de que os dois desistissem da amizade foi motivada por mais do que culpa e altruísmo. Ele não sabia ao certo se Nick tinha capacidade de manter um relacionamento romântico e ao mesmo tempo se importar com o amigo. Na opinião de Art, Nick havia pisado na bola repetidas vezes enquanto estava em seu relacionamento romântico, "e então parte disso foi tipo, cara, se é assim que vai ser ter alguém na sua vida, não posso fazer isso comigo mesmo".

A segunda provação ocorreu antes mesmo do dia da mudança para a casa nova, em outubro de 2020. Art sentiu a política nacional infiltrando-se em seu novo lar. Em todo o país, apoiadores do movimento Black Lives

Matter (Vidas Negras Importam)* inundaram as ruas para protestar contra a má conduta de policiais. A eleição aconteceria dali a semanas, e Art achava que sua sobrevivência estava em jogo por causa das políticas de imigração do presidente Trump. Beneficiário do decreto que concede autorização temporária para morar, trabalhar e dirigir aos que entraram nos Estados Unidos de forma ilegal ainda menores de idade, Art foi aconselhado por seu advogado a parar de economizar para a aposentadoria e redirecionar esse dinheiro para um fundo que ele pudesse acessar caso tivesse que deixar o país. Art se preocupava com a possibilidade de que Nick, avesso a conflitos e cuja família apoia Trump, pensaria na eleição *apenas* como política. Era assim que algumas pessoas próximas a Art justificavam a indiferença delas em relação às diretrizes governamentais que ele considerava angustiantes. Art sentia que toda a sua vida era política e não tinha certeza se, convivendo com um homem branco hétero, conseguiria ser completamente ele mesmo. Disse isso a Nick com todas as letras, alegando que seria um problema se tivesse que alternar línguas em sua própria casa para se adaptar a normas brancas e heterossexuais. Nick sugeriu que Art parasse com a alternância de língua, e assim eles poderiam ver o que aconteceria. A principal diferença para Art era que ele se comunicava com mais fisicalidade. Nick decidiu que poderia se acostumar com isso.

"Sendo um latino gay – e um tipo muito específico de pessoa gay que é religiosa –, tenho a sensação de que em boa parte do tempo sou muito incompreendido", diz Art. Mas Nick "simplesmente entende, embora ele não seja nem um pouco parecido com o que eu sou: ele é um cara branco hétero de uma comunidade de classe média alta […]. Mas sinto que ele me conhece de verdade. Eu me sinto realmente compreendido. Tenho que me explicar muito pouco quando ele está por perto". Em 7 de novembro de 2020, Nick estava na cozinha quando soube que Joe Biden fora declarado presidente eleito. Ele agarrou Art e chorou de alívio.

---

* Movimento social de luta contra a brutalidade policial, o racismo sistêmico e a desigualdade racial nascido nos Estados Unidos em 2013, depois que o vigilante George Zimmerman foi absolvido no julgamento da morte de Trayvon Martin, um adolescente negro. O movimento ganhou mais destaque em 2014 após a morte do jovem negro Michael Brown nas mãos de um policial branco em Ferguson, Missouri. As mobilizações do Black Lives Matter tomaram uma nova dimensão depois do assassinato de George Floyd, homem negro cujo pescoço foi pressionado pelo joelho de um policial branco em Minneapolis em maio de 2020. (N. T.)

Cerca de um mês depois, a vida de Art se transformaria por motivos que nada tinham a ver com a eleição. A denominação de Art e a internet evangélica ficaram sabendo do mesmo webinário que deixara a namorada de Nick chateada, junto com alguns tuítes que Art escrevera sobre experiências difíceis que gays tinham tido na igreja.

Embora a igreja local que empregava Art não visse problema em sua amizade com Nick nem em sua orientação sexual – ele tinha permissão para se assumir como gay no trabalho –, sua denominação em geral proibia gays no ministério, independentemente de terem ou não um relacionamento romântico com alguém do mesmo sexo. Diz Art: "Então, fui de uma situação em que tinha um excelente emprego, depois de ter saído do armário pela primeira vez na vida, numa fase em que conseguia manter minha sexualidade e minha fé unidas de uma forma que nunca tinha conseguido, gostando da minha igreja, enfim me sentindo conhecido na minha igreja, para ser caçado de forma bastante agressiva".

Blogs evangélicos denunciaram Art, sugerindo que sua amizade ainda não era sexual, mas apenas por ora. Um deles escreveu: "Basicamente, Art e Nick têm um casamento homossexual secreto sem sexo", e argumentou: "Não fomos feitos para viver com nossos amigos por toda a vida".[20] Art foi acusado de ser um perigo para crianças. "Tipo, o que aconteceu comigo foram todas as piores coisas que você já imaginou que pessoas religiosas dizem sobre os gays", conta Art. Por fim, ele se demitiu.

Qualquer um que enfrentasse esse tipo de escrutínio público talvez ficasse perturbado; porém, para um pastor, cujo papel está ligado de maneira intrínseca a bom caráter, era especialmente humilhante. Enquanto o trabalho de Art estava por um fio, ele começou a duvidar da própria conduta moral. Ele chegava em casa e perguntava a Nick: "Eu sou um perigo para meus alunos?". Diz Art: "O que realmente me ajudou foi ter pessoas como Nick que me diziam: 'Ei, espere, não é nisso que acreditamos. Não é isso o que valorizamos. Não é isso que vemos nas Escrituras'".

Cerca de um ano depois de tudo isso ter acontecido, Nick, Art e eu nos sentamos à mesa da cozinha, Nick vestindo uma camiseta cinza esportiva que me faz lembrar que ele acorda às 4h45 toda manhã para ir à academia de musculação e usa uma balança de cozinha para pesar com precisão toda a sua comida, de modo a atingir com mais eficácia seus objetivos de treinamento físico. Art preparou um lanche para nós dois que não temos metas de treinamento físicos: figos cortados ao meio cobertos com manjericão fresco e sal grosso. Enquanto ele relata esse período conturbado, os anéis em seus dedos refletem a luz à medida que ele fala com as mãos, reparo no olhar distante e na expressão intensa no rosto de Nick. Art pergunta a ele: "Você está bem, Bub?" – uma variação de "Bubba", o apelido com que ele se dirige ao amigo. Com voz monótona, Nick responde: "Sim". Ver Art sob pressão de sua denominação, diz, "foi superdifícil. Foi um período difícil". Ele fica em silêncio por alguns segundos. Depois conta que se sentiu "totalmente impotente e incapaz de mudar qualquer coisa, exceto sentar e lamentar".

Art não tinha boas opções. Sua interpretação do que a Bíblia diz sobre pessoas gays é uma pequena lasca sobreposta no Diagrama de Venn do cristianismo conservador e progressista: que sexo e casamento gay não são permitidos, mas, diz ele, "também vejo a Bíblia convidando pessoas gays para viver uma vida realmente linda e Jesus sendo realmente amoroso com elas". (Embora não acredite que sua leitura do cristianismo permite o casamento entre pessoas do mesmo sexo, Art acha que o governo deveria permitir.) Se mudasse para uma igreja que fosse abertamente afirmativa em relação a pessoas *queer*, Art estaria trabalhando em um lugar que ensinava coisas sobre as Escrituras nas quais ele não acredita. Ele descobriu também a crueldade desses espaços para com as pessoas como ele. Seu padrasto, que segue uma forma mais liberal de cristianismo, ficou chateado quando soube que Art era celibatário e passou horas tentando persuadi-lo a arrumar um namorado. Enquanto Art vê o celibato como uma decisão tomada por meio de pensamento profundo e oração, os congregantes nesses lugares o tratam como se ele fosse reprimido ou oprimido. "Às vezes, pessoas mais progressistas querem me resgatar de mim mesmo", diz Art. "E não preciso ser resgatado de mim mesmo."

Quando Nick começou a namorar Morgan no verão de 2021, o que ele achou extraordinário foram todas as coisas que não teve que explicar. De imediato, ela pareceu entender sua amizade com Art.

O enfoque de Morgan acerca das amizades era parte do motivo pelo qual eles foram apresentados. Um dos amigos de Nick na loja de discos Amoeba a conhecia e achou que ela e Nick poderiam se dar bem por conta da experiência de ambos com amizades devotadas. Ao contrário de Art e Nick, que tomaram a decisão consciente de formar uma amizade baseada no comprometimento, Morgan encontrou a sua por acaso. Depois da faculdade, ela voltou para sua cidadezinha natal na zona rural de Illinois e acabou morando em um apartamento infestado de percevejos. Quando o contrato de aluguel venceu, ela pulou entre diferentes casas de amigos até que um casal da igreja de quem ela havia se tornado próxima sugeriu que se mudasse para a casa deles temporariamente. Vários meses depois de morar com o casal e seus filhos de 3 e 7 anos, Morgan percebeu que eles não eram apenas seus colegas de moradia. Considerava essas pessoas que via no final de cada dia como uma família.

Em 2020, um deles conseguiu emprego em uma igreja em Nova Jersey. O casal não pressionou Morgan a se mudar junto com eles, mas fez questão de dizer que ela era bem-vinda. Morgan decidiu se mudar. Ela arranjou um emprego em Nova Jersey, e o casal transformou o escritório de sua nova casa em um quarto para Morgan.

No relacionamento com sua agora ex-namorada, Nick tinha a sensação de estar numa cadeira da sala de interrogatório, constantemente tendo que justificar a quantidade de tempo que passava com Art. Morgan, ao contrário, não o pressionava. Tinha seus próprios compromissos com amigos e estava aliviada por não ter que defendê-los. Se em relacionamentos românticos anteriores Nick "com frequência sentia que minha amizade com Art e meu relacionamento amoroso eram forças opostas", com Morgan a física era diferente. Esses dois relacionamentos, diz ele, estão "na verdade fazendo um apoiar o outro".

Quando me ponho a falar sobre a ideia de ter mais de uma pessoa âncora na vida, como fazem Art e Nick, as pessoas às vezes rejeitam a ideia, por pensarem em como isso parece complicado. Morgan admite prontamente que há momentos em que sua situação de vida é exaustiva "porque famílias são exaustivas. Cuidar de pessoas é exaustivo. Nem sempre é fácil e nem sempre é divertido", diz ela. "Mas, na maior parte do tempo, é. E então isso faz com que os momentos difíceis – os 5% do tempo em que é difícil – valham muito, muito, muito a pena."

Assim como Kami e Tilly, do Capítulo 2, Nick e Art se entusiasmam com o que ganham por ter outra pessoa importante na vida de ambos. "Você não tem ideia do quanto isso é um presente", diz Nick. "Cada um de nós sente como se tivesse um companheiro de equipe extra." Se Morgan estiver passando por um momento difícil, Art pode ajudar Nick a apoiá-la. Em troca, Art recebe mais cuidados. Enquanto ele se recuperava da revolta pública em sua igreja, Morgan constantemente entrava em contato para ver como ele estava, enviava vales-presentes do serviço de entregas de comida DoorDash para garantir que ele tivesse algo para comer naquela noite e o fazia rir.

Se antes Art vivera preocupado com o que aconteceria quando Nick se casasse, agora ele mal pode esperar. Isso significa que vai poder "morar com duas das minhas pessoas favoritas". Ele sabe que Nick é lento em matéria de relacionamentos, então escolhe suas palavras com cuidado quando fala com o amigo sobre Morgan. "Se dependesse de mim", diz Art, "o pedido de casamento teria sido feito no Natal. Eu teria dito a ele: 'Cara, no Natal, você vai dar um anel para ela. É isso que vai acontecer. Você vai fazer isso'."

Quando falei com Art em um dia de verão em 2022, ele mencionou que ia fazer o papel de Nick com Morgan porque o amigo estava viajando; ele e Morgan sairiam para jantar e depois ficariam de bobeira. Pouco antes, ela havia lhe mandado uma mensagem de texto com a foto de um sofá de veludo jade e perguntou se eles poderiam comprar o sofá quando ela se casasse com Nick. Art foi categórico: "Claro que podemos".

Enquanto outras pessoas reservam o Dia dos Namorados para seu parceiro romântico, Art e Nick o tratam como um dia para homenagear sua irmandade. No Dia dos Namorados de 2020, Nick preparou o jantar e comprou ingressos para um filme a que ele e Art queriam assistir. Diz Nick: "É uma das maneiras pelas quais estou praticando o todo, entendo que isso pode parecer romântico, mas também preciso não me importar, porque me importo mais com essa pessoa". Art conta que há uma "diferença da água para o vinho" entre o Nick que temia ser considerado gay e o Nick que ele conhece agora. Ele não consegue imaginar o incidente do Havaí acontecendo hoje. Quando menciono para Nick o episódio da viagem de avião para o Havaí, ele geme, envergonhado por sua reação de três anos antes.

Os dois amigos criaram uma estrutura que ajudou Nick a decifrar por que as coisas lhe parecem constrangedoras. Eles perguntam: *O que é moral? O que é cultural? O que é pessoal?* Nick ficava desconcertado quando algum homem o tocava, então Art destacou que não há restrição moral na Bíblia contra a afeição entre homens; os homens dos primórdios da

Igreja cumprimentavam-se com um beijo, e há um versículo que descreve o apóstolo João deitado no peito de Jesus.[21] Para desvendar a origem do desconforto de Nick com certos tipos de toque, Art trouxe à tona as normas distintas na cultura norte-americana e na cultura da família do amigo. Enquanto Art cresceu em torno de brasileiros que prontamente demonstravam afeição física pelos amigos, Nick foi criado em uma casa, muito parecida com a de outras famílias estadunidenses, em que o padrão não era o afeto físico entre homens; Nick não consegue nem sequer se lembrar da última vez que abraçou o pai. Ele percebeu que algumas formas de toque lhe são desagradáveis porque ele facilmente sente uma sobrecarga sensorial. Depois de refletir sobre essas três perguntas, Nick descobriu o que prefere: ele fica feliz que Art pouse a mão nele, contanto que não mexa a mão. Esse processo exige esforço. "Muitas das minhas ações são reflexos tardios de ter crescido na minha família", diz Nick. "Mudar a maneira como penso sobre as coisas há 26 anos... isso não acontece da noite para o dia."

Art começou a usar essa mesma estrutura no trabalho. Depois de se demitir do seu cargo de pastor de jovens, ele começou a trabalhar para a Revoice, organização que apoia cristãos celibatários gays – a mesma que realizou o agora infame webinário. Parte do trabalho de Art envolve ajudar pastores em congregações conservadoras a tornar suas igrejas mais acolhedoras para pessoas que se identificam como LGBTQ+. Ele mostra aos pastores que muito do que eles defendem no púlpito são valores pessoais ou culturais, não preceitos ou mandamentos da Bíblia. Art se diverte ao trazer à tona o exemplo de João no peito de Jesus. Em um tom sarcástico, ele diz: "Eles não sabem o que fazer com o fato de que o Salvador está acarinhando um homem".

Com uma das mãos no volante, Art dirige por uma rodovia de Nova Jersey para me deixar na estação de trem. Estamos a sós, e digo que alguém poderia olhar para sua amizade com Nick e pensar que devia ter sido exaustivo para Art passar anos enxotando o monstro da homo-histeria de debaixo da cama do amigo. A amizade deles tem uma dinâmica que contraria o conselho contido em um recém-publicado livro sobre amizade: o amigo com mais privilégios é responsável por se esforçar para entender a experiência de vida do amigo menos privilegiado.[22] Art diz que as coisas não têm sido tão simples para eles. Conta que Nick abriu mão de alguns de seus privilégios héteros ao assumir abertamente um compromisso vitalício com um homem gay. A mesma caça às bruxas que teve Art como alvo também acossou Nick. Pessoas entraram em contato com sua igreja pedindo que ele fosse punido e "reeducado". Blogs evangélicos também condenaram Nick. Diz Art: "Para mim, uma das coisas importantes é que, se você está disposto a manifestar homofobia por uma pessoa *queer*, então, legal, me faça qualquer pergunta que quiser".

Embora Art pense que, em geral, quem tem mais privilégios deve se esforçar para aprender por conta própria, pessoas como Art podem entrar em cena para ajudar "aqueles que provam que estão fazendo o trabalho". Sua expectativa é que Nick aprenda ideias básicas sobre homofobia por meio de livros ou conversas com outras pessoas *queer*, mas ele quer que o amigo aprenda algumas coisas com ele "porque sou a pessoa gay com quem ele tem que viver a vida cotidiana".

Nos últimos anos, Art fez amigos *queer* e junto a eles encontrou sossego, como se falassem a mesma língua para se expressar. Mas ele acrescenta que Nick aprendeu a traduzir essa dimensão de sua identidade: "Meus amigos *queer* conhecem a identidade *queer* melhor do que ele? Claro. Alguém me conhece tão bem quanto Nick? Não".

Por meio da amizade próxima com Art, Nick escapou do destino de muitos de seus colegas homens. Os norte-americanos têm menos amigos próximos do que há apenas algumas décadas, e os homens estão se saindo pior do que as mulheres. Em 1990, mais da metade dos homens relatou ter pelo menos seis amigos próximos. Em 2021, apenas cerca de 25% deles poderiam dizer o mesmo. Cerca de 15% dos homens relatam não ter amizades próximas – um aumento de cinco vezes em relação a 1990. (Falando sobre homens da geração *baby boomer*,* o comediante de *stand-up* John Mulaney brincou no programa *Saturday Night Live*: "Seu pai não tem amigos. Se você acha que seu pai tem amigos, você está errado. Sua mãe tem amigas, e elas têm maridos. Eles não são os amigos do seu pai".)[23]

Ter menos amigos próximos está associado à solidão,[24] e a solidão está ligada a uma variedade de consequências negativas para a saúde, desde pressão alta até depressão e declínio cognitivo. Em comparação com

---

* Pessoas nascidas entre 1946 e 1964, durante o *baby boom*, a explosão demográfica ocorrida nos Estados Unidos após a Segunda Guerra Mundial. (N. T.)

mulheres que perdem o marido, homens que perdem a esposa sentem um pico muito mais pronunciado e duradouro de solidão e depressão e são mais propensos do que as mulheres a morrer por suicídio. Pesquisadores atribuem essas diferenças ao fato de as mulheres contarem com sistemas mais diversificados de apoio social.[25]

O empobrecimento da amizade masculina contemporânea teria surpreendido homens do passado. Eles se apresentavam como indivíduos excepcionalmente capazes de atingir alturas platônicas; as mulheres, acreditava-se, eram desprovidas de caráter ou posição social para tanto.[26] No seu famoso ensaio "Da amizade", o filósofo do século XVI Michel de Montaigne descreveu a natureza fervorosa das mulheres – "um fogo precipitado e vacilante" – como incompatível com o temperamento equilibrado necessário à "verdadeira amizade".[27] Os homens norte-americanos no período colonial e depois aspiravam a viver de acordo com o padrão de excelência de amor fraterno da história de Davi e Jônatas, que fizeram sacrifícios um pelo outro e cuja ligação é descrita na Bíblia nos seguintes termos: "A alma de Jônatas ligou-se à alma de Davi, e Jônatas o amava como a sua própria alma".[28] Na sociedade estadunidense educada do século XVIII, materiais como manuais de escrita de cartas aconselhavam os homens a trazer uma expressão emocional aberta para suas amizades.[29] A intimidade na amizade masculina não era motivo de vergonha. Era a medida de um homem.

Apesar da queda nacional no número de amizades íntimas masculinas, há alguns sinais de que mais homens, sobretudo os de gerações mais jovens, terão a oportunidade de vivenciar amizades que se assemelham à proximidade de Nick e Art. Nas últimas décadas a homofobia diminuiu, e, com menos preconceito associado a ser gay, pesquisadores descobriram que a homo-histeria também arrefeceu. Um pequeno estudo junto a estudantes universitários britânicos mostrou que os homens que tinham "*bromances*"* relatavam sentir profunda intimidade emocional dentro dessas amizades, conforto com intimidade física entre pessoas do mesmo sexo – por exemplo, na forma de abraços – e despreocupação com o fato de as pessoas pensarem que são gays.[30] Outros estudos com homens jovens

---

* Expressão em língua inglesa (brother + romance, algo como "amor de irmãos") utilizada para designar um relacionamento afetivo íntimo, caracterizado por profunda afeição não sexual entre dois ou mais homens heterossexuais, uma forma de intimidade homossocial. (N. T.)

revelam que agora a intimidade emocional e a afeição física são cada vez mais possíveis em amizades masculinas porque, em comparação com décadas anteriores, há mais tons de masculinidade aceitáveis.[31]

Como pode acontecer em qualquer relacionamento de longo prazo, seja ele romântico ou platônico, os pratos da balança se equilibraram entre Art e Nick ao longo do tempo. Em algum momento Art já sentira uma tácita dinâmica de poder, em que Nick levava a melhor porque Art tinha Nick, ao passo que "ele teria uma vida normal e teria a mim". Ele também se sentia em dívida com o amigo porque "bem no início do nosso relacionamento, parecia que Nick estava me salvando da solidão", diz Art. Mas agora ele não se sente mais assim. Ele tem outras opções – tem amigos e oportunidades de emprego na Califórnia –, mas fez a escolha afirmativa de permanecer em Nova Jersey com Nick.

Nick sente também que tem um parceiro de quem ele precisa. Um projeto de grande envergadura da vida adulta é descobrir o que está no seu manual do usuário pessoal – as coisas de que você gosta e de que não gosta, quais são seus valores, do que você precisa para florescer – e a amizade ajudou Nick a aprender o que figura no seu manual. Ele já não conta com a cultura ao seu redor para lhe fornecer um atalho (quase sempre impreciso) para essas respostas.

Art e Nick encontram prazer nas facetas cotidianas da vida compartilhada: o café extra que Nick deixa na cafeteira para Art, as citações de animações da Pixar que ele enfia na conversa, a reconfortante previsibilidade que sente ao saber que Art estará fazendo crochê no sofá quando ele chegar em casa da academia de musculação. Diz Art: "Tenho um companheiro em um sentido muito real e completo. Minha vida não é muito solitária". Eles nem sequer precisam estar no mesmo lugar para Art se sentir assim. Segundo ele, "há simplesmente a sensação de conhecer uma pessoa, e ela está tão integrada à sua vida que, mesmo quando ela não está por perto, a vida parece plena".

Eles chegaram a um entendimento tão bom que em certa ocasião, quando Nick estava tendo um dia ruim, Art sabia exatamente o que seria capaz de distraí-lo dos perrengues: ele ligou para Nick do Walmart e perguntou se deveria pegar um café de lá. Um esnobe dos cafés, Nick caiu na gargalhada – e seu humor melhorou na mesma hora.

A vida também parece mais divertida. Por natureza, Art não gosta de conversa fiada nem de brincadeiras. "Quero que todos me contem seus traumas e, tipo, chorem comigo", diz, em um tom de voz inexpressivo, mas o sentimento é genuíno. Nick o ajudou a ver que é possível sentir uma conexão com as pessoas sem abrir o coração e desnudar a alma em conversas reveladoras com elas. Art e Nick amalgamaram comportamentos de amizade que, de acordo com o estereótipo, deveriam pertencer a um gênero ou outro; eles encontram proximidade por meio de atividades e diálogos.[32]

Com seu recém-descoberto apreço pela diversão, Art encampou a regra da casa: "Nunca somos mais legais que os outros em relação a nada". Se algo traz alegria a uma pessoa, Nick e Art ficam encantados com isso. Eles se inclinaram para esse espírito com um capacho de palha feito sob medida e broches impressos com as palavras *O Terraço*. Essa regra é resultado da atitude de Nick de saborear a alegria das pessoas ao seu redor. Ambos acham que Nick passou a ser mais capaz de mostrar esse lado de si mesmo porque se tornou mais afinado com seus os sentimentos e se livrou da preocupação com o julgamento alheio. Nick diz que a amizade o fez buscar integridade, "especificamente: ser a mesma pessoa em todos os lugares onde estou, em vez de pessoas diferentes em lugares diferentes". Essa busca se espalhou para seu relacionamento romântico. Uma das coisas que Morgan mais ama em Nick é seu entusiasmo sincero. Ela diz que Nick não dá a mínima se alguém acha que ele tem um jeito exagerado e cafona de demonstrar apoio, tipo animadora de torcida: é assim que ele é.

Enquanto a propensão de Nick para o prazer moldou o astral do apartamento, Art trouxe sua visão para a decoração. Quando se mudou para o novo lar, carregou consigo quarenta vasos de plantas. Agora o apartamento tem mais de sessenta. Ao refletir sobre sua amizade com Nick, Art não consegue deixar de fazer uma analogia com plantas: "As plantas de hera sempre seguirão qualquer treliça que você der a elas. Mas, se não tiverem uma treliça, elas procuram luz".

Ele prossegue: "Acho que muitos de nós seguem uma treliça social que na verdade não é ideal para quem somos e para o que nos ajuda a prosperar [...]. Como não havia treliça, conseguimos criar um relacionamento e uma vida que é realmente única e linda para nós. Gosto de verdade da vida que tenho. É muito melhor do que seria se eu tivesse simplesmente optado por um marido ou uma esposa e dois cachorros e três filhos, ou o que quer que seja".

Forjar um caminho sem uma estrutura de relacionamento padrão tem sido, vez por outra, doloroso para Art e Nick. Eles não dispunham de linguagem ou de livros para guiá-los em meio a conversas difíceis como amigos devotados ou para lidar com os problemas que sua amizade incomum criava. Nick teve problemas para conciliar seu relacionamento romântico anterior e sua amizade. Ele atribui algumas dessas dificuldades à "treliça social que falhou conosco e falhou com o tipo de amizade que queremos ter".

Diz Nick: "Precisávamos desmontar essa treliça para buscar algo melhor".

Capítulo 5
Famílias funcionais
De amigos a parceiros de coparentalidade

> A amizade é uma categoria novata,
> pois usurpar o lugar do parentesco ou
> mesmo se intrometer nele é uma impertinência.
> *Elsie Clews Parsons*

Em uma noite de primavera em 2009, Lynda Collins e Natasha Bakht sentaram-se para jantar em um de seus lugares favoritos na Chinatown de Ottawa. Aparentemente era um jantar como tantos outros – elas pediram camarão com sal e pimenta e seus outros três pratos prediletos – até Lynda perceber que havia algo errado com a amiga.

"O que está acontecendo com você?", perguntou.

Natasha fungou. Seus olhos estavam vermelhos e lacrimejantes. Ela disse que tinha ataques de alergia sazonais, mas recusou a oferta de um antialérgico Claritin. Natasha queria fugir de mais perguntas de Lynda. Porém, a essa altura, sua limitada capacidade de mentir estava se esgotando.

"Tá legal, tudo bem! Estou grávida", declarou.

"Você está *o quê*?!", Lynda espantou-se.

Natasha estava sofrendo de alergias porque não queria tomar remédios durante a gravidez. Tinha se dado conta de que, aos 36 anos e sem estar em um relacionamento, não queria precipitar ou perder a janela para a maternidade por não haver encontrado um parceiro. Depois de receber duas rodadas de esperma de doador anônimo em sua clínica de fertilidade local, Natasha engravidou.[1]

Lynda deixou escapar: "Eu gostaria de me candidatar à vaga de assistente de parto" – a pessoa que acompanharia e apoiaria Natasha nas aulas de pré-natal, estaria presente durante o parto e ajudaria a resolver quaisquer problemas no meio do caminho. Era típico dela fazer esse tipo de oferta – impulsiva e generosa, movida pelo maravilhamento que sente pelo mundo ao seu redor. Lynda considerava o parto um momento mágico e achava que essa era uma oportunidade única de ver alguém passar pela experiência. Ela sabia também que queria ter filhos e estava interessada em ver de perto como seria a gravidez. Como se estivesse redigindo uma carta de apresentação, Lynda enumerou suas qualificações: havia morado por três anos com uma parteira, que lhe dera um curso informal sobre gravidez; lidava bem com crises; morava perto da casa de Natasha e defendeu o argumento de que ela deveria ter alguém na mesma cidade em quem confiar, não apenas amigos e familiares que viviam a horas de distância.

Natasha recebeu com ponderação a proposta espontânea de Lynda, que estava se oferecendo para ser uma espécie de assistente de parto, responsável por acompanhá-la nos meses seguintes e na sala de parto. Era um papel bastante íntimo para qualquer pessoa e, embora Natasha gostasse de Lynda, elas não estavam no nível de melhores amigas. Haviam se conhecido alguns anos antes, quando Natasha estivera envolvida no processo de contratação de Lynda como professora *fellow* de direito na Universidade de Ottawa. À medida que se conheceram um pouco melhor, Natasha achou Lynda engraçada, mas sincera, e sentiu que as duas poderiam se tornar próximas. Embora fossem colegas, trabalhavam em áreas diferentes – Natasha em direitos humanos e Lynda em direito ambiental –, por isso não morriam de vontade de falar sobre trabalho. Passeando pela feira de frutas e vegetais orgânicos certo dia de outono, elas conversaram sobre o cara por quem Lynda tinha uma queda, mas que não dava a impressão de que seria um parceiro romântico dela tão cedo, e sobre a vida que ambas tinham levado antes de se mudarem para Ottawa, incluindo as diferentes partes do mundo que Natasha vira de perto em suas turnês como dançarina profissional. Para Lynda, Natasha parecia brilhante, sua mente e seu corpo de dançarina ágeis em igual medida. Quando as duas estavam juntas, o tempo desaparecia. Seis ou sete horas se passavam sem que elas percebessem.

Após cerca de uma semana de reflexão, Natasha concluiu que Lynda era o tipo de pessoa com quem ela poderia contar para o que desse e viesse, que sempre estaria a seu lado. Podia confiar nela. Ligou então para Lynda, para dizer que aceitava sua oferta para ser *coach* de parto. Ela não tinha grandes planos para o papel de Lynda. Imaginou que Lynda teria uma experiência interessante apoiando-a durante esse momento transformador. Talvez viesse a ser uma tia envolvida na vida de seu futuro filho.

Quando Natasha contou à mãe que estava planejando ter um filho, esta disse: "Meninas que não são casadas não têm bebês".

"Na verdade, não acho que sou uma menina", Natasha rebateu. "Tenho 36 anos. Sou professora de direito."

Ao decidir ter um filho sozinha, Natasha engrossou as fileiras de um contingente cada vez mais numeroso de pessoas que constroem famílias fora do modelo nuclear. No Canadá, onde ela mora, famílias com pai e mãe estão em declínio, e agora cerca de 20% das crianças menores de 15 anos vivem em lares monoparentais.[2] As mesmas tendências se verificam nos Estados Unidos, onde a proporção de crianças que vivem com pai e mãe de qualquer estado civil caiu de 85% em 1968 para 70% em 2020.[3] Também se tornou comum que as crianças cresçam em famílias com estruturas complexas e fluidas. *Famílias partilhadas*, *padrastos*, *madrastas*, *filiação socioafetiva*, *meios-irmãos* e *meias-irmãs* agora são termos comuns no vocabulário das famílias. Não existe mais uma forma de família "típica" nos Estados Unidos.[4]

Políticos e figuras públicas declararam sua angústia com o crescente afastamento da sociedade do modelo de "família tradicional". O senador Marco Rubio, em um vídeo de 2022, afirmou: "Devemos tornar possível que famílias com renda única criem uma família", e apelou aos norte-americanos que exigissem "o mesmo senso de urgência para evitar que a família tradicional vá à falência que demonstramos quando grandes empresas correm o risco de ir à falência".[5] Grande parte da mobilização em torno da família nuclear veio da direita, mas não toda. Em um discurso de 2008 numa uma das maiores igrejas negras de Chicago, Barack Obama descreveu a dificuldade que enfrentou ao crescer sem um pai em casa. Ele disse à plateia: "Muitos pais estão desaparecidos, muitos pais são ausentes, sumidos de muitas vidas e de muitos lares [...]. E por causa disso os alicerces de nossas famílias estão mais fracos".[6] Os defensores da família nuclear tendem a argumentar que essa estrutura familiar específica fornece estabilidade inigualável, melhora o desenvolvimento das crianças, honra os ensinamentos religiosos, fortalece o país – ou uma combinação dessas coisas.

A mãe de Natasha era apegada a ideias convencionais sobre como formar uma família, embora tivesse desafiado as ortodoxias de sua própria cultura sobre casamento: sendo hindu em seu país natal, a Índia, quando jovem ela se casara com um muçulmano. Sua desaprovação em relação à maternidade solo diminuiu quando Natasha engravidou e, em seu lugar, surgiu a preocupação com o futuro neto e a saúde da filha. Morando a quase quinhentos quilômetros de distância, ela se tranquilizou com o apoio de Lynda a Natasha. Juntas, as amigas frequentavam cursos pré--natais semanais, a única dupla que não era o público-alvo das instruções *Mamães aqui, papais ali* ou de comentários feitos com a intenção de ser reconfortantes, do tipo "Pelo menos você está fazendo isso com a pessoa que você mais ama no mundo". Quando a professora fez essa observação para a classe, Lynda, de brincadeira, pediu desculpas a Natasha por não ser o amor da vida dela, mas prometeu que mesmo assim faria o melhor que pudesse. Para se manter sempre em contato, Lynda, que por questões de consciência se recusava a usar telefones celulares, começou a carregar um para cima e para baixo. No final da gravidez, o pai de Natasha se mudou de Toronto para o apartamento da filha em Ottawa, e os três passaram muitas noites assistindo a partidas de tênis na TV e tomando sorvete Häagen-Dazs, que o desejo de grávida de Natasha constantemente os obrigava a comprar. Lynda e o pai de Natasha gostam de dizer que nesse período ganharam um bocado de peso.

Cerca de uma semana antes da data prevista para o parto, o pai de Natasha a acompanhou numa consulta médica de rotina. A técnica de ultrassom não conseguia sentir o bebê se mexer, então despachou Natasha para o hospital a fim de induzir o parto e monitorar o bebê. Natasha ligou para Lynda e lhe pediu para vir imediatamente. Lynda saiu correndo da palestra que estava dando e dirigiu seu carro pela cidade, em suas próprias palavras, "feito uma louca" em pleno trânsito da hora do rush. No hospital, ela substituiu o pai de Natasha, que, segundo esta, é "um homem mara-vilhoso, maravilhoso, mas não se sai tão bem quando os filhos estão com qualquer tipo de problema ou dor". A doula se preocupou em reconfortar o pai de Natasha enquanto as duas amigas falavam com o médico, que informou que a gestante teria que fazer uma cesárea de emergência. Natasha começou a chorar imediatamente, preocupada se seu bebê ficaria bem.

Lynda acompanhou Natasha na sala de cirurgia. Ainda aturdida sob a bruma da anestesia, Natasha ouviu o cirurgião dizer que havia um "nó verdadeiro" no cordão umbilical. O cirurgião se ofereceu para mostrar o bebê a Lynda; ela foi a primeira pessoa a pegar o recém-nascido no colo.[7] O que deveria ter sido um momento emocionante foi, na verdade, inquietante. O bebê estava cinza. Lynda temeu que ele não sobrevivesse. Depois que o limparam, Lynda pensou, "ele era uma linda, brilhante e vibrante bombinha de amor", e "de cara senti uma gigantesca onda de amor e provavelmente de hormônios". O menino, que pesava pouco mais de dois quilos, foi levado para a unidade de terapia intensiva neonatal.

Depois de passar três dias no hospital com Natasha e o bebê, que agora recebera o nome de Elaan, Lynda os ajudou a se instalar no apartamento de Natasha. O trio dormia na cama de Natasha, com um alarme programado para tocar a cada três horas e meia, para que ela desse de mamar a Elaan.

No dia seguinte, a mãe, o irmão e a melhor amiga de Natasha chegaram de Toronto, prontos para assumir as rédeas da situação. Quando fechou atrás de si a porta do apartamento de Natasha para ir embora, Lynda começou a chorar.

"Foi muito impactante", diz Lynda, ficar do lado de fora depois de vários dias envolvida no cuidado 24 horas de Elaan, que já havia conquistado seu coração. "Tive um choque de realidade e caiu a ficha de que eu não era a pessoa-chave na vida do bebê." Ela decidiu que tinha que se desapegar dele, pelo menos um pouco.

Mas não se desapegou. Lynda usou a cópia da chave que tinha do apartamento de Natasha para visitá-la todos os dias durante o primeiro mês. Tomava todo o cuidado para não bancar a intrometida e não invadir a privacidade da amiga, mas quando sugeria que era hora de ir embora a família de Natasha lhe pedia que ficasse para o jantar. No mês seguinte, Natasha se mudou para a casa dos pais em Toronto, onde passaria o restante de sua licença-maternidade, e Lynda aparecia para vê-la a cada par de semanas. Durante essas visitas, ela dormia no antigo quarto da amiga. Os pais de Natasha começaram a chamá-lo de "o quarto da Lynda".

Lynda estava apaixonada demais por Elaan para ficar tão longe dele. Diz ela: "Embora fosse bom receber atualizações pelo telefone, às vezes eu só queria dar um abraço nele e olhar dentro de seus lindos olhinhos". Sem pestanejar, Lynda decidia de última hora pular no carro às cinco da manhã e dirigir por quatro horas até Toronto. Foi o que ela fez num dia em que os pais de Natasha estariam fora de casa. Natasha estava preocupada em ter de cuidar de Elaan sem a ajuda de ninguém, por isso nesse dia pedira a uma amiga que viesse lhe fazer companhia. A amiga cancelou na última hora. E eis que, sem aviso, o carro de Lynda entrou de supetão na garagem. Natasha pensou: *Ah, graças a Deus!* Lynda não era apenas uma boa companhia, como suas outras amigas eram. Ao cuidar de Elaan, Lynda tinha poderes quase místicos. Elaan sofria do que eles acreditavam ser cólica, e ela descobriu que música o acalmava. "Titia Lyndy", como ela ficou conhecida, cantarolava o tempo todo, a ponto de ter que aprender a cantar ao mesmo tempo que inalava o ar; se ela parasse para respirar, Elaan desatava a chorar.

Durante esse primeiro ano, em certo momento a mãe de Natasha foi até o quarto da filha para falar com ela e disse: "Acho que Lynda tem de ser a madrinha do Elaan".

"Tá legal, mas a gente não faz isso", disse Natasha. "Isso não faz parte da nossa tradição."

"Mas você sabe que ela é mais do que uma tia", argumentou a mãe. "Ela tem um relacionamento muito especial com o menino."

Não que a mãe de Natasha menosprezasse tias. As tias eram uma presença constante na vida dela e de Natasha. Como os parentes dos pais de Natasha viviam na Índia, os outros imigrantes sul-asiáticos com quem fizeram amizade em Toronto tinham se tornado uma espécie de família, e Natasha crescera chamando de "titia" ou de "prima" pessoas que não eram tecnicamente aparentadas com ela. É uma experiência comum em comunidades de imigrantes construir laços familiares com gente de etnias ou nacionalidades compartilhadas.[8] Natasha esperava criar seu filho nesse tipo de mundo social – apinhado de cuidadores. Sua criação a fizera entender intuitivamente algo que quase qualquer antropólogo afirmaria: a biologia não é necessária para o parentesco.[9]

Hoje, as pessoas tendem a associar paternidade e maternidade a laços genéticos, mas Doug NeJaime, professor da Faculdade de Direito da Universidade Yale, afirma que isso é uma invenção moderna. Durante grande parte da história dos Estados Unidos, o casamento – não a biologia – determinava quem era pai ou mãe aos olhos da lei. Se uma mulher casada dava à luz uma criança, a lei reconhecia pai e mãe: a mulher era a mãe legal e seu marido era o pai legal – mesmo que ele não tivesse relação genética com a criança. O vínculo conjugal do homem com a mãe fazia dele o pai. Crianças nascidas fora do casamento, consideradas "ilegítimas", eram estigmatizadas e privadas de direitos legais. Elas eram conhecidas na lei como *filius nullius* – literalmente, um "filho de ninguém". Na condição de estranhos do ponto de vista legal para a mãe biológica e o pai biológico, não tinham direito a herança e apoio financeiro. Nem sequer tinham o direito de carregar o sobrenome do pai.[10]

No século XIX e início do século XX, alguns estados aprovaram reformas legais que abrandaram a discriminação contra filhos "ilegítimos". Mas foi somente em 1968 que a Suprema Corte dos Estados Unidos decidiu que crianças concebidas fora do casamento tinham o direito constitucional de serem tratadas da mesma forma que crianças concebidas dentro do casamento. A corte argumentou que as crianças não deveriam sofrer por causa do estado civil do pai e da mãe.[11] Pouco depois o tribunal deu um passo além, estendendo direitos a pais não casados, no histórico caso *Stanley versus Illinois*, de 1972. O tribunal escreveu que "laços familiares" operando fora do casamento são "amiúde tão calorosos, duradouros e importantes quanto aqueles que surgem no âmbito de uma unidade familiar mais formalmente organizada".[12] Agora, contanto que o pai assumisse as responsabilidades parentais, a biologia sobrepujava o estado civil.

A expansão dos direitos legais coincidiu com mudanças sísmicas na demografia do país. O casamento não era mais o único arranjo aceitável para começar uma família. Na década de 1970, aumentou o número de pessoas solteiras e parceiros não casados com filhos.[13] À medida que aumentavam as taxas de divórcio e recasamentos,* as estruturas familiares tornavam-se cada vez mais complexas; os rótulos de *mãe, pai* e *filhos* já não eram suficientes para descrever a diversidade dos relacionamentos familiares. De uma ponta à outra do país, as leis estaduais começaram a acompanhar a realidade, tornando mais fácil para padrastos e madrastas adotarem os filhos de seus cônjuges.[14]

No final do século XX entraram em cena as tecnologias de reprodução assistida (TRAs), e, como costumam fazer as novas tecnologias, elas ao

---

* O recasamento pode ser definido como uma união na qual pelo menos um dos parceiros já teve um casamento anterior. Diferentes nomenclaturas são usadas por pesquisadores para definir a família recasada, dentre elas "famílias reconstituídas" e "famílias recompostas". (N. T.)

mesmo tempo abriram possibilidades e trouxeram espinhosas questões legais. Agora, casais com problemas de fertilidade, mulheres não casadas e casais LGBTQ podiam formar família com a ajuda de doação de óvulos, barriga de aluguel, fertilização *in vitro* e – como no caso de Natasha – bancos de esperma. Mais ou menos na mesma época em que essas tecnologias decolaram, foi um sinal de progresso os tribunais usarem a biologia, não o estado civil, para definir paternidade e maternidade. Porém, à medida que as TRAs expandiram os meios de reprodução, essa abordagem baseada na biologia tornou-se cada vez mais desatualizada. Se um casal concebesse um filho com a ajuda da doação anônima de esperma, não faria muito sentido a justiça considerar que o pai era o doador de esperma em vez do parceiro que desde o início pretendia criar a criança.

O entendimento jurídico começou a mudar novamente. Em 1994, um tribunal de segunda instância da Califórnia tratou de um caso que poderia ter sido o enredo de uma telenovela: a ex-esposa de um homem revelou que ele não era o pai biológico do menino de 4 anos que ele havia tratado como filho, e agora essa mulher queria atribuir direitos de paternidade a outro homem que ela acreditava ser o pai biológico da criança. O tribunal tomou uma decisão desfavorável à mulher, e o ex-marido continuou sendo o pai legal do menino.[15] O tribunal determinou que a biologia não é uma condição suficiente para os direitos de paternidade, citando um caso anterior no qual os juízes tinham apresentado um experimento mental: e se um homem tivesse vivido com uma criança, tratado a criança como seu filho ou filha e criado um vínculo com ela? "Essa relação socioafetiva", escreveram os juízes, "é muito mais importante, pelo menos para a criança, do que uma relação biológica de paternidade real."[16]

Para ativistas LGBTQ e feministas, essa nova compreensão legal dos direitos parentais era especialmente relevante. As TRAs desencadearam o que veio a ser conhecido como "*baby boom* lésbico" nas décadas de 1980 e 1990 e, assim como ocorre com casais heterossexuais, alguns desses casais lésbicos se separaram.[17] Mas, ao contrário de casais de sexos distintos, essas mulheres não tinham acesso às leis de custódia ou aos bem definidos laços de conexão biológica que teriam garantido o status parental para ambos os parceiros. Na letra fria da lei, a mãe não biológica era uma desconhecida para a criança. A mãe biológica, se quisesse, poderia excluir sua ex da vida da criança. Nesses casos de custódia, os tribunais não podiam recorrer às suas abordagens testadas e comprovadas para resolver disputas em torno de direitos parentais – valendo-se de critérios como o casamento, a biologia ou o gênero. Em vez disso, ativistas LGBTQ defenderam com sucesso que os pais fossem legalmente reconhecidos com base na intenção ou conduta: O casal pretendia ter o filho e criá-lo juntos? A pessoa se comportava como pai ou mãe?

A opinião pública refletia as decisões judiciais nesses casos. Uma pesquisa de 1989 descobriu que apenas 22% dos entrevistados definiam família unicamente em termos de sangue, casamento ou adoção, ao passo que a esmagadora maioria – 74% – adotava uma definição mais ampla: qualquer grupo cujos membros se amavam e cuidavam uns dos outros.[18] A lei e a opinião pública reconheciam que o comportamento – não o casamento, nem a genética e, cada vez mais, nem o gênero – era o ponto crucial dos relacionamentos familiares.

Se você está sentado em um tribunal enfrentando a possibilidade de ter negada a custódia dos filhos (ou ser obrigado a pagar pensão alimentícia), o rótulo de *pai/mãe* inegavelmente importa. Mas o desejo por termos precisos pode ficar em segundo plano em relação às demandas da vida, como aconteceu com Natasha e Lynda.

"Provavelmente começamos a exercer a parentalidade muito antes de a chamarmos por esse nome", diz Natasha. "Provavelmente estávamos ocupadas demais vivendo nossa vida para analisar de fato a situação."

Elas cantavam para Elaan, geralmente músicas que Lynda compunha e tocava no violão. "Sim, meu mundo é melhor / Porque agora você está por perto", diz a letra de uma das canções. "Você é tudo: as notas da minha música, o silêncio, a luz e o som certo."[19] Elas brincavam com Elaan, cujo cabelo preto curto pendia sobre a testa, uma versão em miniatura do corte de cabelo de Natasha. Não era difícil fazer seu sorriso largo aparecer em seu rosto ou fazê-lo rir. Quando finalmente o punham para dormir, apesar da exaustão, ficavam obcecadas com uma foto dele em alguma linda roupinha que os amigos haviam lhe dado de presente, ou relembravam algo que ele tinha aprontado naquele dia.

Talvez a questão da linguagem também tenha ficado em segundo plano porque Lynda e Natasha estavam preocupadas em cuidar de Elaan. Vários meses após o nascimento do menino, elas perceberam que o que acreditavam ser cólica era irritabilidade cerebral – um sintoma de paralisia cerebral. A mãe de Lynda, médica especializada em reabilitação cerebral, notou que os movimentos curtos e repetitivos dos olhos de Elaan eram, na verdade, convulsões. Foi durante esse primeiro ano que Natasha o levou para fazer uma ressonância magnética e marcou uma consulta com um neurologista. Ela não queria levar os pais à consulta porque temia que eles achassem isso perturbador. Quando Lynda soube que Natasha planejava ir sozinha, pediu para acompanhá-la.

O neurologista diagnosticou em Elaan um tipo de lesão cerebral chamado *leucomalácia paraventricular*. Ele explicou que grandes áreas do cérebro dele haviam desaparecido, o que provavelmente tinha relação com o nó no cordão umbilical.[20] Elaan teria comprometimento significativo em todos os domínios. Até esse ponto, Natasha estava operando em um horizonte de tempo comprimido, apenas tentando viver uma hora de cada vez. Agora, estava sendo forçada a olhar para as perspectivas de desenvolvimento do filho ao longo da vida dele. No caminho de volta para casa, ela se remexia, inquieta, chocada e preocupada. Ela perguntou a Lynda: "Que tipo de vida ele vai ter?".

"Ele vai ter uma vida maravilhosa", respondeu Lynda. "Vamos tomar todas as providências pra garantir isso."[21] Por trinta anos, Lynda observara sua mãe, que trabalhava como médica de reabilitação, ajudar pessoas com lesão cerebral a terem uma vida significativa. Ademais, não se sentiu arrasada pelo diagnóstico porque tinha chegado à consulta com expectativas sombrias; temera que a doença de Elaan fosse fatal. A notícia dada pelo médico foi um alívio.

Lynda disse a Natasha que, agora que sabiam que Elaan iria viver, elas poderiam se concentrar em dar a ele a melhor vida possível. E fez uma observação que ajudou a amiga a perceber algo que seu choque havia obscurecido: "Você conhece Elaan. Você sabe o que faz o menino rir. Você sabe o que ele odeia". Os resultados dos testes, ressaltou ela, não tinham mudado isso. Para Natasha, o otimismo de Lynda era um bem-vindo contraste com o tom de voz grave e os "Sinto muito" que ouviriam dos médicos ao longo dos anos, conforme os diagnósticos de Elaan se acumulavam.

Durante essas consultas, com muita frequência o papel incomum de Lynda se tornava evidente. Os médicos queriam saber quem era ela e por que os estava puxando para uma detalhada discussão sobre os benefícios e desvantagens dos tratamentos propostos. Quando numa consulta alguém indagava: "E você, é o que do menino?", Lynda achava estranho se referir a ele como "o filho da minha amiga".[22] Embora fossem respeitosos, os médicos não tinham obrigação de dar ouvidos a ela, uma pessoa que do ponto de vista legal nada tinha a ver com Elaan. Os amigos de Lynda perguntavam se ela tinha certeza de que queria se envolver tanto na vida de Elaan, uma vez que não detinha direito algum. "E se Natasha decidir se mudar pra Fiji?", perguntavam. "Ou se vocês duas se desentenderem?"

Demorou até Elaan completar 5 anos de idade e Lynda completar 40 para ela cogitar buscar o título de mãe por coparentalidade.[23] Nessa época, o comentário de passagem de um colega de trabalho a fez perceber que ela já era mãe. Quando Lynda mencionou que ela, Natasha e Elaan estavam resfriados, o colega lhe disse: "Espero que você e sua família melhorem logo". Lynda pensou: "*Uau, tenho uma família. É um milagre*".[24] Mas isso não foi o suficiente para fazê-la se considerar mãe por coparentalidade de Elaan; ela ainda estava pensando em ter um filho por meio de doação de esperma ou adoção convencional. Durante uma caminhada num parque nacional, Lynda foi atingida por um pensamento: *Por que eu adotaria um desconhecido quando posso adotar Elaan? É dele que realmente quero ser mãe, e é isso que já tenho feito.* E acontece que Elaan era uma criança com altas necessidades. Nas palavras de Lynda, ele "precisava de duas – ou de tantas – mães quanto pudesse ter".

Lynda decidiu pedir a Natasha que a deixasse ser a segunda mãe de Elaan. Certa noite, as duas estavam no chão do apartamento de Natasha, o menino sentado entre elas enquanto lhe davam de comer. Lynda perguntou a Natasha se estaria receptiva à ideia de ela adotar Elaan legalmente.

"Não foi como aquele momento em que ela se ofereceu para ser minha *coach* de parto, quando pensei: *Vou refletir a respeito*", conta Natasha. "Foi tipo: *Ah, claro. Faz todo o sentido. Por que não pensei nisso antes?*" Se Lynda tivesse o status legal de mãe – e o significado simbólico dessa palavra –, isso simplesmente refletiria a realidade de seus anos de coparentalidade.

Elas recrutaram uma ex-colega de faculdade de direito de Natasha, Marta Siemiarczuk. Advogada de família, ela estava acostumada a atender clientes cuja família passava por um processo de dilaceração, então mostrava-se entusiasmada para apoiar pessoas que estavam construindo uma família.[25] Mas Marta, que de início presumiu que as duas amigas eram um casal, logo percebeu que elas enfrentariam obstáculos para a adoção.[26] Se fossem casadas, Lynda poderia ter seguido o processo direto de adoção unilateral – quando um cônjuge ou companheiro adota a prole do outro. Mas, como elas não tinham vínculo jurídico, a lei determinava que, se Lynda adotasse Elaan, Natasha teria que perder seus direitos legais como mãe.[27] (Se estivessem nos Estados Unidos, elas teriam enfrentado dificuldades legais comparáveis em cerca de um terço dos estados do país, onde parceiros não casados não têm permissão formal para uma adoção de um segundo pai ou segunda mãe.)[28] Elas então cogitaram formalizar uma ação de contestação da lei, pois julgavam ser discriminatório que o estado civil de Lynda a impedisse de adotar Elaan. Mas ajuizar ações de inconstitucionalidade envolvia trâmites caros e demorados. Natasha e Lynda estavam preocupadas em economizar dinheiro para o tratamento de Elaan, que estava ficando cada vez mais caro.

Elas encontraram outro caminho: uma declaração de maternidade, que concede os mesmos direitos e obrigações que Lynda teria obtido por meio da adoção. Para obter a aprovação, elas tiveram que mostrar que era do melhor interesse de Elaan que Lynda fosse reconhecida como sua mãe. Elas coletaram declarações juramentadas de parentes, amigos, pediatras, funcionários da escola de Elaan e pessoas de sua comunidade, o que equivaleu a odes às habilidades parentais de Lynda. Um dos médicos de Elaan escreveu que ela tinha "uma maneira extraordinariamente astuta de ler as expressões e comportamentos de Elaan". O diretor da escola do menino observou que "é visível que a presença de Lynda na vida de Ellan propicia a ele alegria, amor e uma sensação de segurança".

As mulheres não estavam apenas reunindo evidências de que Elaan e Lynda tinham uma ligação de amor. Elas estavam contestando uma ideia implícita na lei: que, para serem pais ou mães, duas pessoas devem estar (ou ter estado) em um relacionamento romântico.

Como jurista acadêmica, Lynda se perguntava: "Como é possível termos um teste tão irracional para parentalidade?".[29] Falando comigo depois de dedicar uma década de cuidados a Elaan, Lynda diz: "Um relacionamento romântico é algo maravilhoso, mas não sei ao certo se tem algo a ver com a criação de filhos". A seu ver, o que torna os parceiros românticos ótimos parceiros de coparentalidade "está mais ligada a essência daquilo que nós temos – essa essência de respeito mútuo, amor e compatibilidade. Alinhamento de valores".

Pensadores do centro e da direita do espectro político fizeram uma versão desse argumento. Richard V. Reeves, membro do alto escalão do *think tank* norte-americano Brookings Institution, escreve que "o casamento romântico [...] continua sendo em grande medida uma invenção de nossa imaginação alimentada por Hollywood e abaixo do ideal para os filhos".[30] W. Bradford Wilcox, diretor do Projeto Casamento Nacional da Universidade da Virgínia, argumentou que o relacionamento romântico não é uma condição necessária para a criação de filhos. A noção de que o propósito principal do casamento é construir uma intensa ligação romântica ou emocional, acredita ele, leva a mais instabilidade no relacionamento e, portanto, mais instabilidade para a criação de filhos. Segundo Wilcox, a razão é a seguinte: os cônjuges podem justificar a dissolução da união se não se sentirem emocionalmente satisfeitos; é uma saída relativamente fácil. Wilcox pede uma mudança do "modelo de casamento de almas gêmeas", que surgiu na década de 1970 (ou o que o psicólogo Eli Finkel, mencionado no Capítulo 2, chamou de "casamento autoexpressivo"). Em um artigo escrito em coautoria com Alysse ElHage, Wilcox defende um modelo mais antigo, o da "família em primeiro lugar", que, a seu ver, proporciona um ambiente que "será mais forte, mais estável e mais propenso a oferecer um porto seguro para os filhos".[31] A motivação dele para reduzir a importância do amor romântico difere da de Natasha e Lynda. Um defensor ativo da família nuclear, Wilcox espera estimular o casamento e prevenir o divórcio e a monoparentalidade. Por sua vez, Natasha e Lynda querem reconhecimento social e legal para quaisquer formas de família que ofereçam aos filhos um lar amoroso.[32] Elas querem também afirmar estruturas familiares não nucleares que existem em quantidade desproporcional fora das classes média e alta brancas. Mas todos se alinham quanto ao argumento de que o comprometimento permanente é o princípio central na definição de família.

A realidade é que, quando se abre a cortina para a parentalidade, o romance geralmente sai de cena. Para dizer o óbvio: filhos são fábricas de exaustão. Até mesmo amantes que antes não conseguiam manter as mãos longe um do outro podem acabar descobrindo que filhos apagam o fogo de seu relacionamento romântico. Esse sentimento satura a mídia popular. Um podcast sobre famílias tem um episódio intitulado "Existe sexo depois dos filhos?" – o próprio título sugere que a resposta padrão é *não*.[33] Esse episódio e outros conteúdos de mídia semelhantes focam em como os pais sentem falta de sua antiga conexão sexual e romântica com o parceiro. Embora histórias como essas reconheçam a ubiquidade da paixão que definha, não sugerem que pais e mães abandonados em uma ilha deserta de libido agora sejam incapazes de cuidar juntos de seus filhos.

Sacha Coupet, professora da Faculdade de Direito da Universidade Loyola, argumenta que o direito de família norte-americano dá uma ênfase equivocada ao amor sexual – ou ao que ela categoriza como *eros*.[34] Ela afirma que o que deve importar é a demonstração de *ágape* – amor abnegado – dos pais e mães pelo filho. Em essência, é nisso que Lynda e Natasha queriam que a lei se concentrasse. Elas pediram ao tribunal que reconhecesse Lynda como mãe não por causa do relacionamento das mulheres entre si, mas por causa da substância do relacionamento entre Lynda e Elaan.

Embora Lynda valorizasse o simbolismo de ser reconhecida como mãe de Elaan, ela estava mais preocupada com as consequências legais e financeiras caso o tribunal se recusasse a considerá-la mãe do menino. Elaan teria o acesso negado ao seguro-saúde e ao plano de previdência dela. Se algo acontecesse com Natasha, Lynda não seria capaz de tomar decisões médicas em nome de Elaan; ela não teria direitos como mãe. Elaan seria prejudicado por causa do status de relacionamento de suas duas mães. Um tratamento legal desfavorável como esse se enquadra na bandeira do que a jurista Nancy Polikoff chama de "a nova ilegitimidade".[35]

Lynda e Natasha tinham acabado de sair de uma reunião de pais e professores quando Lynda recebeu uma ligação de Marta, sua advogada. Ela ficou alarmada, temendo algum problema. Marta disse: "Na verdade eu quis ligar para você, Lynda, apenas para que saiba que agora você é mamãe". O tribunal havia declarado Lynda mãe de Elaan, a primeira vez na história do Canadá que parceiros de coparentalidade platônicos foram oficialmente reconhecidos. Lynda caiu de joelhos e ficou sentada na calçada até conseguir se recompor. Natasha puxou-a para um abraço apertado. Elas voltaram para a escola e compartilharam a notícia. Depois de alguns gritos, vivas e aplausos, um grupo – formado, entre outros, por professores, assistentes educacionais, fisioterapeutas e o diretor da escola – convergiu para um abraço coletivo, com as duas mães no centro.

Para muita gente, uma família chefiada por um marido e uma esposa é o padrão-ouro, porque é sinônimo de "família tradicional". Esse é o pensamento de pessoas como James Dobson, escritor evangélico e fundador da organização cristã conservadora Foco na Família. Em um artigo de 2006 para a revista *Time*, Dobson manifestou sua desaprovação em relação a casais do mesmo sexo criarem filhos, argumentando que "a família tradicional, respaldada por mais de 5 mil anos de experiência humana, ainda é a base da qual depende o bem-estar das gerações futuras".[36] Afirmações como essa sugerem que normas mais antigas devem ser mais confiáveis do que as mais novas. Uma falha na lógica de Dobson é que a família biparental passou a preponderar há séculos, não há milênios.[37] Antes disso, as pessoas criavam os filhos em numerosas famílias "estendidas". Na esmagadora maioria das sociedades pré-industriais, a poligamia era comum, unindo adultos e crianças em complexas redes de apoio. Se realmente quisermos voltar na linha do tempo, encontraremos a criação cooperativa de filhos.[38] As mães – que coletavam alimentos, plantavam, pescavam, faziam roupas e se incumbiam de afazeres domésticos, entre outros trabalhos pesados – precisavam de ajuda para criar os filhos biológicos, que durante anos são dependentes. A criação deles amiúde ficava a cargo de pessoas que não eram os pais biológicos, conhecidas como *alopais*. A antropóloga Sarah Hrdy escreve: "Sem os cuidados aloparentais, nunca teria havido uma espécie humana".[39]

Com a ajuda da prosperidade econômica e de programas governamentais que estimularam o modelo de família formada por homem-provedor/mulher-cuidadora, a família nuclear prosperou nos Estados Unidos dos anos 1950. "A lendária família branca de classe média dos anos 1950", escreve a historiadora Elaine Tyler May, "não foi, como nos diz a sabedoria popular, o último suspiro da vida familiar 'tradicional' com raízes profundas no passado. Ao contrário, foi o primeiro esforço sincero para criar um lar que satisfizesse praticamente todas as necessidades pessoais de seus membros por meio de uma vida pessoal energizada e expressiva."[40] Apesar de ser uma anomalia, esse período tornou-se a fonte de um bocado de nostalgia contemporânea e o parâmetro pelo qual outras famílias são agora medidas.

Na realidade, o ideal da "família de comercial de margarina" sempre foi inacessível a grandes faixas da população norte-americana, entre as quais negros estadunidenses escravizados e imigrantes. Os negros estadunidenses escravizados não conseguiam estabelecer famílias nucleares porque os estados não reconheciam legalmente seus casamentos ou relacionamentos parentais. As unidades familiares que eles construíram de maneira informal existiam sob constante ameaça, porque os donos de escravos podiam separá-las impunemente.[41] Os negros estadunidenses escravizados adaptaram-se à ausência de familiares, criando o que o historiador Herbert Gutman define como "redes de obrigação mútua" que angariavam o apoio de pessoas com as quais não necessariamente tinham laços de sangue ou de casamento.[42] Estudiosos empregam o termo *parentesco fictício* para descrever pessoas que assumiram papéis como esses[43] – elas se sentem e funcionam como uma família –, que continuam sendo uma característica vital de muitas famílias negras norte-americanas.[44]

As famílias de imigrantes nos séculos XIX e XX raramente consistiam em pai e mãe e seus filhos. Muitos imigrantes não conseguiam manter a família em um só lugar, porque o provedor se mudava para onde fosse necessário a fim de arranjar trabalho. Famílias de domicílio dividido – arranjo em que o trabalhador casado vive separado do cônjuge por anos – eram comuns entre sino-americanos;[45] leis aprovadas no final do século XIX dificultaram a emigração de mulheres da China, ao passo que a proibição de casamentos inter-raciais impedia casais, geralmente compostos por homens brancos estadunidenses e mulheres japonesas, de viverem juntos nos Estados Unidos.[46] Mexicanos-americanos também tiveram que lidar com longas separações do cônjuge e dependiam de redes de cuidado entre as famílias estendidas.

O sentimento anti-imigrante no final do século XIX alimentou parte do impulso por uma "verdadeira família norte-americana" – isto é, uma família nuclear na qual nem a mulher nem os filhos trabalhavam.[47] A ironia estava no fato de que as mesmas pessoas que eram difamadas por não terem uma família nuclear tornaram possível que outros tivessem a sua. Negros, imigrantes e mulheres da classe trabalhadora estadunidenses trabalhavam fora e muitas vezes não podiam viver com os próprios parentes.[48] Enquanto isso, casais do mesmo sexo não tinham permissão legal para se casar ou adotar filhos. Muitos indivíduos *queer* e trans foram (e ainda são) expulsos de suas famílias de origem, o que os leva a forjar "famílias escolhidas" com pessoas com quem não têm vínculos de sangue.[49] Modalidades familiares inovadoras proliferaram entre gente que foi excluída do modelo nuclear idealizado.

Apesar das declarações de pessoas como Dobson, a família nuclear heterossexual não é a estrutura familiar dominante ao longo da história, tampouco há evidências irrefutáveis de que seja a melhor para os filhos. Susan Golombok, professora de pesquisa sobre famílias e suas ramificações da Universidade de Cambridge, afirma que as formas familiares que se tornaram mais comuns recentemente – como mães solo por opção[50] ou famílias chefiadas por casais do mesmo sexo – não prejudicam as crianças, como seus críticos alegavam que aconteceria.[51] Golombok investiga estruturas familiares e bem-estar infantil há mais de quarenta anos e, em seus estudos longitudinais de crianças nascidas nesses tipos de famílias, ela descobriu que essas crianças se saem bem em resultados de critérios que variam de desenvolvimento psicológico a qualidade do vínculo entre pais, mães e filhos.[52] Longe de serem menos capazes do que os pais e mães de famílias convencionais, "os indivíduos que têm filhos contrariando todas as expectativas tornam-se pais e mães extremamente envolvidos e comprometidos", escreve Golombok.[53] No que diz respeito aos prejuízos sofridos pelos filhos, tendem a vir de fora da família: o preconceito contra eles. Essa é uma falha social, não inerente à estrutura familiar. Em seu livro *We Are Family* [Somos família], ela escreve: "Crianças têm mais probabilidade de florescer em famílias calorosas, solidárias e estáveis, seja qual for sua estrutura", e "são mais propensas a passar por problemas emocionais e comportamentais em famílias hostis, instáveis e sem apoio, seja qual for sua estrutura".[54]

Quatro anos antes de ouvir as palavras *"Agora você é mamãe"*, Lynda pensou: *Eu me meti numa enrascada.* Ela já havia vendido sua casa de três quartos e, em 2012, mudou-se para o prédio de Natasha a fim de reduzir seus deslocamentos para visitar Elaan. Ela comprou o apartamento diretamente acima do de Natasha, e ela e a amiga autodenominaram-se "vizinhas verticais".[55] Lynda estabeleceu uma rotina. Todos os dias, às sete da manhã, ela descia as escadas para ver Natasha e Elaan e em geral terminava o dia jantando com eles. Ela ajudava Natasha a redigir e-mails para os médicos de Elaan e a tomar decisões médicas sobre o filho.[56]

Lynda não conseguia imaginar a vida sem Natasha e Elaan, assim como não era capaz de se imaginar sem outras partes definidoras de sua vida, como música ou espiritualidade. Mas ela se preocupava com um fator fora de seu controle: o que aconteceria se Natasha engatasse um relacionamento romântico e quisesse se mudar? Lynda queria ter certeza de que ela e a amiga estavam de acordo em relação a um ponto: disse a

Natasha que, se uma delas arranjasse um parceiro e cogitasse a ideia de se mudar, seu desejo era manter a família unida. Natasha concordou.

No final das contas, Natasha foi responsável por abalar a dinâmica familiar, mas não da maneira como Lynda havia previsto. Natasha a pôs em contato com a amiga de uma amiga, Justine, que estava se mudando da França para Ottawa e precisava de um lugar para morar. Natasha sabia que Lynda às vezes se sentia sozinha depois que ia embora e a deixava a sós com Elaan todas as noites, por isso a incentivou a pensar na ideia de dividir seu apartamento com Justine. Lynda decidiu aceitar a sugestão, a primeira vez em doze anos que ela não viveria sozinha.

Natasha e Lynda tentaram ser acolhedoras com Justine enquanto lhe davam espaço. Mas descobriram que Justine gostava de passar tempo com elas e com Elaan. Ela lia livros para ele em francês, traduzindo o texto ao longo do caminho. Ela se empenhou em entender como cuidar dele. No começo, pediu para aprender a alimentá-lo e fazer a manutenção de sua sonda nasogástrica. Ela demonstrou mais do que um mero interesse solícito.

Lynda contou a Natasha sobre as noites em que ela e Justine viam televisão sentadas uma junto da outra, ela descansando a perna nas pernas de Justine. Natasha achou que isso era um pouco mais do que a cordialidade padrão de colegas de moradia. Cerca de uma semana depois, Lynda contou que ela e Justine tinham começado um relacionamento romântico. Natasha ficou feliz em ver a amiga tão feliz. Ainda assim, preocupou-se com o que aconteceria se não desse certo. Lynda e Justine já moravam juntas, e Justine tinha criado um vínculo afetivo com Elaan.

Lynda tinha suas próprias preocupações. Quando ela era jovem, sua mãe havia namorado um homem e, nos fins de semana, eles viviam como uma família. Mas, três anos depois, o namoro tinha acabado, e a presença daquele homem na vida de Lynda também. Essa experiência ficara gravada em sua mente, embora ela tivesse muitas evidências a sugerir que Justine não abandonaria Elaan se o relacionamento romântico tomasse outro rumo. Justine tinha uma ligação com Elaan que era independente de seu relacionamento romântico com Lynda ou sua amizade com Natasha.

Nos últimos anos, Lynda viu Justine passar pelo mesmo processo que ela sentiu na pele: perceber que é central para a vida de Elaan, mas passar por um período de latência antes que outras pessoas reconheçam isso. Enfermeiras e médicos fazem perguntas sobre quem é Justine. Durante uma recente internação hospitalar, Natasha disse que ela e Lynda eram as mães e Justine, a madrasta – uma descrição não muito precisa, que corria o risco de sugerir um relacionamento amargo entre Justine e as outras duas. Mas Natasha queria apenas lidar com os problemas de saúde em questão, sem ter que mapear a árvore genealógica incomum de todas elas.

Embora de maneira geral as pessoas tenham sido compreensivas, essa família de três mães se deparou com empecilhos administrativos. Os consultórios médicos normalmente não permitem a presença de mais de dois pais, mães ou responsáveis na sala. Em 2021, o hospital ligou para Natasha para dizer que, como Elaan estava no grupo de alto risco de contrair covid, seus responsáveis eram elegíveis para vacinas. Quando Natasha explicou que sua família tem três mães, o administrador do hospital disse que o hospital só poderia aplicar duas vacinas. Justine teria que esperar.

Além das dificuldades impostas por pessoas de fora da família, Natasha observa que apresentar um terceiro adulto adiciona uma camada de complicação. "Não uso a palavra *complicação* de uma forma necessariamente negativa", diz ela. "Mas, sim, de repente você tem uma terceira opinião sobre as coisas." Há mais agendas para coordenar em seu cronograma familiar, mais necessidades a serem atendidas. Essas relações parentais não foram estudadas de forma sistemática, então é difícil saber se ter várias figuras paternas ou maternas torna a família mais ou menos propensa a uma ruptura do que uma família com apenas duas. Seria possível fazer argumentos plausíveis em qualquer direção: que mais figuras paternas ou maternas geram mais oportunidades de desacordo, ou que mais apoio reduz a pressão sobre os pais e mães e seu relacionamento – em alinhamento com a pesquisa sobre a qual escrevi no Capítulo 2, que constatou que as pessoas são mais felizes quando têm vários relacionamentos nos quais confiar.[57]

Os relatos de Natasha e Lynda ecoam a maneira como a namorada de Nick, Morgan, descreveu sua família no Capítulo 4. Todas elas reconhecem a complexidade adicional de acrescentar mais pessoas ao pacote, mas acham que as recompensas são muito mais evidentes. Justine trouxe apoio e liberdade para a família. Se Lynda está cansada demais para levantar Elaan, que agora é um adolescente esbelto, Justine intervém. Ter três adultos significa não apenas três corpos e três rendas, mas três conjuntos de habilidades e temperamentos, três enfoques para lidar com dificuldades irritantes. Por exemplo, durante muito tempo Natasha e Lynda pelejaram para conseguir fazer Elaan escovar os dentes. Como ele recebe comida por meio de uma sonda nasogástrica, não está acostumado a ter objetos na boca e fica chateado com uma escova de dentes invasiva. Mas logo após conhecer Elaan, Justine fez a piada certa que levou Elaan a querer escovar os dentes.

Em 2022, Elaan teve que passar por uma cirurgia de quadril de oito horas de duração em Toronto e ficar internado em um hospital de reabilitação por dois meses e meio. Justine quis deixar o quarto de hospital de Elaan parecido com o dele e pediu a Lynda e Natasha os arquivos das fotografias favoritas dele, que ela mandaria imprimir. Era a última coisa em que Natasha queria pensar, pois precisava gerenciar uma imensa quantidade de detalhes logísticos antes da cirurgia. Sua sala de estar tinha ficado entupida com malas abertas, que ela encheu com fórmulas especializadas da dieta enteral de Elaan, roupas e suprimentos de que ele poderia precisar. Justine insistiu que as fotos eram importantes.

"E é claro que isso acabou sendo extremamente importante", diz Natasha. Justine pendurou cinquenta fotos grandes na parede atrás da cama de hospital de Elaan, criando uma linha do tempo visual para a família, bem como para o pediatra, o terapeuta ocupacional, o cirurgião e outros profissionais de saúde que passavam por lá. Eles podiam ver a vida completa que Elaan tinha quando não estava no hospital: havia fotos dele andando a cavalo, saindo com o primo, nadando com o avô.

As três mulheres deram conta de administrar os cuidados constantes com Elaan porque dividiam entre si a carga. Elas se revezavam nas noites no hospital a fim de distribuir a privação de sono – quem ficava de fora do turno hospitalar dormia no apartamento dos pais de Lynda. Elas compensavam os aspectos emocionalmente desafiadores de cuidar de Elaan com momentos alegres. Sempre que avistavam a dupla de funcionários-palhaços do hospital, que faziam Elaan rir com suas piadas e canções, uma das três corria porta afora para pegá-los, dizendo: "Elaan está aqui! E ele adoraria ver os doutores da alegria". ("Mas, na verdade", conta Natasha, "éramos nós quem pensávamos: 'Será que poderíamos ter uns minutinhos de alto astral, por favor?'") Formar um trio de mães permitiu que elas fizessem pausas nas persistentes demandas dos cuidados parentais e, com essa energia extra, tivessem mais oportunidades de experimentar seus prazeres. Vários profissionais de saúde do hospital comentaram que nunca tinham visto uma criança receber o apoio de tantas pessoas.

Os debates sobre estrutura familiar raramente abordam a possibilidade de famílias como essas. Ao contrário, tendem a comparar lares monoparentais a lares biparentais, sustentando a tese de que este último é o modelo ideal. Pessoas preocupadas com o aumento de famílias monoparentais argumentam que um pai ou mãe solo não tem condições de proporcionar a mesma segurança econômica ou apoio emocional quanto dois pais ou mães (e às vezes se opõem a medidas de apoio do governo que criariam mais estabilidade econômica para esses pais e mães). A falecida socióloga Sara McLanahan, importante especialista em estrutura familiar, apresentou o seguinte argumento na BBC: "Ter dois adultos que cooperam para criar o filho, que contribuem com tempo e dinheiro, significa que há mais recursos do que apenas um fazendo isso".[58] Mas, por esse raciocínio, três ou quatro pais ou mães deveriam ser ainda melhores. Em um caso no qual vários adultos buscaram a custódia de uma criança, a Suprema Corte de Apelações da Virgínia Ocidental observou: "Oh, que todas as crianças cujo destino devemos decidir tenham a sorte de ser muito amadas".[59]

Em 2016, alguns meses depois que Natasha e Lynda entraram com a papelada para declarar legalmente Lynda como mãe, uma nova lei foi aprovada em Ontário. O decreto Todas as Famílias São Iguais torna possível que até quatro pessoas sejam nomeadas como pais e mães na certidão de nascimento da criança. O objetivo da nova legislação é dar aos pais e mães que conceberam seus filhos por meio de TRA status igual ao de outros pais e mães; essa mudança é importante especialmente para casais do mesmo sexo, que podem querer que a pessoa que for sua barriga de aluguel ou doadora de óvulos ou esperma seja um terceiro ou quarto pai ou mãe. Embora haja a impressão de que essa lei teria simplificado o caso de Natasha e Lynda, na verdade elas se sentem aliviadas por não estar em vigor na época. Sob essa lei, para serem reconhecidas como pais e mães, as pessoas não casadas que usam TRA precisam assinar um acordo formal de coparentalidade antes da concepção.[60] Sob essa lei, Lynda, que solicitou direitos parentais anos após o nascimento de Elaan,[61] não teria direito a estar na certidão de nascimento. (Do outro lado da fronteira, vários estados dos Estados Unidos permitem que uma criança tenha mais de dois pais ou mães legais.)[62]

Natasha e Lynda não planejavam ser parceiras de coparentalidade antes de Elaan ser um embrião; a ideia não tinha nem sequer passado pela cabeça delas. O mesmo vale para outros arranjos parentais platônicos que vi; já havia uma criança em cena quando amigos entraram no modo de coparentalidade, geralmente porque a vida de alguém tinha saído do caminho esperado. Em um dos casos, duas mulheres que são melhores amigas passaram a ter de lidar com uma carga maior de cuidados com os filhos depois que os maridos começaram a ter de viajar com frequência a trabalho. As duas amigas fundiram famílias, compraram um carro de uso compartilhado e criaram coletivamente seus seis filhos; uma se referia à família da outra como sua "cofamília". A fim de contornar a necessidade de administrarem sozinhas a parentalidade após se separarem de seus parceiros, mães solo criaram "comãenidades" (ou comunidades de mães) – organicamente ou encontrando umas às outras por meio da plataforma de compartilhamento de casas CoAbode.[63] Paula Archey, sobre quem escrevi na Introdução, começou a sentir que tinha uma família quando assumiu um papel maior de cuidadora dos filhos de sua amiga durante a pandemia de covid. Ela estava tomando conta deles com tanta frequência que o pai e a mãe lhe deram um par de cadeirinhas de carro. Paula não se considera mãe; talvez, como Lynda, ela levasse anos agindo como mãe até se ver como uma.

Amigos que têm a antevisão de elaborar acordos de coparentalidade antes da concepção tendem a fazê-lo porque não tiveram escolha a não ser recorrer à criatividade. Alguns são casais do mesmo sexo e precisam do esperma ou óvulo de uma terceira pessoa para conceber. Outros apostaram em criar filhos com um parceiro romântico, mas não acabaram envolvidos nesse tipo de relacionamento. Dezenas de milhares de pessoas utilizam sites como Modamily e CoParents, através dos quais entram em contato com outras pessoas que querem ter um filho com alguém, mas não necessariamente ter com ele um relacionamento romântico.[64]

É fácil ver esses arranjos como um plano B tolerável para pessoas cuja vida dá uma guinada ou que não dispõem de opções usuais. Mas essas famílias, construídas em torno de amizades profundas, parecem ter vantagens sobre o padrão-ouro da "família tradicional".

Muitos parceiros platônicos afirmam que seu relacionamento é mais estável do que um relacionamento romântico porque não são visitados pelas tempestades que acompanham relações baseadas em romance ou sexo – da mesma forma que Wilcox descreve seu ideal de um modelo de casamento que prioriza a família. Em tempos difíceis – digamos, a perda do emprego ou a chegada de uma pandemia –, sua família mais ampla permite que eles se mantenham estáveis. Natasha diz não achar que ela e

Lynda teriam sobrevivido à pandemia se Justine não estivesse por perto. Amigos do mesmo sexo como Natasha e Lynda valorizam o fato de que seu relacionamento com o "copai" ou "comãe" não é predeterminado por papéis de gênero; as duas afirmam que a divisão de trabalho é mais igualitária do que imaginam que seria com um homem. Como amigas, elas também tiveram a liberdade de organizar sua vida de uma forma que fizesse sentido para ambas, em vez de se sujeitarem à pressão de como um casamento deveria ser. Lynda conta que ela e Natasha não foram feitas para viver juntas, porque ela é desorganizada e caótica, ao passo que Natasha é "a pessoa mais organizada que já conheci na vida".[65] Elas separaram a questão de serem colegas de moradia adequadas da questão de serem "comães" competentes, possibilidade que parceiros românticos raramente levam em consideração (embora talvez pudessem, caso se libertassem da "escada rolante do relacionamento" – o rumo específico que parceiros românticos devem seguir, que inclui se tornarem exclusivos, viverem juntos e se casarem).

Embora essa família de três mães tenha se mostrado robusta – e outro conjunto de pais e mães tenha comentado que querem roubar Justine para si –, Lynda é rápida em apontar que a estrutura de sua família não é superior à de outras. Ela não está trocando a pressão moralizante para constituir uma família tradicional por uma forma de família de padrão diferente, do tipo "de tamanho único". O bom funcionamento de uma família, diz ela, depende da química das pessoas envolvidas. Mas, até agora, a maioria das pessoas só testa essa química com potenciais parceiros românticos; muitas nunca cogitarão a possibilidade de elas e um amigo ou amiga – ou amigos e amigas – serem adequados para serem parceiros de coparentalidade.

Talvez até pensassem nisso se a ideia fosse colocada diante delas. Em uma pesquisa de 2017 com centenas de mulheres, pouco mais da metade respondeu que deveria haver maneiras de criar filhos sem um cônjuge ou um parceiro romântico. Das mães não casadas que foram consultadas, 58% relataram que pensariam na possibilidade de criar filhos com alguém que não fosse um cônjuge ou parceiro romântico.[66] Nicole Sussner Rodgers, diretora executiva da Family Story, o *think tank* que realizou a pesquisa, afirma que nossa imaginação cultural limitada restringe as opções que nós, como indivíduos, contemplamos para nossa vida. "A pessoa precisa ver alguém fazendo a coisa que ela gostaria de fazer, e fazendo com êxito", diz.

A coisa que você poderia ver, se visitasse Ottawa, é Lynda improvisando uma gracinha em voz alta e repetindo-a com entusiasmo para arrancar um sorriso de orelha a orelha de Elaan. Você poderia ver Natasha cantando em harmonia com Lynda ou falando com Elaan em sua terceira língua, o urdu. Você poderia ver Justine fazendo uma de suas imitações certeiras de Lynda ou Natasha, o que Elaan acha hilário, ou talvez ela esteja sentada com ele para ajudá-lo a escrever uma carta para o avô usando o olhar para selecionar palavras em uma tela – com um modelo de carta que ela mesma criou. Os pais de Natasha, que se mudaram para o prédio dela em 2022, talvez estejam lá, conversando com Lynda e Justine com o mesmo desembaraço com que batem papo com a filha e o neto. (O pai de Natasha costuma dizer que ninguém consegue fazer Elaan rir do jeito que Lynda o faz.)[67] Você veria mulheres falando em termos entusiásticos umas sobre as outras. Lynda refletiria sobre o quanto ela e Natasha são extraordinariamente compatíveis como comães, e sobre sua convicção de que foi o destino que a uniu a Natasha.

Capítulo 6

Até o fim

Envelhecimento e adaptação

> A melhor coisa, se alguém puder, é parar de levar em consideração todas as coisas desagradáveis como interrupções da sua "própria" vida ou sua vida "real". A verdade, claro, é que aquilo que chamamos de interrupções é precisamente a vida real.
>
> *C. S. Lewis*

Quando tinha 31 anos, Inez Conrad fez uma viagem com destino a Washington, D.C., que lhe deu o primeiro vislumbre de uma nova vida. Seu casamento, a espinha dorsal de sua vida de então, parecia fraturado havia algum tempo. Embora Inez tivesse por hábito enxergar o melhor nas pessoas, até ela sabia que o marido tinha pouco a lhe oferecer. Ele havia se afastado de sua vida familiar de subúrbio. Sua preferência, ao que parecia, era viver em meio a uma enxurrada de mulheres e nenhuma criança por perto. Quando não estava ausente, ele era frio com os dois filhos, tanto que Inez se via tentando explicar aos meninos por que o pai não agia como os outros pais que eles conheciam – mesmo para os padrões da época, na década de 1960, ele era completamente indiferente. Ela atribuiu o comportamento dele a um "começo difícil", mas seu filho mais novo, Scott, não acreditou. Todo mundo tem um começo difícil, disse Scott. Quando Inez propôs férias em família na capital do país, seu marido respondeu de forma característica: *Vá você e leve as crianças.*

Como um passo em direção à independência, ela começara a trabalhar num cargo administrativo na entidade Serviços de Acolhimento a Famílias e Crianças da Grande St. Louis, e um ponto positivo em sua vida foi uma nova amiga que ela fez lá. Assim como Inez, Barb Buettner estava em um momento de transição, tendo se mudado temporariamente de volta para a área de St. Louis a fim de estabilizar as precárias finanças de seus pais. Aos 29 anos, ela morava na casa onde crescera, dormindo no mesmo quarto de sua infância, como forma de economizar dinheiro e alargar o máximo possível a porcentagem de seu salário que conseguisse transferir para os pais. Suas esperanças de ter filhos haviam sido frustradas dois anos antes, quando, após uma cirurgia de emergência, ela fora informada de que não poderia conceber. Como era filha única e adotada, Barb nunca tinha conhecido ninguém que se parecesse com ela e sonhava em ter filhos biológicos. Porém, tão logo essa hipótese foi descartada, seu interesse em casamento diminuiu.

Barb e Inez encontraram um espelho uma na outra. Elas compartilhavam um estoicismo otimista e radiante – não se detinham nas dificuldades e, ao contrário, chamavam a atenção para todas as bênçãos que a vida lhes dera. (Mesmo quando fala sobre uma situação difícil em sua vida, Inez dá um jeito de, na marra, enfiar na história uma pessoa que é "maravilhosa" ou que ela "simplesmente adora".) Elas gostavam de rir *com as* outras pessoas, nunca *das* outras pessoas. Eram rápidas em dar uma mãozinha a qualquer um que precisasse, como se isso fosse tão óbvio e fácil quanto segurar uma porta aberta para alguém. "Cresci pensando que […] se alguém tem uma necessidade, você preenche essa necessidade", diz Inez. "Nunca me ocorre a pergunta: 'Eu devo fazer isso?'."

Certo dia, no trabalho, Inez mencionou para Barb sua vindoura viagem de férias com os filhos; a amiga, que nunca tinha estado em D.C., se convidou para o périplo de duas semanas. Sem hesitar, Inez acolheu de bom grado a sugestão de Barb de se juntar a eles, e assim partiram para a capital do país, Inez ao volante do Oldsmobile do marido, os meninos no banco de trás. Acampados no Parque Nacional de Shenandoah, eles acordaram a tempo de encontrar um gambá em cima da mesa ao lado da barraca, dando uma única mordiscada em cada um dos donuts que haviam comprado no dia anterior. Nos outros dias, hospedaram-se em hotéis, dividindo o mesmo quarto. Os meninos dormiam em uma cama de casal, e Inez e Barb, cada uma em sua cama de solteiro.

As duas amigas descobriram que combinavam bem como viajantes. Os meninos ficavam tranquilos perto de Barb e não reclamavam quando ela estabelecia limites. Se Barb ficava intrigada com algum objeto em exposição, eles se aproximavam de mansinho para perguntar o que ela tinha achado interessante. Quando visitavam os locais turísticos, Rick, três anos mais velho que o irmão, caminhava ao lado de Barb e Inez, enquanto Scott saltava na frente para sondar o cenário. Em seguida, voltava para contar o que os aguardava mais à frente. Rick era tímido – "uma alma gentil", segundo Inez. Não como o gregário Scotty, que era capaz de bater papo com uma pessoa desconhecida em um museu.

Em D.C., eles não conseguiam encontrar a Casa Branca: Inez dirigia o Oldsmobile em círculos pelo centro da cidade enquanto procuravam o edifício, mas continuavam chegando ao rio. Toda vez Scott anunciava que estavam no Potomac, que ele pronunciava "*Poutoumáqui*". Inez e Barb o corrigiam – "*Pótouméc*" –, davam meia-volta novamente e repetiam a cena. Em certo momento, Barb declarou: "Se eu chegar àquele rio mais uma vez, vou cometer haraquiri com meu sanduíche". Então, de repente, perceberam que já tinham visto a Casa Branca várias vezes, só que por trás, e por fim descobriram como chegar à parte da frente.

O bem-estar que sentiam uma com a outra, as piadas e memórias compartilhadas e o respeito que os meninos tinham por Barb – tudo isso contribuía para o que na lembrança dela era uma "atmosfera familiar". Inez tinha a sensação de que elas pareciam duas irmãs com os filhos. Havia uma tranquilidade que ela nunca vivenciara de verdade com o marido. Embora não pudessem ter previsto naquela época, a intensidade e a longevidade de sua amizade contínua e profunda e aquela viagem a D.C. lançaram as bases para uma vida juntas.

Quando entrevistei Barb e Inez pela primeira vez, em 2019, na casa que agora compartilham, as amigas pediram que encerrássemos nossa conversa antes do início de *Jeopardy!*, o programa de perguntas e respostas a que elas assistem juntas na TV todos os dias. Desde 1998 elas moram em Kirkwood, um subúrbio de St. Louis, Missouri, em uma casa de tijolos de único andar que elas chamam de "Eremitério", para significar um lugar de refúgio. A decoração da sala de jantar, onde nos sentamos para conversar, combinava com o ar saudável e despretensioso das próprias anfitriãs. Gravuras de flores e animais pendiam acima da mesa de madeira escura; num canto havia uma cadeira de balanço com uma almofada de tapeçaria; e os janelões na sala de estar davam para um bosque rústico. Elas me contaram sobre sua vida: trabalhando juntas como voluntárias na biblioteca local, cozinhando e limpando a casa juntas, indo juntas a consultas médicas. Certa vez, Barb foi sozinha ao supermercado e encontrou um amigo; mais tarde, a esposa do amigo ligou para Inez a fim de saber como ela estava – já que as duas amigas pareciam fazer tudo juntas, ela achou que talvez Inez não estivesse se sentindo bem.

Quando se trata de contar histórias sobre sua vida, as duas amigas tendem a ser discretas: ambas narram suas dificuldades com franqueza e naturalidade, e rapidamente passam a enumerar as ações que levaram a cabo. Elas preferem falar sobre os romances que estão lendo ou comentar algum gesto generoso que alguém fez por elas a dramatizar suas próprias vicissitudes passadas. Mas as reviravoltas e os reveses que enfrentaram juntas refletem a realidade de que, não importa o que possamos imaginar para nós mesmos aos 25 ou 55 anos, a vida acaba nos pegando de surpresa. Contar com um amigo próximo é uma maneira de se adaptar.

Mais de cinquenta anos atrás, Inez e Barb se conheceram depois de se afastarem do casamento, e sua amizade as ajudou a evitar algumas das armadilhas desse caminho padrão. Embora um atrativo do relacionamento romântico de longo prazo seja sua promessa de cuidado e companheirismo na velhice – *Como encontrar seu par: usando a ciência comportamental para criar um relacionamento saudável e duradouro* é o título de um livro recente de conselhos sobre namoro –, é claro que não existem garantias. Na verdade, uma proporção cada vez maior de norte-americanos não terá filhos ou um cônjuge para cuidar deles; as taxas de casamento e natalidade diminuem a cada nova geração, e os índices de divórcio entre estadunidenses mais velhos aumentaram.

As mulheres mais velhas são especialmente afetadas. Acima dos 65 anos, elas têm muito menos probabilidade do que os homens de se casarem: 47% das mulheres são casadas, em comparação com 69% dos homens na mesma faixa etária.[1] (Muitas das mulheres solteiras nesse ponto da vida são viúvas – em 2017, o número de viúvas era mais de três vezes maior que o de viúvos.)[2] As que sobrevivem ao cônjuge geralmente vivem sozinhas e precisam de apoio social e prático. Muitas mulheres mais velhas também têm dificuldades financeiras, o que é premissa da série *Grace e Frankie*, da Netflix, sobre um improvável par de mulheres que se tornam amigas e dividem uma casa; também é o mote da icônica *sitcom Supergatas*: quatro mulheres (três viúvas, uma divorciada) dividem uma casa em Miami para economizar dinheiro e, no fim das contas, tornam-se uma família. Embora *Supergatas* tenha estreado décadas atrás, nos anos 1980, a diferença financeira entre homens e mulheres mais velhos não mudou muito. A renda média das mulheres mais velhas continua muito menor do que a dos homens mais velhos, e a taxa de pobreza aumentou.[3] Divida os números por raça, e as diferenças são ainda mais gritantes. Refletindo uma vida inteira de disparidades salariais e outras formas de discriminação, as taxas de pobreza para mulheres negras mais velhas são duas vezes e meia maiores que as dos homens brancos mais velhos.[4]

Restrições financeiras são uma das razões pelas quais Inez e Barb vivem juntas; elas não teriam condições de manter duas casas. Mas elas são uma para a outra muito mais do que colegas de moradia que dividem talheres e se revezam em tarefas domésticas. Suas décadas de história como amigas tornam seu relacionamento uma verdadeira parceria, na qual cada uma tem na outra uma interlocutora, uma confidente, uma companheira e uma cuidadora.

Os últimos anos da vida são um momento em que as recompensas da parceria platônica podem ser mais potentes e tranquilas. "Parece que, quando somos mais jovens, estamos sempre em busca de algo", diz Inez. "Estamos em busca de nós mesmos e do nosso âmago e do que é importante para nós. Creio que, à medida que a pessoa envelhece, essas coisas vão se resolvendo." Inez acredita que depois que você se conhece e descobre do que precisa para ficar contente, pode ser mais fácil dividir uma casa. E, afirma Barb, à medida que as pessoas envelhecem, passam a ser menos críticas porque "todos nós já vimos o suficiente, fizemos o suficiente, tomamos conhecimento de coisas suficientes em nossa vida […]. Julgar tudo e ser rígido sobre muitas coisas não é uma boa maneira de seguir em frente, porque se fizer isso você não vai ter uma velhice muito confortável". Em certo ponto da vida, você não está apenas livre do julgamento dos outros, mas do seu próprio.

Durante minha visita, Barb e Inez tiraram meia dúzia de caixas de uma prateleira no quarto de hóspedes e as colocaram na mesa de jantar. As caixas estavam abarrotadas de envelopes de lojas de revelação de fotografias, e, dentro dos envelopes, imagens documentavam seus anos de experiências compartilhadas: uma foto de Barb com o neto de Rick. Fotos de Inez, seus filhos e Barb ao redor da árvore de Natal. Embora relacionamentos românticos sejam quase sempre caracterizados por sua intensidade, as fotografias de Barb e Inez são um registro de outro tipo de parceria – mais silenciosa e com menos alarde, mas não menos expressiva. Em outro envelope, elas encontraram uma foto de um Scott sorridente, envergando um smoking que é muito anos 1970, bordô com lapelas pretas. Ele está prestes a sair de casa rumo ao baile de formatura do ensino médio, Barb ao seu lado, com ar de mãe orgulhosa.

Foi em grande medida por Inez ser mãe que Barb se sentiu atraída por ela, na época em que trabalhavam nos Serviços de Acolhimento a Famílias e Crianças da Grande St. Louis. Barb tinha amizade com todas as mães no escritório, notando a ternura na voz de cada uma quando falavam sobre suas famílias e o interesse que demonstravam pelos filhos umas das outras. Ela sempre amou crianças – na verdade, o cargo que exercia era centrado nelas –, mas em seu trabalho ela estava ajudando crianças a lidar com dificuldades. Barb não tinha muitas oportunidades de passar tempo com crianças em situações informais e descontraídas. E tinha se dado bem logo de cara com Scott e Rick, então com 8 e 11 anos. Nos meninos, os traços que a fizeram gostar de Inez eram multiplicados. Ela via neles a gentileza da mãe: nunca eram mal-educados e não ousariam ferir os sentimentos de ninguém. Assim como Inez, ambos tinham um senso de humor sofisticado para a idade. Ainda que Barb estivesse acostumada a ajustar a conversa para ser mais adequada ao gosto das crianças, Rick e Scott ficavam felizes em discutir os muitos interesses que tinham em comum com ela e Inez: museus, história, leitura, viagens. Cada menino tinha um lado doce; Scott era especialmente afetuoso. Barb se acostumou a receber dele um abraço quando se cumprimentavam e quando se despediam, hábito que ele não abandonou na adolescência, como fazem muitos meninos. "Scott nunca deixou para trás o desejo de mostrar para as pessoas o quanto elas são importantes para ele", diz Barb.

Mas Barb havia se mudado de Phoenix para St. Louis apenas para ajudar os pais a colocarem as finanças em ordem. Feito isso, ela começou a se exasperar para voltar a Phoenix, que parecia seu verdadeiro lar adulto. Em 1971, um psicólogo que ela conhecia lá lhe disse que tinha o emprego perfeito para ela, e, não muito tempo depois, Barb foi até lá com a mãe para procurar uma casa.

Depois que Barb foi embora, Inez finalmente tomou providências. Quando ela anunciou que estava se separando de seu marido de mais de uma década, até mesmo seus pais, adeptos da ciência cristã, perguntaram: "Por que você demorou tanto?". Inez e os meninos foram morar com os pais dela enquanto ela tentava descobrir como seria uma situação permanente. Enquanto isso, Barb enviava cartas descrevendo Phoenix como um ótimo lugar para criar filhos, e destacando características que ela achava que seriam de interesse especial para os meninos de Inez, como o zoológico, a biblioteca e o museu de arte da cidade, além de escolas católicas bem-conceituadas. Em uma ligação interurbana, Barb disse que, se Inez e as crianças se mudassem para Phoenix, ela faria o que pudesse para ajudar. Tinha uma casa de três quartos, com bastante espaço para a amiga e os meninos ficarem enquanto procuravam uma residência própria.

Rick e Scott toparam; então, assim que o ano letivo terminou, eles colocaram seus pertences no carro e rumaram para o oeste. Os meninos foram no banco de trás, enquanto Gus, o *dachshund* da família, viajou no banco do passageiro da frente. No trajeto em direção a Phoenix, os meninos ficaram encantados com seu primeiro vislumbre do oeste dos Estados Unidos. Certo dia, tomando café da manhã enquanto fitavam as colinas de Santa Fé, Scott perguntou se eles poderiam voltar para o Novo México se não gostassem do Arizona.

Em Phoenix, eles se instalaram na casa de Barb, uma caixa de concreto com fachada verde-clara e circundada por oito pés de toranja. Durante meses, a casa de Barb foi a base de Inez enquanto ela montava a nova vida de sua família. Quando a oportunidade de emprego com a qual ela contava não se confirmou, Inez aceitou um cargo temporário no gabinete do xerife. Poucos meses depois, ela se viu no saguão de um escritório da Cruz Vermelha dos Estados Unidos, que, com suas surradas cadeiras dobráveis e mesa telefônica antiquada, parecia decrépito. Mas a decoração do escritório provou ser menos importante para ela do que a equipe de funcionários. "Eu me apaixonei por todos que conheci", lembra.

Inez tende a descrever um evento inesperado como "uma aventura", seja mudar-se para uma nova cidade, seja trabalhar no gabinete do xerife enquanto o departamento era objeto de uma controvérsia nacional. E seus filhos se adaptaram rapidamente a Phoenix, fazendo amigos e encontrando trabalhos de meio período na escola que ajudavam a custear suas mensalidades. Adaptar-se com elegância a novas circunstâncias, pensou

Inez, era a herança que legaria a eles. Ela conta que desde menina sempre considerou que sua família era pau para toda obra. "A gente é meio que uma terra fértil, na qual em se plantando, tudo dá." Quando Inez era criança, seus pais lhe ensinaram que, diante de um obstáculo, você pode ou bater a cabeça nele ou contorná-lo e começar uma nova vida. A lição que ela aprendeu: "A melhor coisa é contornar o obstáculo e começar uma nova vida".

Assim como tinham feito na viagem a D.C., os quatro dividiram o espaço confortavelmente. À noite, reuniam-se para jantar, e os meninos contavam a Barb e Inez sobre a nova escola, os times esportivos e os amigos. Depois de ficarem com Barb por cerca de seis meses, Inez e os filhos se mudaram para uma casa virando a esquina. Era uma casa amarela com um quintal grande, e ela a batizou de "Semente de Mostarda".

Mesmo em casas separadas, eles continuaram a se tratar como família. Na ocasião em que Barb ficou de molho enquanto se recuperava de uma cirurgia, Inez lhe levou refeições diárias durante várias semanas. Quando Inez fazia viagens a trabalho, Barb hospedava os meninos e os levava para passear cidade afora. Em uma primavera, Barb pegou uma virose estomacal e ficou acamada por semanas. Scott entrou no quarto dela, e Barb lhe pediu que chamasse a mãe dele, porque ela estava com ânsia de vômito. Em vez disso, Scott, então com 13 anos, encontrou uma bacia no banheiro e correu de volta para segurá-la ao lado da cama de Barb enquanto ela vomitava. Depois limpou o rosto dela com uma toalha. "Para uma pessoa fazer isso, sobretudo um menino, ela tem que realmente amar você", diz Barb.

Seus laços ficaram cada vez mais fortes. Os quatro jantavam juntos, comemoravam feriados e estabeleciam tradições. Rick se referia a Barb como sua "mamãe anjo", e ela foi escolhida como madrinha de Scott quando ele chegou à adolescência. Inez adicionou abacaxi enlatado a uma receita favorita, e o experimento fracassou; essa desastrosa receita virou uma piada de família. No inverno, quando os pais de Barb a visitavam em Phoenix para estadias de um mês, o pai dela ensinava a Scott noções básicas de construção, e eles trabalharam juntos para edificar uma varanda. "Estávamos fazendo tantas coisas que talvez uma família faria se houvesse um pai em cena", diz Barb. "Tenha sido totalmente consciente ou mesmo inconsciente, começamos a funcionar como uma unidade – nós nos apoiávamos."

Desde o começo, conta Inez, Barb lhe deu uma sensação de aconchego que ela associava a parentes. A fronteira entre amigos e família sempre fora porosa para ambas. Quando Inez era menina, era comum haver um tio ou tia morando em sua casa, e ela aprendeu "por osmose" que devemos cuidar das pessoas próximas, sejam elas parentes oficiais ou não. O pai de Barb converteu sua garagem para dois carros em um apartamento, e as inquilinas de longa data, uma mãe e uma filha viúvas, tornaram-se parte da família. Barb diz que cresceu entendendo que "qualquer um pode ser família, nas circunstâncias certas".

A história familiar em comum de Barb e Inez acabaria incluindo uma terrível perda. Quando Barb me contou pela primeira vez sobre como Scott segurou a bacia para ela vomitar depois da cirurgia, sua voz ficou embargada. Inez interveio para explicar que Scott havia morrido. Barb pegou um lenço de papel. Perder "nosso Scotty", disse Inez, "foi muito difícil para nós".

Na noite em que ele morreu, mas antes de descobrir o que havia acontecido, Inez sonhou com um garanhão preto, um animal que ela associava ao pai. Na sua juventude em Ridgway, Illinois, às vezes ele montava o cavalo e saía em disparada pela cidade, em cavalgadas tão velozes que sua mãe recebia recorrentes reclamações do xerife. Em seu sonho, Inez erguia os olhos do computador e notava um garanhão preto caminhando em direção à sua casa, saindo de trás do arbusto de oleandro no quintal. Ele estava zangado, tão furioso que balançava a cabeça e espumava pela boca. Quando chegou à janela, encarou Inez por um longo tempo até que sua expressão se tornou pacífica. Ele foi embora. Na metade do caminho em direção à montanha, ele se virou para olhar de novo para Inez. Depois continuou andando e desapareceu de vez.

Nesse momento, Inez ouviu a porta dos fundos se abrir em sua casa – sua casa de verdade. Eram cerca de três da manhã. Ela ouviu a voz de Barb dizer: "Sou eu. Sou só eu. Não tenha medo". Barb veio pelo corredor, sentou-se na cama de Inez e pegou sua mão. "Tenho que te dizer que Scotty se foi."

Scott, que na época servia numa base em Pearl Harbor, tinha sofrido um ataque cardíaco durante uma corrida. Ele tinha apenas 37 anos. Havia solicitado que, se algo acontecesse com ele na Marinha, o oficial comandante ligasse primeiro para Barb. Compartilhar a notícia com Inez, diz Barb, foi "provavelmente a coisa mais difícil que já fiz na vida".

Inez fez um bule de chá e elas se sentaram na sala de estar, trocando histórias sobre a infância de Scott. Inez imaginou que teve o sonho com o garanhão bem no momento em que o filho estava morrendo. No sonho, era Scott se despedindo dela. Assim que o dia raiou, o comandante dele telefonou para Inez, e Barb ligou para os amigos de Inez e contou o que tinha acontecido.

Embora Inez não tivesse mais contato com o ex-marido – ele sumiu no mundo após o divórcio –, ela deu a notícia a um dos parentes dele. Mais tarde, recebeu uma ligação do ex: "Bem, Inez, não sei o que dizer".

"Sabe de uma coisa? Esse provavelmente foi o xis da questão, o maior problema do nosso relacionamento. Você nunca sabia o que dizer", respondeu Inez. Ele estava distante em todos os momentos errados. Ele disse a ela: "Tenha um bom dia" e desligou.

Embora o ex-marido de Inez não tenha exatamente sofrido de tristeza ao lado dela, Inez não teve a sensação de estar lidando sozinha com a perda de Scott. Rick e a esposa fizeram uma viagem a Phoenix; Barb, de luto, ia para a casa de Inez pela manhã, depois saía para o trabalho enquanto Inez, que estava aposentada, ficava em casa. Barb sempre voltava para o jantar.

Foi Inez quem me explicou a maior parte desses acontecimentos, porque Barb ainda acha difícil falar sobre Scott – um tema em que seu estoicismo otimista e radiante se dissolve. As lembranças de Scott, diz Inez, "são coisas lindas e maravilhosas, mas também podem simplesmente perfurar o coração". Algumas partes do ano são mais difíceis do que outras. Maio é especialmente duro, segundo Barb. Seus pais morreram em maio, e o aniversário de Scott é um dia após a data da morte do pai dela.

Inez sabe que Barb sente saudade dos abraços de Scotty e sente saudade de cantar com ele enquanto enfeitava a árvore de Natal. As duas ainda associam a ele um enfeite de Natal específico: um ratinho com suéter listrado segurando uma bola de futebol americano, que ele escolheu numa loja de suvenires na viagem a D.C. Todo Natal, a última coisa que Inez e Barb penduram em sua árvore é o ratinho de Scotty.

À medida que se aproximava da aposentadoria, Barb era assombrada pela questão de como viveria em seus últimos anos. Ela transferiu os pais para uma casa de repouso em Phoenix de modo que pudesse ajudar a cuidar deles na reta final da vida. Mas. naquela cidade imensa de ruas e avenidas aparentemente intermináveis, ela passava horas definhando no trânsito apenas para levá-los às consultas médicas, e ela se convenceu de que Phoenix não era um bom lugar para envelhecer – "Não me importa o que a câmara de comércio afirma", diz. Sua vida era uma repetição sem fim: de casa para o trabalho e para a casa de repouso, talvez com uma parada para *fast food*, já que não havia tempo de fazer uma refeição adequada. Seu pai estava solitário: o Parkinson corroera seu corpo, mas sua mente ainda estava afiada. Sua esposa tinha Alzheimer, e ele contava com poucos colegas na casa de repouso que pudessem lhe oferecer uma companhia estimulante. Pelo menos ele tinha uma filha para cuidar dele. Barb se perguntava: *O que vai acontecer comigo?*

A pergunta que Barb se fazia é cada vez mais urgente para muitos norte-americanos, que agora vivem mais tempo e amiúde sofrem de doenças crônicas que exigem anos de cuidados. O Censo dos Estados Unidos projeta que até 2060 a expectativa de vida aumentará em cerca de seis anos, de 79,7 em 2017 para 85,6.[5] Contudo, por causa dessa maior expectativa de vida, os casos de câncer e demência devem aumentar substancialmente.[6]

Ao contrário dos pais de Barb, que eram casados e tinham uma filha que dedicou anos a cuidar deles, hoje em dia as pessoas mais velhas têm menos probabilidade de contar com familiares a quem recorrer. Nos Estados Unidos e em outros países ocidentais, mais e mais pessoas chegam sozinhas à idade de aposentadoria. Embora apenas cerca de 6% dos norte--americanos com 65 anos ou mais nunca tenham se casado,[7] esse número vem crescendo em grupos de indivíduos mais jovens.[8] O casamento nem sequer é uma garantia de companheirismo no final da vida. Muitos dos que foram casados chegarão à velhice sem o cônjuge, seja porque sobreviveram ao esposo ou esposa – como é o caso de cerca de 25% dos adultos com 65 anos ou mais –, seja porque o casamento foi dissolvido.[9] O divórcio entre cônjuges com 50 anos ou mais tem aumentado; entre 1990 e 2015, a taxa de divórcio para esse grupo quase dobrou.[10] O Escritório de Referência Populacional do governo norte-americano projeta que o número de pessoas de 75 anos sem o cônjuge vivo mais que dobrará, de 875 mil em 2010 para 1,8 milhão em 2030.[11]

Mas não é apenas a ausência de cônjuges que complica os cuidados e a companhia na terceira idade. As pessoas estão tendo menos filhos, se é que têm filhos. Isso, em combinação com as tendências de casamento, aumentou o número de adultos mais velhos sem laços familiares próximos

– um grupo de pessoas que os sociólogos chamam de "idosos órfãos", "idosos órfãos de filhos vivos", "idosos solo" ou "idosos sem parentes próximos".[12] Pesquisadores estimam que um em cada cinco adultos mais velhos é um "idoso órfão" ou corre o risco de se tornar um, número que provavelmente aumentará nos anos vindouros.[13] Assim como ocorre no casamento, ter filhos não é uma apólice de seguro infalível no que diz respeito a cuidados. Pode ser que os filhos adultos não morem perto dos pais, ou pode ser que os filhos destes não tenham capacidade para ajudar. E hoje em dia não se pode dar como fato consumado que filhas, historicamente as cuidadoras padrão dos pais e mães idosos, sejam a garantia de uma fonte de cuidados não remunerados. Muito mais mulheres estão na força de trabalho remunerada e poriam em risco sua segurança econômica ou a de sua família se deixassem o emprego para cuidar dos pais e mães idosos. (No entanto, na média, filhas dedicam muito mais tempo que filhos a esses cuidados.)[14] Como os norte-americanos estão tendo filhos cada vez mais tarde, é comum que adultos tenham de lidar simultaneamente com a criação dos próprios filhos e os cuidados com os pais e mães idosos; são membros da chamada "geração sanduíche". Incapazes de administrar ambas as formas de cuidado, esses adultos podem se concentrar nos filhos e terceirizar o cuidado dos pais.[15]

Como Barb não tem filhos, nem cônjuge, nem irmãos, ela se encaixa perfeitamente na categoria "idosos sem parentes próximos" cunhada por sociólogos. Em Phoenix, ela era chegada a Inez e a alguns outros amigos, mas tinha medo de sobrecarregá-los. E, como ela e Inez tinham quase a mesma idade, não lhe ocorreu que uma poderia ser a cuidadora principal da outra; tudo indicava que elas teriam problemas de saúde na mesma época. Barb tinha primos mais novos e outros parentes na área de St. Louis e imaginou que seria melhor contar com eles coletivamente. Inez, embora tivesse um filho vivo, não estava em posição tão diferente, porque Rick morava longe.

Certa noite, na casa de Inez, depois de um jantar que ela havia preparado para as duas – um hábito semanal das amigas –, elas se acomodaram no sofá para ver televisão. Durante o intervalo comercial, Barb deu a notícia: "Tenho certeza absoluta de que vou voltar pra Kirkwood". Inez, que esperava viver em Phoenix pelo resto da vida, ficou surpresa.

"Bem, então não sei se quero ficar aqui sozinha", disse ela. Além disso, Rick morava em Chicago; se ela acompanhasse Barb ao Missouri, ficaria mais perto do filho.

Inicialmente, elas pensaram em reproduzir o arranjo que tinham em Phoenix: cada uma compraria uma casa, ambas no mesmo bairro. Os preços dos imóveis em Kirkwood estavam muito altos, então Barb e Inez tiveram que bolar um plano B. No passado, haviam visitado dois diferentes grupos de amigos que moravam em casas que pareciam projetadas para uma convivência harmoniosa, com suítes dos dois lados de uma área comum. Sem conseguir encontrar uma casa assim em Kirkwood, Barb e Inez partiram para o plano C: comprariam uma casa de dois andares com unidades separadas. Mais uma vez, o plano foi frustrado por causa dos preços altos. Restava a opção de comprar juntas uma casa e dividir o mesmo teto. "Pensamos: 'Bem, já viajamos um bocado juntas e nunca nos matamos'", conta Barb. "Então talvez desse certo."

Barb passou a procurar um lugar enquanto Inez ficou em Phoenix para cuidar da venda das casas de ambas. Sem avisar Barb, Inez demitiu o corretor imobiliário dela – um corretor imobiliário "dos infernos", lembra Inez às gargalhadas. Um dia, Barb ligou contando o que havia encontrado: uma casa estilo rancho que atendia aos critérios simples de Inez: muitas janelas e uma lareira. Mas o interior da casa era uma catástrofe decorativa. Com desaprovação na voz, Barb descreve a casa para mim: "Tinha papel de parede metálico por toda a sala de estar. Era tão anos 1950, não dava nem para acreditar!". Inez relembra as molduras de janela de metal – outra infração de design a ser contabilizada. Com o interior intocado havia décadas, a casa era invendável. Os proprietários tinham abaixado repetidas vezes o preço. Era um bom negócio. Inez disse a Barb que fizesse uma oferta – mesmo sem ter visto o lugar. "Isso é que é confiança!", diz Barb, como se ainda estivesse incrédula um quarto de século depois. A oferta delas foi aceita.

Compartilhar uma casa permitiria que elas vivessem no ambiente de sua predileção, o que está longe de ser acessível para adultos mais velhos. Uma pesquisa da Associação Norte-Americana de Pessoas Aposentadas (AARP, na sigla em inglês) realizada em 2021 constatou que a grande maioria dos estadunidenses mais velhos quer permanecer em sua casa e em sua comunidade, embora uma proporção consideravelmente menor de idosos acredite que de fato conseguirá fazer isso.[16] Um cuidador próximo, como um filho ou parceiro, poderia atender às necessidades diárias de uma pessoa mais velha; sem essa pessoa, pode ser muito difícil ou inseguro para uma pessoa mais velha ficar em sua casa – sobretudo aqueles que vivem sozinhos e agora representam 27% dos norte-americanos com 65 anos ou mais.[17] As características de Barb e Inez em termos de grupo demográfico – ambas solteiras, uma delas sem filhos – sugeriam que elas teriam problemas para viver em casa à medida que envelhecessem. No caso delas, o grupo demográfico a que pertenciam não determinou seu destino.

Os norte-americanos mais velhos tornaram-se cada vez mais abertos à ideia de dividir moradia. De acordo com uma pesquisa anterior da AARP, o número de adultos com 50 anos ou mais que dividem sua casa saltou de 2% em 2014 para 16% em 2018.[18] Entre as pessoas que entrevistei, a acessibilidade – juntamente com o desejo de companhia – levou amigos mais velhos a decidirem morar juntos. Reunir recursos economiza dinheiro; essa é a ideia por trás do site Silvernest, lançado em 2015 e dedicado ao serviço de ajudar idosos a encontrar um lugar para morar e colegas de casa compatíveis.[19] Wendi Burkhardt, uma das cofundadoras da empresa, disse ao jornal *USA Today*: "Muitos *baby boomers* querem permanecer na própria casa, mas a dura verdade é que muitos deles não têm condições de pagar por isso".[20] Embora preocupações financeiras tenham sido a motivação da grande maioria das pessoas que colocaram anúncio no Silvernest, os usuários do site enfatizam os benefícios sociais de compartilhar um lar.[21] Depois de cerca de um ano morando com uma colega de casa que encontrou no Silvernest, Becky Miller mostrou entusiasmo tanto com a economia de custos quanto com a companhia que agora desfruta: "É a companhia. Sei que não preciso jantar sozinha".[22] Alguns anos depois, outra empresa, a Nesterly, se uniu à administração da cidade de Boston para gerir um serviço de integração intergeracional de compartilhamento de moradia, pondo em contato idosos que dispõem de espaço extra em casa com pessoas mais jovens que precisam de aluguel acessível.[23] Assim como o Silvernest e outras organizações sem fins lucrativos similares, a intenção da Nesterly era diminuir as dificuldades financeiras e o isolamento social. O programa em Boston tornou-se popular e a Nesterly se expandiu para várias outras regiões.[24]

Muito antes de Inez e Barb decidirem morar juntas, as mulheres em seu clube de leitura de livros de mistério entabularam uma conversa sobre querer imitar a situação de vida retratada em um dos livros que leram. Tratava-se de uma história sobre cinco mulheres que, juntas, compraram um casarão depois que os maridos morreram. Muitas pessoas compartilham esse sonho de viver com amigos à medida que envelhecem. Em 2011, um grupo de oito amigos pediu a um arquiteto que projetasse um complexo residencial de pequenas casas onde eles poderiam se aposentar e viver juntos, equilibrando seu desejo por privacidade e espaço compartilhado. Eles chamaram essa comunidade às margens do rio Llano, no Texas, de "estratégia de saída do Llano";[25] a imprensa a apelidou de "Casa dos Melhores Amigos".[26] Depois que o lugar viralizou, o arquiteto recebeu mais de quinhentas ligações e e-mails de pessoas pedindo-lhe que criasse complexos residenciais para seus grupos de amigos.[27] Histórias semelhantes a essas em todo o mundo parecem fadadas a se tornar virais, porque tiram proveito de uma ideia com a qual amigos podem fantasiar, sem perceber que é factível. Em um vídeo que já teve quase 4 milhões de visualizações, quatro amigos chineses mostram a mansão que eles reformaram para morar quando se aposentarem. A câmera dá uma panorâmica pela exuberante paisagem que é visível através das janelas de vidro do chão ao teto e se demora no salão de chá minimalista da casa.[28] Pouco antes disso, a internet curtiu a história de três casais australianos sexagenários que construíram uma casa para eles e se autodenominaram "The Shedders". Um deles escreveu no jornal *The Guardian*: "Assumimos um compromisso de longo prazo uns com os outros [...]. Mesmo sem termos laços biológicos, apoiamos uns aos outros da mesma forma que uma família funcional faz".[29] Na maioria das noites eles se reúnem para compartilhar uma refeição, limpam a casa juntos nas manhãs de sexta-feira, sentam-se juntos em todas as vésperas de Ano-Novo para refletir sobre o ano que passou e em janeiro tiram uma semana de férias num acampamento de artes para adultos.[30]

Deborah Carr, professora de sociologia na Universidade de Boston, diz que arranjos de moradia como os de Inez e Barb podem ser a "onda do futuro", por dois motivos: muitos adultos mais velhos precisarão de uma forma de apoio diferente de uma família nuclear, e nos Estados Unidos há uma persistente escassez de cuidadores pagos.[31] (Baixos salários e condições de trabalho difíceis para auxiliares de enfermagem e auxiliares de saúde domiciliar contribuem para a alta rotatividade nessas áreas.)[32] Ela ressalta ainda que os cuidados entre amigos têm o apelo de ser igualitários, diferentemente de um relacionamento pai-filho, no qual o idoso pode se sentir um fardo.

Quando falaram sobre quem cuidaria delas à medida que envelhecessem, Barb e Inez fizeram alusão ao medo de importunar os outros, de abusar da boa vontade alheia. Barb enumerou pessoas de quem ela e Inez poderiam esperar receber apoio. O filho de Inez, Rick, era um cuidador óbvio, mas ele morava em um estado diferente, e elas não queriam ter a expectativa de que ele se incumbisse de tudo. Os primos e primas delas viviam longe e estavam preocupados em cuidar das próprias famílias. Além disso, prossegue Barb, tropeçando nas palavras enquanto tenta expressar o que está prestes a dizer: "Não quero parecer que estou me gabando ou algo assim", mas ela e Inez "sempre tendemos, em nossos relacionamentos com as pessoas, a estar mais do lado do cuidador", e ela não descreveria seus parentes nesses mesmos termos. Enquanto Barb riscava uma opção após a outra da lista, ela disse: "Lá vai você de novo, de volta ao coitado do Rick". A implicação era que Barb e Inez sobrecarregariam a família, mas não se sentiriam como fardos se cuidassem uma da outra.

Foi em 1998 que Barb e Inez se mudaram de volta para Kirkwood, e sabiam que seu arranjo seria incomum. Algumas pessoas poderiam presumir que elas eram gays. Antes de deixarem Phoenix, elas conversaram sobre como agiriam caso as pessoas fizessem comentários sarcásticos ou as excluíssem de eventos. Rick também perguntou a respeito disso: elas se preocupavam com a percepção alheia? As pessoas poderiam pensar o que bem quisessem, argumentou ele. A única coisa importante era que, se algo acontecesse no meio da noite, elas não estariam sozinhas.

O dia da mudança trouxe o dobro da loucura de sempre, pois os carregadores tiveram que pegar pertences de suas duas casas em Phoenix – duas torradeiras, dois liquidificadores, dois tudo. Elas resolveram a logística mundana obtendo um cartão de débito para despesas domésticas compartilhadas e dividindo as contas. Inez alertou seu gato para não comer "comida azul" (isto é, o periquito azul de Barb, chamado Piu-Piu Frajola). Inez cuidava do jardim e mantinha abastecido o comedouro do passarinho. Barb cortava a grama e usava fósforos para rezar o rosário. Não era difícil determinar quem assumiria a cozinha. Quando Inez lia em voz alta receitas que estava animada para experimentar, Barb respondia: "O que estou ouvindo é 'blá-blá-blá'". Mas Barb gostava de sua rotina de lavar a louça à noite enquanto observava os pássaros pela janela.

Compartilhar uma casa exigia alguns ajustes. Barb acordava bem mais tarde do que Inez, que por isso não podia regar as plantas de manhã porque o barulho da mangueira a acordaria. Uma percebia que a outra esquecia de apagar a luz ou fechar a porta da garagem e delicadamente apontava a distração. Essa era a extensão do atrito delas; Inez me conta que as duas são "almas pacíficas" e adaptáveis.

Embora originalmente quisessem viver em casas diferentes, elas se recalibraram para não ter quase nenhum espaço privado, nem mesmo virtual. A casa tinha um único computador; Barb nunca havia usado um. Depois que se mudaram, o garoto da casa ao lado configurou o acesso à internet e criou um endereço de e-mail que faz referência ao Eremitério, sob o nome de Inez, que as duas passaram a usar em conjunto. Embora Barb às vezes tenha que corrigir as pessoas quando elas respondem aos seus e-mails com "Oi, Inez" (erro que eu mesma cometi no início da nossa correspondência), não pareceu valer a pena para Barb criar sua própria conta.

Poucos anos após a mudança, Inez quebrou o pulso e foi parar no hospital para uma cirurgia de emergência; já de volta a casa, no meio da noite ela sentiu dor e chamou Barb. Embora ela deixasse a porta aberta quando se recolhia e os dois quartos ficassem ao lado um do outro, Barb não a ouviu. No dia seguinte, as duas concordaram que Inez colocaria uma sineta ao lado da cama – a mesma sineta que sua mãe usava para chamar a família na hora do jantar. Embora Barb um dia tivesse pensado que elas tinham idades muito próximas para serem cuidadoras uma da outra e precisassem de alguém mais jovem para cumprir essa função, dividir uma casa "mudou a cabeça de nós duas", diz Barb. "Nossa decisão passou a ser que cuidaríamos uma da outra o máximo que pudéssemos." Morar juntas abriu novas possibilidades de interdependência.

No fim das contas, elas nunca sofreram preconceito nem precisaram lidar com perguntas curiosas em relação à sua situação de vida. Barb acha que isso ocorre porque não se espera que adultos mais velhos centralizem sua vida em torno de relacionamentos românticos da mesma maneira que os mais jovens. Se ela e Inez quisessem morar juntas na casa dos 30 ou 40 anos, diz Barb, "acho que poderia ter havido muito mais negatividade de amigos ou perguntas sobre 'por que vocês estão fazendo isso?'". Barb acha que as pessoas poderiam ter perguntado a elas: "Vocês não querem se casar?". Stacey, do Capítulo 3, enfrentou exatamente essa questão, em um momento da vida em que outros presumem que sexo e parceria romântica são primordiais. Mas, na idade da aposentadoria, as expectativas sociais oscilam na outra direção. Pessoas mais velhas são estereotipadas como assexuais.[33]

Ambos os estereótipos prejudicam as pessoas: Stacey se sente pressionado por uma cultura que torna a atração sexual obrigatória para pessoas mais jovens, ao passo que pessoas mais velhas que se importam com sexo, sobretudo mulheres, são ridicularizadas ou recebem rótulos como "mãe cachorra", "mãe gostosa" ou "loba" – exceções que reforçam a regra implícita de que a maioria das pessoas mais velhas não é sexualmente desejável. Mas esse último estereótipo tem um lado positivo para amigas como Inez e Barb. As pessoas podem não tirar conclusões precipitadas de que amigas mais velhas estão em um relacionamento sexual, nem tampouco escrutiná-las por não priorizarem o romance. Barb diz que a maioria das pessoas que ela conhece na sua idade está procurando companheirismo ou intimidade emocional, e um relacionamento físico é menos importante.

Quando pergunto a Barb se ela compararia sua amizade com Inez a um relacionamento conjugal, ela fica perplexa. O pensamento nunca lhe ocorreu. Ela enumera as diferenças: as duas mantêm o dinheiro separado (exceto o cartão de débito conjunto). Embora fossem acolhedoras com as famílias uma da outra, julgavam que podiam escolher quanto tempo queriam passar com os pais uma da outra. Elas dão uma à outra o devido valor. "Sempre foi assim: estou dividindo uma casa com minha melhor amiga", diz Barb. Ela tem curiosidade de saber se nunca cogitou essa comparação por nunca ter tido um cônjuge.

Inez entende que a amizade tem semelhanças não tanto com seu antigo casamento, mas com um relacionamento com um homem que ela conheceu já mais tarde – "Não estávamos mais na fase da adolescência lasciva", conta. (Ele morreu inesperadamente, então o relacionamento foi breve.) "O que eu sentia por ele era o mesmo que sentia por Barb. Sempre achei que em nosso relacionamento tínhamos honestidade. E generosidade." O relacionamento deles era "pacífico", tal qual sua amizade com Barb.

Essa tranquilidade surge da disposição delas de se ajustarem uma à outra. Barb e Inez optaram de caso pensado por se consultar com o mesmo clínico geral, alguém capaz de assegurar que as amigas estejam cientes das necessidades uma da outra. A certa altura, Inez estava tendo dificuldade para andar porque sentia tontura. O médico perguntou a Barb como ela e Inez andavam quando saíam de casa: lado a lado ou uma na frente da outra? Barb respondeu que tendia a caminhar mais rapidamente. O médico disse que ela deveria andar no mesmo ritmo que Inez, para ajudá-la a se manter segura.

Elas não se sentem nem incomodadas nem entediadas com a familiaridade que têm uma com a outra. Quando me sentei à mesa de jantar com elas, ao som de sinos do vento tilintando do lado de fora, Barb começou a rir de uma história que Inez estava contando, antes mesmo de chegar ao final. "Obviamente, já conhecemos as histórias uma da outra", disse Barb. Ela olhou para Inez: "Eu sei para onde você está indo".

Inez e Barb viram o que pode acontecer quando uma pessoa não tem um candidato a cuidador bem definido. Uma amiga convidou as duas para um chá inglês na biblioteca local e, diz Inez, "uma nova parte da nossa vida começou". Elas fizeram amizades e começaram a trabalhar como voluntárias na biblioteca. Elas administravam a lojinha de presentes, compravam itens para vender lá e criavam exposições. Um dia, Barb e Inez passaram na lojinha para conferir se estava tudo em ordem, porque em breve partiriam numa viagem de três semanas à Inglaterra. Outra voluntária, Ann, que estava cumprindo seu turno, pediu a elas que lhe trouxessem cartões-postais e mencionou que estava com dor de garganta. Um médico que residia na vizinhança assegurou que não havia motivo para preocupação, era apenas uma glândula inchada. Barb reconheceu o nome do médico porque ele tratara de seus primos quando todos eram crianças. Agora ele estava aposentado e na casa dos 90 anos. Para Barb, esse médico era "provavelmente velho demais para lhe dizer qualquer coisa". Ela então aconselhou Ann a consultar outro médico – ou seja, um médico que estivesse na ativa, em um consultório.

Algumas semanas depois, Ann contou a Barb e Inez que tinha ido a um especialista em garganta, que pedira uma biópsia. Ela estava com muito medo de ouvir sozinha os resultados. Sua melhor amiga era professora, e Ann não queria lhe pedir que faltasse ao trabalho para a consulta. Barb e Inez disseram que iriam acompanhá-la.

Quando Barb e Inez chegaram à casa de Ann no dia da consulta, ela não atendeu a porta. Por fim, Barb tentou abrir a maçaneta e viu que estava destrancada. Ann estava no chão acarpetado da sala de estar, chorando, encolhida em posição fetal. Ann disse ter certeza de que o médico lhe diria que ela tinha câncer. Barb e Inez conseguiram persuadi-la a se sentar. Ann contou que não tinha familiares. Nenhum irmão ou filho. Ela era divorciada. Seus pais já tinham morrido, e ambos eram filhos únicos, portanto ela não tinha família estendida. Barb e Inez não sabiam de nada disso; até aquele dia, tinham apenas almoçado algumas vezes juntas. Elas prometeram a Ann que não a deixariam passar sozinha pelo tratamento.

Durante a consulta de Ann, a enfermeira veio buscar Barb e Inez na sala de espera, porque Ann queria vê-las. Ann compartilhou com elas o que o médico lhe dissera: ela tinha câncer. Barb e Inez novamente garantiram que não a deixariam enfrentar sozinha a doença. Pouco tempo depois, elas oficializaram o compromisso; Ann pediu a seu advogado para incluir Barb e Inez em seu testamento vital e lhes dar poderes de procuração. A amiga professora de Ann e outra mulher tinham sido nomeadas como suas procuradoras, e agora as quatro mulheres tinham se tornado a família de Ann. Nos três anos seguintes, foram elas que atenderam às ligações dos médicos de Ann, acompanharam a amiga em suas cirurgias e durante o tratamento de radioterapia, e tomaram todas as providências para que ela tivesse a melhor qualidade de vida possível.

Ann foi para um hospital residencial de cuidados paliativos, onde ficou em um quarto que ela amava: dava para um jardim paisagístico e ficava a algumas portas de um espaço comum que abrigava tentilhões de cores brilhantes em uma grande gaiola de aviário. Quando uma administradora anunciou que Ann teria que se mudar para um quarto menor, ela protestou, informando Inez e Barb por meio de um bilhete – escrito em sua elegante caligrafia num bloco de anotações amarelo, a forma de comunicação que ela usava naquele momento de sua doença – que seu seguro cobria as despesas do quarto atual. Inez insistiu, e a administradora verificou a apólice de seguro. Ela voltou e disse que Ann poderia ficar no quarto pelo tempo que quisesse. Foi nesse quarto que meia dúzia de amigos se reuniu em abril de 2004 para rememorar velhas histórias com Ann. Por volta das nove da noite, Barb e Inez foram para casa e, duas horas depois, receberam uma ligação: Ann havia partido serenamente. Seu medo de terminar a vida sozinha não se concretizara.

A amizade desempenha um papel significativo no bem-estar mental e físico de adultos mais velhos, e vários estudos sugerem que ela desempenha um papel *mais* significativo do que o casamento. Um estudo de 1987 descobriu que diferentes tipos de relacionamentos afetam a saúde de forma diferente, dependendo da idade dos envolvidos.[34] Pessoas com menos de 60 anos que não eram casadas corriam maior risco de morrer mais cedo. Mas esse não era o caso de pessoas com mais de 60; relacionamentos próximos com amigos e parentes tinham mais influência do que o casamento. Um estudo publicado trinta anos depois, com base em uma pesquisa com centenas de milhares de pessoas, constatou de forma semelhante que, à medida que as pessoas envelhecem, as amizades tornam-se fatores mais precisos de previsão da mortalidade, ao passo que o casamento é relativamente menos exato.[35] Pessoas que valorizavam a amizade eram mais saudáveis e felizes ao longo da vida, e esses efeitos eram fortes em especial para adultos mais velhos. Ao reduzir a solidão, as amizades afastam a série de efeitos negativos para a saúde física e mental que decorrem da solidão.

As amizades também dão ânimo aos idosos para lidar com transições difíceis na vida, como divórcio, morte do cônjuge e doença. Ao cuidar de Ann, Inez e Barb suavizaram as arestas da doença da amiga e seu perturbador confronto com a mortalidade. De início, a disposição de Barb e Inez de cuidar uma da outra e de seus amigos me pareceu excepcionalmente generosa, mas descobri que não é tão excepcional assim.

Amigos constituem uma parcela considerável dos cuidadores. Uma pesquisa realizada pela AARP em 2020 revelou que 10% dos cuidadores de adultos estavam incumbidos de cuidar de um amigo ou vizinho.[36] Os cuidados entre amigos são especialmente comuns em círculos LGBT. De acordo com um estudo de 2010, os *baby boomers* LGBT eram mais propensos do que a amostra da população em geral de *baby boomers* a ter ministrado cuidados de saúde de um amigo nos últimos seis meses; eram duas vezes mais propensos a envolver amigos em discussões sobre suas preferências de fim de vida; eram mais propensos a viver com amigos e quatro vezes mais propensos a ter um amigo como cuidador.[37] As cientistas sociais Anna Muraco e Karen Fredriksen-Goldsen entrevistaram cuidadores e cuidadoras gays, lésbicas e bissexuais que quase sempre relatavam considerar os cuidados como uma extensão natural de sua amizade, não como um ato extraordinário.[38] Existem várias explicações para a descomunal proporção de cuidados entre amigos *queer*: eles há muito se tornaram família escolhida – em geral porque foram rejeitados por suas famílias de origem.[39] Esse senso de parentesco ficou evidente sobretudo durante a epidemia de aids. Ademais, adultos LGBTQ mais velhos talvez não tenham os tipos de parentes que comumente se apresentam como cuidadores: em comparação com outros adultos, é menos provável que tenham filhos ou um parceiro.[40] Obter ajuda de cuidadores pagos também pode não ser viável. Muitos se preocupam com a possibilidade de ter os cuidados recusados ou de ser maltratados em um ambiente institucional por causa de sua identidade.[41]

Mesmo adultos mais velhos que têm parentes próximos dependem de amigos para receber cuidados. Um estudo revelou que um terço das pessoas com doenças crônicas que recebiam cuidados de um amigo ou amiga tinham filhos vivos que não lhes forneciam ajuda.[42] Os idosos com parentes podem ficar sem cuidados, ao passo que pessoas como Barb, que são tecnicamente "sem parentes próximos", oferecem apoio.

Embora Inez sempre aguarde ansiosamente pela reunião do clube de leitura de livros de mistério na biblioteca, ela aproveita ainda mais o jantar que acontece depois, em um pub muito querido onde as bebidas prediletas de cada uma já as aguardam assim que entram – uma taça de vinho para Inez, chá gelado para Barb. Certa manhã antes do clube do livro, Inez não estava se sentindo bem, mas reuniu alguma energia, e ela e Barb foram de carro até a biblioteca. Enquanto Barb parava no balcão de referência para conversar com uma amiga, Inez caminhou até o elevador e uma amiga sua se aproximou. "Ei, Cookie, tenho um livro para você" foi a última coisa que Inez disse antes de sua visão escurecer. Ela desmaiou e, ao cair, bateu a cabeça no extintor de incêndio preso à parede do elevador.

Durante sua internação hospitalar, Inez recebeu o diagnóstico de insuficiência cardíaca grave. O médico lhe disse: "Você esteve a poucos passos da morte". Inez e Barb deixaram o hospital com uma receita de medicamentos e uma recém-descoberta motivação para abordar questões de fim de vida. Embora tivessem bastante experiência em tomar decisões médicas para Ann e seus pais, foi necessário esse encontro de perto com a morte para lidarem com a papelada do testamento vital e da procuração por meio dos quais uma nomeou a outra para tomar decisões em seu nome.

Barb e Inez têm certeza de que Rick entraria em cena e assumiria as rédeas da situação se uma das duas morresse antes da outra. Mas nenhuma delas queria colocar o fardo dos cuidados inteiramente sobre os ombros dele, obrigando-o a passar o auge de sua vida tomando conta de ambas.

Barb e Inez analisaram opções de ambientes de vida assistida. Em uma sessão de perguntas e respostas de uma dessas instalações, ficaram agradavelmente surpresas ao ouvir alguém perguntar se seria aceitável que duas pessoas sem parentesco compartilhassem uma unidade; aparentemente, elas não eram as únicas com esse tipo de amizade. (A instituição aceitava.) Barb e Inez cogitaram adicionar seus nomes à lista de espera, mas, assim que a pandemia de covid fechou os moradores em seus quartos, elas ficaram ainda mais gratas do que o normal por dividirem uma casa, por terem alguém para jogar Palavras Cruzadas ou conversar sobre suas preocupações quanto a tudo que estava acontecendo no mundo.

Ao longo dos anos, amigas de Inez e Barb, sobretudo mulheres solteiras, disseram que gostariam de ter um arranjo semelhante; uma delas expressou pesar por não ter uma amiga em quem confiasse o suficiente para dividir uma casa. Depois que a pandemia de covid começou, essas notas de inveja avolumaram-se em um coro. Amigas viúvas e divorciadas, confinadas em apartamentos compactos em ambientes de vida assistida, disseram a Barb e Inez que ansiavam por companhia. Amigas casadas presas em casa com seus cônjuges ansiavam por um tipo diferente de companhia. Inez concluiu: "Só porque você tem alguém ao seu lado não significa que sua vida vai correr bem".

A covid serviu como uma luz negra, revelando a insatisfação latente de outras pessoas na vida de Barb e Inez. As amigas que tinham casamentos medíocres achavam esses relacionamentos toleráveis, contanto que os cônjuges pudessem manter alguma distância delas. No período de confinamento da pandemia, o excesso de familiaridade gerava descontentamento. As correntes ocultas de solidão entre as amigas de Barb e Inez que viviam em lares assistidos vieram à tona quando as restrições do *lockdown* as impediram de encontrar outros moradores. Nos primeiros meses da pandemia, um estudo constatou que quase metade dos idosos pesquisados se sentia mais isolada e cerca de um terço relatou ter menos companhia do que antes.[43]

Com o tempo, as preferências de Barb e Inez evoluíram juntas. Nos últimos anos, as duas se contentaram em se ajustar a uma vida mais tranquila, com menos atividades culturais e compromissos sociais. Acabaram por valorizar o quanto a perspectiva de ambas em relação a cuidados é bem alinhada. Depois de receber seu diagnóstico de problema cardíaco, Inez conta que ela e Barb "perceberam o quanto é importante dividir uma casa com alguém que cuidará de você e não acha isso um fardo". Elas podem falar abertamente sobre como estão se sentindo. Uma sabe que a outra ficará feliz em depositar uma bolsa térmica e chá quente na sua mesinha de cabeceira.

Embora morar com amigos possa ajudar os idosos a economizar dinheiro e encontrar companhia, isso não resolve os problemas estruturais mais profundos que eles enfrentam no final da vida: os custos exorbitantes de cuidados de longo prazo, e o fato de que muitos deles vivem na pobreza. E, por mais que Inez e Barb tenham construído sua vida fora dos limites do casamento, elas enfrentam alguns dos riscos que pessoas casadas também correm. Assim como cônjuges, Inez e Barb ficariam sozinhas se o relacionamento terminasse – embora tenham um círculo social sólido. Elas reconhecem que, por mais contentes que estejam com sua vida compartilhada, provavelmente acabarão em uma situação em que pelo menos uma delas precisará de cuidados que a outra não conseguirá fornecer.

Barb e Inez estão ficando cada vez mais dependentes uma da outra. A divisão de trabalhos domésticos, antes fixa, se tornou mais flexível. Inez sempre levava o lixo para fora; agora Barb sai para verificar se ela está bem fazendo isso sozinha ou se quer ajuda. Barb, cuja reação instintiva às receitas é "blá-blá-blá", agora cozinha ao lado de Inez; sua perícia para cortar e picar ingredientes, diz Inez, é melhor do que um processador Cuisinart pode fazer. Barb lembra Inez de desligar a mangueira do jardim quando ela esquece, e Inez lembra Barb de tomar seus remédios. Barb disse a Inez: "Me ajude, mas não me ajude demais, porque se chegar o dia que você não estiver mais aqui, também precisarei ser responsável por mim mesma". Até que esse dia chegue, elas planejam continuar aproveitando a vida, juntas, em seu eremitério.

Capítulo 7

A dor do luto

Perda do amor platônico

> Você sente falta de uma única pessoa,
> e o mundo inteiro está vazio.
> *Philippe Ariès*

Quando M. se mudou para o Reino Unido em 2018 para começar um programa de mestrado, eu a imaginei realizando suas rotinas que eu conhecia bem, só que agora em um universo inglês paralelo. Em vez de fazer anotações em um diário bebericando uma taça de vinho no restaurante de comida laosiana em D.C. que ela gostava de frequentar, agora ela estaria em um pub, escrevendo em um caderno Leuchtturm sem pauta porque no Reino Unido não conseguia encontrar sua amada marca Moleskine. Em vez de passar as manhãs de domingo cantando em uma igreja episcopal, ela devia estar entrando a passos largos em alguma capela centenária, vestindo batina branca e sobrepeliz, para cantar hinos ao cair da tarde. Como eu tinha morado no Reino Unido alguns anos antes, minha imagem de M. parecia familiar, mas muito distante da minha vida atual.

Durante o segundo ano do programa dela, escrevi no meu diário sobre o quanto me sentia sozinha, embora estivesse sentada na mesma sala que Marco depois de ter encontrado dois amigos próximos naquele dia. Eu ansiava por ser puxada para o abraço de M., ela cobrindo minha testa com seus beijos exagerados. Escrevi: "Como eu fazia quando era solteira ou quando Marco e eu vivíamos distantes um do outro? Meu desejo por toque parece insaciável. Talvez eu não soubesse o que estava faltando – da mesma forma que meu desejo sexual era abstrato até eu realmente ter feito sexo –, mas agora sei o quanto é bom". Forçada a viver sem os abundantes carinhos físicos de M., entendi que nossa amizade tinha me trazido uma forma de plenitude que eu jamais havia sentido. Entendi também que, morando tão longe uma da outra, era improvável que eu voltasse a sentir essa plenitude tão cedo.

Nossa amizade vivia em igual medida tanto em nosso corpo quanto em nossa mente – vivíamos grudadas uma na outra, e, respeitando nossas restrições orçamentárias, enchíamos a barriga de nossos amigos com ensopados baratos nas ocasiões em que reuníamos todo mundo para um jantar. Agora que o oceano Atlântico nos separava, senti profundamente a perda dessa dimensão da nossa amizade. No segundo ano de pós-graduação, comecei a achar mais difícil lidar com a distância física entre nós porque nos distanciamos também de outras maneiras. Ávida para mergulhar em sua vida no Reino Unido, M. estava tentando reduzir sua dependência do telefone. Isso significava que os fios digitais aos quais eu vinha me aferrando para nos manter próximas estavam, um por um, começando a se esgarçar e se romper. Terminaram os dias em que eu era incluída em cópia oculta nos e-mails importantes de M. e trocava com ela um sem-número de mensagens de voz. Passamos a fazer resumos dos fatos uma para outra a cada par de dias, relatos breves muitas vezes intercalados com frases do tipo "Não sei se já te contei isso", lembretes de que não estávamos mais caminhando juntas através dos densos matagais da vida uma da outra. Reduzi a frequência dos meus contatos para corresponder à escassa frequência dos contatos de M., porque não queria incomodá-la.

O mero pensamento de que poderia estar incomodando minha amiga me deixava desassossegada. Foi uma grande mudança em relação ao período da nossa amizade em que estava claro que éramos completamente fascinadas uma pela outra. Essa era uma das coisas de que eu mais gostava na minha proximidade com M.: saber que uma pessoa que para mim era tudo sempre queria estar comigo ou falar comigo – e nunca sentir que eu estava pedindo mais do que ela queria dar. Agora, sua agenda estava sempre lotada com aulas, conjuntos musicais, um grupo de amigos se solidificando e um novo e sério relacionamento romântico.

Quando conversávamos a distância, eu tinha a sensação de que era impossível compartilhar minha decepção. Durante um período de folga da faculdade, M., numa breve visita a D.C., veio ao meu apartamento. Eu estava ansiosa para vivenciar a felicidade de estarmos juntas pessoalmente, mas sabia que teria que abrir mão daquela tranquilidade afetuosa se quisesse enfim me abrir com ela e dizer o que se passava na minha cabeça. Nessa noite, M. e eu nos deitamos na horizontal no meu sofá, nossos corpos em camadas feito panquecas. Desabafei e disse que já não me sentia tão próxima dela como antes e sentia falta do que nossa amizade tinha sido. Meu rosto estava a apenas alguns centímetros de distância do dela; M. acariciou minhas bochechas umedecidas de lágrimas e me reconfortou. Mas suas palavras não eram o que eu queria ouvir: ela disse que o período do qual eu estava sentindo saudade havia de fato sido lindo, mas agora tínhamos que descobrir como seria a nova fase. Entendi que ela estava dizendo que não tínhamos poder para resistir ao enfraquecimento de nossa amizade, como se essa consequência fosse inevitável.

Eu queria que ela me desse garantias de que seríamos capazes de tomar decisões para retornar àquele modo de vida anterior. Achava que poderíamos priorizar uma à outra morando em casas próximas ou agendando um horário constante para passarmos tempo juntas. Se não fizéssemos isso, parecia que estávamos admitindo que não éramos tão importantes uma para a outra. Na amizade, em que trocar alianças e realizar cerimônias públicas não são o padrão, decisões como essas transmitem o que uma pessoa significa para a outra.

Na primavera de 2020, M. voltou para D.C. e sublocou um apartamento a vinte minutos de caminhada do meu. Alimentei a esperança de que morar na mesma área reavivaria a proximidade que compartilhávamos antes da experiência de vivermos em continentes separados. A meu ver, as mudanças em nossa amizade pareciam circunstanciais, e agora as circunstâncias estavam mudando a nosso favor.

Embora M. tenha se mudado, seu retorno pareceu transitório – os móveis, os utensílios de cozinha e os romances pertenciam à proprietária do apartamento; M. poderia fazer as malas e ir embora sem precisar levar muito mais do que roupas. Apesar de morarmos perto uma da outra, por causa das medidas sanitárias de prevenção à pandemia nós nos víamos apenas esporadicamente, muitas vezes ao ar livre, e nos separávamos com uma rotina de despedida sem tocar as mãos que terminava com um par de batidas dos quadris, como as gêmeas do filme *Operação Cupido*. Naquele verão, M. e seu parceiro começaram a viajar pelo país, hospedando-se com suas respectivas famílias. M. falava sobre D.C. como se fosse seu lar, o lugar onde viviam seus entes queridos, mas eu não tinha certeza se ou quando ela voltaria. Estava aceitando a possibilidade de que não teríamos mais o tipo de vida em que fazíamos visitas imprevistas a casa uma da outra, e em que eu conhecia seus pensamentos de maneira tão íntima que ela era uma espécie de minha "segunda" mente, fornecendo-me ideias mesmo quando não estava presente em carne e osso.

Levaria tempo para eu entender com exatidão o que havia perdido. Talvez até tivesse entendido antes, se nosso relacionamento fosse de um tipo diferente. Creio que a maioria das pessoas percebe que términos românticos são devastadores porque você perde pelo menos duas coisas a um só tempo: um relacionamento íntimo existente e um futuro em comum que você imaginou. Quando minha amizade com M. mudou em comparação com seu formato anterior, senti que escapava de mim um relacionamento que me ancorava e um tipo de futuro que eu desejava.

À medida que nossa amizade começou a parecer menos uma parceria, eu não sabia direito como articular o que estava faltando. M. e eu não tivemos um desentendimento. Ela não tinha desaparecido da minha vida. Apenas deixamos de ser excepcionalmente próximas para sermos melhores amigas – embora tenha havido um período em que me sentia incomodada até mesmo de utilizar esse rótulo para descrever nossa relação. A mudança em nossa amizade foi de grau, não de tipo.

Não é nem um pouco surpreendente que eu tenha tido dificuldade em descrever o que estava sentindo. Nosso vocabulário coletivo oferece pouco em termos de linguagem sobre questões complicadas de amizade. Ann Friedman e Aminatou Sow, que durante anos apresentaram um podcast sobre amizade, cunharam termos populares como "teoria do brilho" para descrever dinâmicas positivas de amigos. "Mas para nós tem sido muito mais difícil encontrar uma linguagem para as partes difíceis", escrevem em seu livro *Big Friendship* [Grande amizade].[1]

Além da escassez de linguagem, o tipo de perda que eu estava vivenciando – uma perda que não tinha um fim definitivo – é, via de regra, difícil de administrar. Pauline Boss, professora emérita da Universidade de Minnesota, cunhou um termo para isso: "perda ambígua". A ambiguidade, em vez de aliviar a sensação de perda, pode tornar mais complicado o processo de enfrentamento. Sem uma conclusão bem definida, como ocorre nos casos de morte ou divórcio, entes queridos podem não perceber que deveriam intervir para ajudar.[2] A perda pode nem mesmo ser clara para a pessoa que a vivenciou; um enlutado precisa saber que há algo para lamentar antes que possa iniciar o processo de luto. A perda ambígua pode levar à "dor congelada" – o termo de Boss para descrever a situação de estar enredado na tristeza.[3]

Trabalhar neste livro aguçou minha compreensão da perda. Ao entrevistar amigos e amigas que permaneceram comprometidos uns com os outros ao longo de anos ou décadas, amigos e amigas que regularmente saíam de férias juntos e agendavam "noites de encontros", eu sabia que minha amizade atual com M. não pertencia ao mesmo gênero que a dessas pessoas. Em vez disso, encontrei alguns pontos em comum com pessoas cujas amizades haviam ou estagnado ou descambado para um lento processo de definhamento.

Quase sempre, era um relacionamento romântico que acarretava mudanças para esses amigos e amigas, eclipsando sua outrora devotada amizade. É comum que relacionamentos românticos transformem conexões platônicas estabelecidas. De acordo com o psicólogo evolucionista Robin Dunbar, o anel interno de nossos círculos sociais em geral abarca cinco amizades do tipo "ombro amigo", com grande intimidade e familiaridade, mas, como um relacionamento romântico ocupa "duas vagas", normalmente elimina dois amigos assim que começa.[4] A jornalista Rebecca Traister escreve sobre como ela e sua amiga Sara "forçamos uma à outra a nos tornarmos versões mais resistentes de nós mesmas, mais capazes de (e, eu suspeitava, mais propensas a) formar alianças saudáveis e felizes com parceiras", o que era uma situação ganha-ganha até Sara se mudar para uma cidade a centenas de quilômetros de distância para morar com o namorado. Foi uma das perdas mais difíceis da vida adulta de Traister, que escreve: "Através de uma lente de especial autopiedade, vi [a amizade] como o foguete que impeliu um ônibus espacial para a órbita [...] e depois, inevitavelmente, caiu".[5]

Em minhas entrevistas, eu já ouvira repetidas vezes que relacionamentos românticos e amizades próximas não precisam competir assim. Há o exemplo de Andrew, o físico que conhecemos na Introdução que tem um parceiro romântico e platônico, e Nick Galluccio, o pastor de jovens do Capítulo 4, que acredita que seus relacionamentos com a namorada, Morgan, e seu melhor amigo, Art, se enriquecem mutuamente. Nos primeiros anos de nossa amizade, M. e eu conversamos sobre como um futuro parceiro romântico dela se encaixaria em nossa vida. Aqueles prazerosos momentos em que M. e Marco seguravam minhas mãos me mostraram como essa integração poderia ser fácil.

Mas quando M. e eu nos tornamos amigas, meu relacionamento com Marco já durava anos, e já havia ficado para trás a fase em que eu andava feito boba pelas ruas da cidade, rindo à toa de euforia por estar me apaixonando por um holandês charmoso que além de tudo era um leitor voraz. M. e seu parceiro estavam em um lugar diferente. Desde o começo, seu envolvimento era mais profundo do que minha relação com Marco. Os dois estavam apaixonados e, pelo que eu podia perceber, a pandemia os levou a uma domesticidade envolvente. Eu queria passar mais tempo com M., mas não queria introduzir uma dinâmica que eu havia vivenciado em um relacionamento diferente, no qual as tentativas de alguém de me puxar para perto pareciam sufocantes e minavam minha motivação para querer me tornar mais próxima. Depois de um ano e meio vivendo longe, as restrições de uma pandemia, somadas ao relacionamento romântico relativamente novo e ardente de M., drenaram minha proximidade com ela.

Conversando com Pauline Boss, a especialista em perdas, fiquei impressionada com uma pergunta simples que ela me disse que faz a seus clientes. Depois do Onze de Setembro, ela se mudou para Nova York a fim de trabalhar com parentes de pessoas que haviam morrido no ataque. Era uma safra de clientes muito mais diversificada do que aqueles com quem ela trabalhara por décadas em Minnesota. Ela logo percebeu que não poderia fazer suposições sobre o significado de uma perda com base apenas no relacionamento entre o paciente e o falecido. Boss começou a perguntar: "O que essa perda significa para você?".

Se alguém ou eu mesma me fizesse essa pergunta, eu poderia ter citado uma cena do romance *How Should a Person Be?* [Como tem de ser uma pessoa?], de Sheila Heti, em que duas personagens que são melhoras amigas estão consertando seu relacionamento. No livro, Margaux diz a Sheila: "Bem, é como na vida – há as pessoas variáveis e as invariáveis, e você quer usar todas elas, mas trabalha em torno das invariáveis. Eu achava que *você* fosse uma invariável – e aí você foi embora sem dizer uma palavra". Sheila pensa: "Bem lá no fundo, algo começou a vibrar. Eu era uma invariável. Uma *invariável*. Nenhuma palavra jamais me soou tão próxima do amor".[6] Eu tinha perdido a sensação de que era uma invariável para M.

Sentir na pele uma perda ambígua foi apenas parte do que tornou a mudança em nossa amizade um assunto difícil de comentar com outras pessoas. O maior obstáculo para se falar a respeito disso era algo cuja melhor descrição seria *"uma perda não relacionável"*. Eu não sabia se seria capaz de explicar a sensação de perda física que sentia; a maioria das pessoas que eu conhecia não se entrelaçava fisicamente com os amigos como M. e eu fazíamos. Eu não esperava que os outros entendessem o motivo da minha lamentação, porque não conhecia muitas outras pessoas com alguma amizade que tivesse alcançado a proximidade que M. e eu compartilhávamos. Seria o mesmo que reclamar para uma pessoa que nunca se hospedou em um hotel chique que as mordomias do Ritz haviam caído muito de qualidade.

As formas de proximidade que eu achava difícil descrever eram exatamente as coisas de que eu sentia saudade. Juntas, M. e eu construímos uma estrutura que marcava o perímetro do nosso relacionamento específico, em um formato não convencional que ninguém nos disse que seríamos capazes de fazer. Nós nos deliciávamos com essa descoberta. Quando nossa amizade mudou, senti que tinha perdido a estrutura que havíamos construído e a pessoa que ela continha. Por um curto período, avaliei se essas perdas eram inextricáveis ou se eu conseguiria separar uma da outra. O que eu queria era M.: suas perguntas incisivas, sua voz doce cantando clássicos do jazz enquanto zanzava pela casa. Mas queria também a permissão para ser efusiva, a sensação de ser escolhida, o acesso a alguém com uma mente deslumbrante. O que eu sentia não era tão diferente do que meu irmão descreveu após o término de um relacionamento romântico de anos. Ele sentia falta de sua parceira em si, mas também sentia falta dos prazeres cotidianos, como acordar ao lado de alguém – a infraestrutura de um relacionamento romântico. Minha amizade com M. tinha me mostrado uma nova forma de intimidade e alterado minhas expectativas quanto ao que constitui uma vida plena. Essas expectativas não eram tão elásticas a ponto de poder ser esticadas e depois contraídas de volta à sua forma original.

Eu evitava falar com outros amigos sobre o que estava sentindo. Achava embaraçoso admitir, mesmo que de maneira implícita, que M. era mais importante para mim do que eu para ela. Também temia que os outros pensassem que esse declínio em uma amizade era o curso natural das coisas. Minha reputação como entusiasta da amizade não ajudou; eu transformara em minha missão, pessoal e profissional, ajudar as pessoas a perceberem o quanto uma amizade como a nossa poderia ser dedicada e significativa. Nossa amizade estava minando meu argumento.

Por mais difícil que eu achasse manter em silêncio meus sentimentos, fui poupada da vergonha mais profunda que já assolou pessoas que enfrentaram uma briga decisiva em vez de um progressivo desnivelamento de sua amizade.

Yesel Yoon, psicóloga baseada em Nova York, achou que devia haver algo de errado com ela depois que duas de suas amizades mais intensas terminaram. A meu ver, Yesel era uma mulher que amiúde assumia o papel de ajudante e gostava que precisassem dela – até que ficava claro que a amiga em questão não retribuiria. Isso estava longe de ser uma mácula de caráter. A autoflagelação também é algo normal e esperado depois que um relacionamento romântico termina, mas, quando um relacionamento platônico acaba, pode ser que se instale uma espécie peculiar de vergonha. Os editores de uma antologia intitulada *The Friend Who Got Away* [O amigo que foi embora] escrevem que, em comparação com relacionamentos românticos, "a amizade deve ser feita de material mais resistente, um relacionamento menos complicado e mais duradouro. Por isso, a história de um rompimento com um amigo muitas vezes parece muito mais reveladora do que a de um romance fracassado, como se expusesse nossas piores falhas e fraquezas". Você pode se separar de um parceiro romântico monogâmico acreditando que ele é uma pessoa maravilhosa, mas vocês simplesmente não eram compatíveis o suficiente para acordarem um ao lado do outro pelo resto da vida; é mais desanimador quando alguém o deixa de lado como um de seus muitos amigos, como se você tivesse sido incapaz de passar em um teste muito menos exigente.

A escritora Patti Miller descreve o rompimento entre amigos como "vergonhoso; sem dúvida, não é assunto para se falar com outros amigos. Fui considerado indigno por um amigo – por que eu anunciaria o fato a outro amigo? Em algum lugar em todos os caminhos neurais da memória, ou talvez mais para trás no DNA de nossa sobrevivência, existe uma lasca sombria do medo de sermos expulsos da tribo. Não devo falar sobre o rompimento, de modo a evitar que a notícia se espalhe".[7] Não é uma preocupação absurda. Uma mulher me contou que quando diz que "era amiga" de alguém, as pessoas ficam horrorizadas. "*Era?*", perguntam em tom de desaprovação, como se ela tivesse feito algo errado – um julgamento que provavelmente não fariam se a mulher tivesse se referido a um ex-namorado. O estigma se alimenta de vergonha e silêncio, e rompimentos entre amigos são envoltos em vergonha e silêncio.

A parte estranha sobre a vergonha é que o fim de amizades não é incomum. Um estudo dos Países Baixos descobriu que a maioria dos adultos participantes havia substituído metade de seus amigos no momento da pesquisa de acompanhamento sete anos depois (embora muitos tenham mantido algum contato com esses antigos amigos), e apenas 30% dos amigos que eram chegados ainda mantinham proximidade. Nos Estados Unidos, uma pesquisa de 2021 constatou que os norte-americanos relatam um número consideravelmente menor de amigos próximos do que em 1990, sugerindo que muitos sofreram a perda de um bom amigo.

Joy Loughry não se sente julgada pelo fim de sua amizade mais próxima – não há como considerá-la culpada. Mas ela se sentiu julgada pela maneira como lamentava a perda – uma perda que levou anos para se resolver.

Enquanto jogava dardos em um bar depois do trabalho, a melhor amiga de Joy, Hannah Friedrich, lhe disse que estava tentando fazer com que os médicos descobrissem o que havia de errado com seu corpo. Durante anos, os médicos da clínica feminina que ela frequentava atribuíram seus sintomas a miomas. Na gravidez de seu segundo filho, ela sentia uma forma desconhecida de dor, que se repetiu várias vezes após o parto, obrigando-a se consultar com uma fieira de médicos. Mas não conseguiu obter nenhuma explicação nova para seu inchaço e dor persistentes.

A resposta chegou em 6 de abril de 2011, alguns dias após ir ao bar com Joy. Na marra, Hannah agendara uma consulta na clínica e imediatamente fora submetida a uma tomografia computadorizada. Uma residente de aparência jovem e saudável ligou para Hannah enquanto ela estava no trabalho para avisá-la dos resultados e declarou: "Meu Deus, é câncer, e já está por toda parte".

Hannah, então com 34 anos, não pôde deixar de notar os paralelos com a experiência de seu pai. Durante anos ele dissera aos médicos que sabia que algo estava errado. Quando descobriram sua forma rara de câncer, a doença já se espalhara para o pulmão, o que causaria sua morte. Cerca de cinco anos depois de perder o pai, Hannah estava descobrindo que tinha câncer de estômago em estágio 4, com metástase para o fígado e os pulmões.

A voz de Hannah parecia petrificada quando ela ligou para Joy e explicou o que a residente lhe dissera. Ao ouvir Hannah, diz Joy, "meu mundo simplesmente parou". Hannah era o eixo em torno do qual sua vida adulta girava. Desde os tempos de estudantes de geologia na Universidade de Minnesota Morris, no final dos anos 1990, elas tinham se tornado "melhores amigas". Passaram um verão dirigindo pelas cidadezinhas do interior de Minnesota em um Buick marrom de propriedade da universidade a fim de mapear um rio glacial e seus terraços. Numa festa, rechaçaram uns caras que insistiram para que elas se beijassem, insinuando que eram um casal. Mesmo depois que Joy se mudou para Milwaukee a fim de fazer mestrado e Hannah se mudou para Utah, onde assumiu um emprego como guarda florestal no Parque Nacional de Zion e montou um negócio paralelo de venda de bolos de casamento, elas sempre arranjavam tempo para se ver. Quando Hannah voltou para Minnesota, Joy dirigia dez horas de ida e volta apenas para jantar com a amiga. Em 2004, Hannah e Joy beberam doses de frozen com vodca antes de Hannah caminhar até o altar e se casar, e Joy assinou a certidão como testemunha. Nessa noite, Hannah soltou fogos de artifício – sua maneira favorita de celebrar qualquer ocasião –, o que deixou uma listra azul em seu vestido de noiva, na lateral e na altura da bunda. Não, informaram as lavanderias, elas não conseguiram tirar a mancha. Na opinião de Joy, Hannah fazia tudo parecer uma aventura.

No mesmo ano, Hannah foi testemunha do casamento de Joy. Mais tarde, quando Joy expressou ambivalência acerca de seu casamento, Hannah a instigou a refletir sobre o fato de que não era suficiente ser amada; ela merecia estar em um casamento no qual se sentisse *apaixonada*. Joy e o marido se divorciaram. No velório do pai de Hannah, esta incumbiu Joy – não seu irmão ou algum outro membro da família – de fazer a leitura em voz alta de uma carta que ela havia escrito para ele. O funeral pareceu um grande evento; o pai de Hannah era um psicólogo muito estimado na Clínica Mayo, e a imponente e espaçosa capela estava apinhada de colegas, amigos e parentes. Segurando a carta escrita à mão por Hannah, Joy manteve os olhos fixos no rosto da amiga, com medo de estragar o discurso. Diz Joy: "Simplesmente senti que era uma responsabilidade muito grande ser a voz dela".

Em seu diário on-line, Hannah intitulou assim uma anotação que redigiu em 2011: "A residente precisa de uma aula de anatomia". A residente estava errada quanto à localização dos tumores, e o câncer de Hannah não havia se espalhado para o fígado. Mesmo assim, o prognóstico não era bom. Ela acabaria recebendo o diagnóstico de câncer de ovário em estágio 3c.[8]

O primeiro passo no tratamento foi uma cirurgia abdominal que roubou um órgão após o outro: seus ovários, tubas uterinas, útero, colo do útero, apêndice, a camada de tecido sobre os intestinos e tudo o mais que os médicos consideraram necessário. Ela não teve permissão para levantar peso durante semanas, um problemão para lidar com sua intrépida filhinha. "Estou literalmente indefesa contra essa criança de 19 meses", escreveu Hannah.[9] Ela se inscreveu para participar de um teste clínico e fez anotações sobre como pronunciar corretamente o nome químico do medicamento experimental: "BE-VA-CI-ZU-MA-BE" – ela queria cair nas graças da enfermeira do teste clínico, que lhe disse que era melhor aprender a pronunciar o nome do fármaco.

Assim que começou o tratamento de Hannah, a agenda de Joy ficou lotada de atividades e tarefas relacionadas à amiga. Como o marido e a mãe de Hannah passavam muito tempo no hospital, Joy pegava as crianças na creche e passava as noites fazendo artesanato com elas. Joy encomendou pulseiras de silicone azul-petróleo estampadas com a inscrição HANNAH É UMA PEDRA PRECIOSA – como ambas eram geólogas, costumavam dizer "Você é uma pedra preciosa!" à guisa de elogio. Ela organizou uma equipe para uma caminhada/corrida de arrecadação de fundos em prol da Aliança de Combate ao Câncer de Ovário de Minnesota. Hannah estava determinada a ter a maior equipe – ela queria ganhar o *banner* que seria concedido ao grupo mais numeroso. Com 75 amigos e familiares vestindo camisetas combinando com a frase HANNAH É UMA PEDRA PRECIOSA e pintura facial azul-petróleo, Hannah venceu e conseguiu assegurar o *banner* vertical do tamanho de uma pessoa. Na agência onde ela e Hannah trabalhavam, o Departamento de Recursos Naturais de Minnesota, Joy mantinha os colegas sob rédea curta. Eles estavam aparecendo sem avisar na casa de Hannah para visitá-la, enquanto ela ainda estava em tratamento. Mais tarde, como se Hannah fosse uma mulher grávida cuja barriga é tratada como propriedade pública, pediam para tocar no cabelo dela, que havia crescido novamente após a quimioterapia. Joy assumiu uma postura protetora em relação à amiga.

Pouco depois do diagnóstico de Hannah, Joy estava assando um bolo para o aniversário de um sobrinho e contou às irmãs sobre o tamanho de sua frustração com seus colegas de trabalho invasivos. Sua irmã mais velha disse que ela precisava se acalmar. Joy achou que a irmã não entendia que a notícia era absolutamente devastadora. Já era ruim saber que o corpo da amiga estava sendo cortado e bombeado com produtos químicos para deter uma terrível doença. Mas Hannah não era uma amiga comum. Ela era a pessoa de Joy.

Cerca de cinco meses depois, em setembro de 2011, a tomografia computadorizada de Hannah estava limpa – nenhum sinal de câncer de ovário. No dia de sua última sessão de quimioterapia, ela posou para uma foto no hospital com o punho erguido em sinal de vitória e escreveu: "Um sufocante cobertor de medo me asfixia desde o meu diagnóstico. Praticamente não se passa um minuto sequer sem que eu pense em algo relacionado à minha doença. É algo que suga minhas energias; há tantas outras coisas que quero fazer, e não tenho mais tempo para esse maldito câncer".[10]

No Dia dos Namorados de 2013 – cerca de um ano e meio depois que ela se livrou do câncer –, o filho de Hannah deu a ela um cartão feito à mão em que se lia: "Eu te amo, mamãe, estou muito feliz que você voltou ao normal".[11]

"Sim, quase partiu meu coração", Hannah escreveu. "Eu queria tanto ter voltado ao normal." Ela tinha acabado de saber que seu câncer havia retornado. Negação, raiva e tristeza se misturaram. Sua oncologista não queria submetê-la a outra cirurgia, então Hannah procurou outro médico. Ela mudou para a Clínica Mayo e fez uma segunda cirurgia e mais quimioterapia. Cerca de cinco meses depois, o oncologista disse a ela o termo que ela estava esperando ouvir: "NED!!!! Nenhuma Evidência de Doença!!!!! Estou mais do que aliviada", escreveu Hannah. Mas o câncer retornou pela terceira vez. Seu oncologista na Clínica Mayo trabalhou com ela até o dia em que ele também disse que não havia outras opções. Hannah pensou: *Sim, há.* Ela encontrou um médico no Bronx conhecido por administrar quimioterapia especializada e trazer pacientes com câncer de ovário de volta do abismo.

Em 2015, Hannah e Joy voaram para Nova York e, no trajeto de táxi, tiveram uma crise de gargalhadas, sem saber como reagir à imprudência do taxista, que acelerava feito um maluco e dava bruscas guinadas em direção ao Bronx. O oncologista com quem elas conversaram na manhã seguinte estava otimista sobre o que seu tratamento poderia fazer por Hannah e providenciou para que um médico em Manhattan colocasse *stents* em seu fígado. Em Manhattan, Joy levou Hannah com icterícia para o pronto-socorro – se ela fosse internada no pronto-socorro, o plano de saúde pagaria pelo tratamento. Hannah recebeu vários *stents*; um dos muitos apelidos que as duas amigas inventaram para os tratamentos e médicos era "tenda dos *stents*".

Hannah embarcava num voo para Nova York a cada duas semanas, porque uma fundação se dispôs a ajudar a custear seu tratamento no Bronx. Em suas postagens no diário, ela agradecia repetidamente seus colegas de trabalho por doarem horas de férias para que pudesse manter seu emprego e, com ele, seu seguro-saúde. Seus amigos, entre os quais Joy, organizaram um evento de arrecadação de fundos – um almoço à base de espaguete – para pagar suas despesas médicas. Quando se tratava de Hannah, dinheiro não era problema: Joy gastava tudo o que podia para apoiar seu tratamento.

Joy acompanhou Hannah em muitas de suas viagens a Nova York. O quarto do hospital não tinha poltrona reclinável nem cama dobrável, então ela dormia em uma cadeira com braços de metal que afetavam sua circulação. Temendo ser expulsa, disse à equipe do hospital que era esposa de Hannah; ela não era parente de Hannah por sangue ou casamento – apenas um exemplo de como as classificações oficiais de quais tipos de relacionamentos importam deixavam de fora a amizade delas.

A essa altura, o humor autodepreciativo de Hannah ("Acho que devo ser parente dos Simpsons. Estou tão amarela!") e sequências de pontos de exclamação se tornaram mais raros em suas postagens de diário. Restaram um punhado de termos técnicos do jargão médico e um registro dos resultados de exames mais recentes, como se agora tudo dependesse das visitas regulares dos médicos e sua vida se reduzisse a um prontuário. Hannah assustava Joy ao se inscrever em todo e qualquer promissor teste de novo medicamento que conseguia encontrar, independentemente do lugar do país onde estivesse ocorrendo. Um dos testes, até onde Joy entendeu, equivalia a cozinhar o sangue do paciente em alta temperatura para matar as células cancerosas. No fim, Hannah não estava saudável o suficiente para participar desse teste.

Os efeitos cumulativos da quimioterapia estavam consumindo Hannah: "Meus dedos das mãos e dos pés estão ficando dormentes, meu cérebro parece em conserva, tenho os dentes e gengivas de uma pessoa de 80 anos, minha pele está frágil e seca", e quando ela ouvia as pessoas, "é como se eu estivesse usando protetores de ouvido". Ainda assim, ela foi a um show do Red Hot Chili Peppers, sua banda favorita, e, da sétima fileira da plateia, cantou a plenos pulmões, sem pudor. Joy comprou ingressos para comemorar o aniversário de 40 anos de Hannah, assim como tinha feito quando a amiga completou 30 anos. A cada poucas canções, Hannah tinha que ir ao banheiro ou pegar água, mas pedia a Joy para que não a acompanhasse, porque senão acabaria perdendo o show. Na ausência de Hannah, Joy morria de preocupação, querendo ter certeza de que a amiga estava bem para se concentrar totalmente na música.

No mês seguinte, Joy levou Hannah numa viagem a Miami. Elas encontraram um barco para alugar e, quando o rapaz do balcão da marina perguntou se precisavam pagar por um piloto, Hannah declarou: "Somos de *Minnesota* e estamos em barcos *o tempo todo*! Vamos ficar bem!". Só que nenhuma das duas tinha andado em um barco como aquele. Elas fingiram: Hannah fez pose segurando o leme com a saia balançando ao vento, e saíram oceano afora.

Em março de 2017, elas voaram de volta para Nova York. Joy acompanhou Hannah ao mesmo pronto-socorro para outra "tenda dos *stents*". Nos dias seguintes, fizeram uma excursão turística pela cidade, porque Hannah queria dar um jeito de fazer Joy se divertir. A cadeira de rodas que elas pegaram no hotel em Manhattan não tinha um lugar para Hannah descansar os pés, então Joy correu em meio ao tráfego para roubar uma fita zebrada de advertência de perigo e a amarrou na parte inferior da cadeira para fazer as vezes de apoio para os pés. Elas matavam o tempo no quarto do hotel, deitadas em suas camas de casal, assistindo a programas de culinária na TV. Um dos chefs favoritos de Joy, Rick Bayless, preparou um bolo mexicano de chocolate com pimenta e, intrigada com a receita, Hannah disse que qualquer dia teriam que fazê-lo.

A vida de Joy estava se desenrolando como numa tela dividida, separada entre a diversão de quando as duas estavam juntas, apesar da frágil condição de saúde de Hannah, e a calma que se despedaçava quando Hannah não estava presente. Durante a primeira viagem a Nova York, Joy ficara acordada duas noites seguidas enquanto acompanhava o movimento de subida e descida do peito de Hannah, porque temia que a amiga pudesse morrer longe da mãe e dos filhos. Nessa última viagem, Joy saiu sozinha para aviar uma receita para Hannah em uma farmácia de esquina no Bronx e discutiu com o farmacêutico, que lhe criou problemas por ela residir em outro estado. Joy, que dá a impressão de ser uma nerd reservada, encarou o farmacêutico e, com o dedo em riste, explicou o que estava acontecendo com Hannah e o instruiu a ligar para quem fosse necessário a fim de providenciar o medicamento ou lhe dizer onde ela poderia obtê-lo. Durante a hora que levou para receber a medicamento em suas mãos, ela se sentou em uma cadeira de metal, na menor farmácia em que já tinha estado, e chorou. A inescapabilidade da mortalidade de Hannah, os remédios, os resultados de exames de fígado e os efeitos colaterais – tudo isso tinha cobrado seu preço. Ela não conseguia mais se controlar.

Embora Joy pudesse ver o fim, Hannah nunca admitiu que estava morrendo, nunca abordou o assunto da morte com ela, nunca assinou uma "ordem de não reanimar". Hannah tinha acabado de comprar um passe anual para visitar o arboreto, achando que o aproveitaria bastante. Mais tarde,

Joy veria que a reação de Hannah não era tão incomum; seu pai também nunca aceitou que estava morrendo. Ainda assim, Joy ficou horrorizada com a relutância de Hannah em se preparar para o fim; ela não tinha testamento e não havia falado com os filhos sobre a morte. Joy pensou: *Meu Deus, quando ela estava em remissão, por que não fui mais enfática sobre essas coisas?* – como se ela, e não Hannah ou mesmo seu marido, tivesse alguma responsabilidade pelas decisões da amiga.

Durante todas as semanas em que Joy se ausentou do trabalho para ficar no hospital com Hannah, ela não teve direito à licença assegurado pela Lei de Licença Médica e Familiar, porque elas duas não tinham parentesco por laço de sangue, casamento ou adoção. Em vez disso, Joy usou seus dias de férias; como seu empregador oferecia generosos períodos de férias, ela se considerava afortunada.

Joy nunca deixou de se sentir dividida entre a vontade de honrar o desejo de autonomia de Hannah e a necessidade de encarar o clarão ofuscante e ameaçador da realidade. Seis anos depois de ter recebido o diagnóstico de câncer de ovário, Hannah deu entrada em um hospital residencial de cuidados paliativos. Ela concordou em ir porque queria uma cama que fosse ajustável e lhe oferecesse conforto suficiente para dormir; somente no caso de cuidados paliativos o seguro-saúde pagaria as despesas. Mesmo nesse hospital focado em melhorar a qualidade de vida do paciente e de seus familiares por meio da prevenção e alívio do sofrimento, Hannah pediu à equipe que lhe ministrasse novos tratamentos.

No mês anterior, Hannah estivera morando no apartamento da mãe, que havia se transformado em um labirinto de suprimentos médicos. Uma enfermeira de cuidados paliativos reuniu Joy, Hannah e sua mãe em volta da pequena mesa de jantar. A enfermeira insistiu que Hannah entendesse que era "o fim"; Hannah não conseguiu obter o tubo de alimentação que solicitou porque sua doença estava em um estágio muito avançado e, além disso, o hospital de cuidados paliativos não fornecia tratamento. Sentada ao lado da amiga, Joy pediu à enfermeira que lhe prometesse que procuraria obter um tubo de alimentação. Ela desejou ter tido alguns minutos para conversar com a enfermeira antes dessa reunião para lhe dar algum contexto: sabia que Hannah estava à beira da morte, mas a amiga estava se esforçando para permanecer viva por causa dos filhos. Hannah ainda estava procurando o próximo tratamento porque era o que ela vinha fazendo havia mais de seis anos. Sem saber de tudo isso, a enfermeira parecia pensar que Joy estava em negação.

Após a reunião, a enfermeira levou a mãe de Hannah e Joy para o corredor do lado de fora do apartamento e disse: "Vocês entendem que Hannah está tão doente que talvez tenha apenas alguns dias de vida?!". Sim, disseram elas.

"Senti que estava traindo Hannah, porque tudo o que fiz foi apoiá-la em todas as opções de tratamento", conta Joy. "Não queria que ela soubesse que eu acreditava que ela estava perto da morte sem nenhuma opção realista pra impedir isso." Joy não achava que seu papel era convencer Hannah de que ela estava morrendo.

Dois dias depois, Hannah não conseguia receber morfina líquida sem passar mal e vomitar. Sua mãe, sem saber o que fazer, ligou para Joy. Elas decidiram ligar para a emergência e levar Hannah para o hospital. Depois que a ambulância chegou, bloqueando o quarteirão com sirenes uivantes, Joy foi de carro até a casa de seus pais – era Dia dos Pais. Sentada à mesa de piquenique no quintal, ela chorou. Ninguém tentou tirá-la do seu estado de ânimo sombrio, como haviam feito na ocasião em que Hannah recebera o diagnóstico.

No dia seguinte, 19 de junho de 2017, a mãe de Hannah ligou para Joy e lhe pediu que fosse ao hospital residencial. O marido de Hannah assinaria a ordem de não reanimar. Joy saiu do trabalho e se juntou à mãe, marido, filhos, irmão e alguns amigos próximos de Hannah. No final, todos a abraçaram. Era dia do aniversário de 11 anos do filho dela. Joy e uma amiga de infância de Hannah tinham comprado presentes para o menino e tentaram comemorar, apesar da cruel convergência de ocasiões. Nessa noite, Joy bebeu até cair no sono.

Marcou-se uma cerimônia fúnebre a ser realizada algumas semanas depois no arboreto, e Joy ajudou a planejar o evento. Quando ela passou na casa da mãe de Hannah para cuidar de algumas tarefas relativas à cerimônia, ela lhe entregou dois tabletes de chocolate que Hannah encomendara do México para que as duas pudessem fazer juntas o bolo de chocolate com pimenta, aquele que elas tinham visto em um programa de culinária no quarto de hotel em Nova York.

Na cerimônia, Joy não teve forças para fazer um discurso, porque não se achava capaz de fazer isso sem chorar. Ela se comunicou por meio da canção "Otherside", do Red Hot Chili Peppers, cuja letra fala sobre fazer a travessia para o outro reino após a morte; as duas amigas ouviam sem parar essa música, que agora estava sendo tocada em memória de Hannah.

Joy voltou ao trabalho três dias após a morte da amiga, porque não tinha direito à licença por luto; novamente, Hannah não se encaixava nos critérios oficiais de ser parente de Joy. Na opinião de Joy, era injusto que ela pudesse ter tirado uma folga para comparecer ao funeral do irmão de seu pai, uma pessoa a quem ela nem conhecera pessoalmente, mas não para lamentar a morte de Hannah.

Da licença por motivo de doença em pessoa da família à licença nojo, que consiste em um período de afastamento do trabalho em razão do falecimento de um familiar próximo, passando pelas regras dos hospitais sobre quem pode ficar no quarto com o paciente, as normas que Joy encontrou refletem e reforçam uma hierarquia do luto. Lá no topo, na cobertura, está o luto emancipado; a maioria das pessoas entende que perder um cônjuge, um pai ou um filho pode destruir até mesmo uma vida próspera. Lá embaixo, no porão, está o que o especialista em luto Kenneth Doka chamou de *luto sem privilégios* – o luto que não é ou não pode ser abertamente reconhecido, lamentado ou apoiado por outros.[12] Ele chegou a essa ideia enquanto dava uma aula sobre luto na década de 1980. Uma aluna que passara por um divórcio turbulento disse à turma: "Se vocês acham que é difícil enfrentar a morte do cônjuge, deveriam ver como é quando o ex-cônjuge morre". As pessoas não se uniram em torno dela para lhe dar força e ajuda no que fosse possível, como teriam feito se ela e o ex-marido ainda estivessem juntos; no entanto, ela vivenciou a morte dele como uma perda. São vários os caminhos que podem levar ao luto sem privilégios; um deles é um relacionamento que não tem reconhecimento – digamos, se seu empregador e o governo não tratam o relacionamento perdido como algo digno de merecer cuidados ou acomodações de luto. Outra causa do luto sem privilégios é a perda ambígua.[13]

Quando o luto é declarado, as pessoas ao redor do enlutado sabem o que fazer: enviar flores, guardar o shivá [no judaísmo, o período de sete dias de luto mantidos pela morte de uma pessoa próxima], levar refeições à casa de quem sofreu a perda. Não existe um manual de regras para alguém que queira ajudar um ente querido cujo amigo se foi. "Tente encontrar um cartão para expressar 'Sinto muito que seu amigo tenha morrido'", diz Doka. Friedman e Sow, as autoras de *Big Friendship*, propõem um desafio semelhante: "Tente ligar para seu chefe a fim de anunciar que você passou por um término devastador com um amigo e precisa tirar um dia de folga para lamentar a perda".[14] Quando não contam com esse apoio, enlutados podem sofrer ainda mais. O luto sem privilégios é um fator de risco para o luto complicado – uma forma de luto tão duradoura e grave que é debilitante.[15]

Certa vez, Joy ouviu alguém dizer que o luto é como uma bola rolando dentro de uma caixa. No começo, a bola é enorme e bate nas laterais com força. Com o passar do tempo, a bola vai ficando menor e não colide contra as laterais com tanta frequência. Mas ainda dói quando as batidas acontecem. Embora essa analogia tenha validado a postura de Joy, por normalizar a dor do luto que ela sentiu por Hannah, aparentemente as pessoas ao seu redor não esperavam que a bola continuasse atingindo as laterais da caixa muito tempo depois da morte da amiga, tampouco que a dor fosse tão terrível cada vez que isso acontecia. Joy diz não achar que sua dor "está fora dos limites, mas tenho a sensação de que as pessoas da minha convivência reagem tipo: 'Nossa, você ainda está nessa. Você ainda está falando sobre isso'". Comentários de amigos e familiares tinham a pretensão de consolar Joy, mas ela sentia que a mensagem tácita era que ela deixasse de lado sua dor. As pessoas não lhe diziam essas palavras com todas as letras, mas, em vez disso, sugeriam que Hannah não gostaria de vê-la tão mal. Ou comparavam seu próprio luto por Hannah ao de Joy; diziam que se concentravam nos sentimentos felizes, e lhe perguntavam por que ainda estava tão triste.

"Estou triste porque meu ser humano se foi", diz Joy, com o rosto vermelho. "A pessoa que escolheu me amar incondicionalmente não está mais aqui. E acho que nunca mais terei isso pelo resto da minha vida." Ela passa um lenço de papel por debaixo das lentes dos óculos azul-petróleo. "Não consigo acreditar que ela não está aqui e o mundo ainda insiste em girar."

Foi necessária a ausência de Hannah para Joy entender o que a amizade lhe deu. Após a morte da amiga, Joy passou a entender a raridade de um vínculo como o delas. "Quando eu estava vivendo minha relação com a Hannah, sabia que era especial", diz, "mas não sabia o quanto era especial até ela falecer."

Essa é a ironia sombria do luto sem privilégios: a profundidade do luto de Joy deveria ser a mais forte evidência de que sua amizade era significativa; é aquela clássica frase de Joni Mitchell que diz que "você nunca sabe o que tem, até perder de vez". Mas o luto dela não garantiu seu reconhecimento, seja na forma de políticas do local de trabalho ou do governo, seja das pessoas em seu entorno imediato.

Mesmo quando as pessoas tentam oferecer apoio após a perda de uma amizade como a de Joy, a incompreensão delas pode acabar causando ainda mais dor. Nicole Sonderman, cuja melhor amiga morreu por suicídio, se sentia uma alienígena, porque as pessoas ao seu redor não entendiam a importância que a amiga (a quem ela chamava de "esposa") tinha em sua vida. Elas mencionavam um colega dos tempos do ensino médio que já havia falecido, como se a dor do luto de Nicole fosse o equivalente a lidar com a morte de alguém que ela conhecera apenas de passagem.

Parte da reação das pessoas no entorno de Joy reflete uma impaciência ocidental mais geral em relação ao luto, seja quem for que tenha falecido. Psicólogos descrevem o processo típico de luto exatamente como Joy o vivenciou: o luto ataca em oscilações que vão sendo mais espaçadas no decorrer do tempo, mas ainda assim podem ter o impacto de um murro quando chegam.[16] Esses psicólogos afirmam também que reações saudáveis à perda são amiúde tratadas como patológicas. Termos como *encerramento* e *superação* enviam uma mensagem imprecisa de que o luto terá um ponto final.[17] A filósofa Judith Butler compara a maneira como as pessoas falam sobre o luto a um equivocado uso da ética de trabalho protestante. Ela afirma que ninguém pode resolver o luto pensando: "Vou me dedicar à tarefa e me esforçar para alcançar a resolução do luto que está diante de mim".[18] O luto é algo com que vivemos, não algo que completamos.

Outras pessoas podem querer que Joy pense em outra coisa, mas ela não pensa. Diz ela: "Sinto que não consigo superar isso porque, se o fizer, é como se a estivesse abandonando. Quero pensar nela todos os dias. Quero me lembrar dela todos os dias e celebrá-la todos os dias". Quando conversamos, Joy está usando uma camiseta das caminhadas da Aliança de Combate ao Câncer de Ovário de Minnesota com a frase HANNAH É UMA PEDRA PRECIOSA e uma pulseirinha de silicone com a mesma frase. Se a canção "Dark Necessities", do Red Hot Chili Peppers, começa a tocar, conta Joy, "eu simplesmente fecho os olhos e estou lá na sétima fileira da plateia com ela, aplaudindo, berrando, sorrindo e me divertindo muito".

Por um tempo, Joy não teve a oportunidade de relembrar ou lamentar. Algumas semanas após a cerimônia em homenagem a Hannah, ela descobriu um câncer no seio. Seu tratamento consumiu os seis meses seguintes de sua vida. Mesmo assim, diz ela, "achei que tinha ganhado na loteria do câncer", porque precisou apenas de cirurgia e radiação, não de quimioterapia. Ela sabia que Hannah odiava a quantidade de dinheiro arrecadado para o câncer de mama, enquanto doenças mais mortíferas, como câncer de ovário, recebiam pouca atenção em comparação. Joy estava atormentada pela culpa do sobrevivente.

Durante o tratamento de Joy, uma amiga da faculdade que também era próxima de Hannah enviou-lhe sabonetes para aliviar suas queimaduras de radiação e um cartão que dizia: "Sei que a pessoa que você mais queria que estivesse aqui, especialmente em tempos difíceis, não está". Por causa desse comentário, Joy sentiu que pelo menos alguém entendia a gravidade do que ela havia perdido.

No primeiro aniversário da morte de Hannah, após seu próprio tratamento contra o câncer, Joy finalmente conseguiu estar de luto. Ela pegou o chocolate que a amiga havia comprado do México e fez o bolo de chocolate com pimenta que a própria Hannah nunca chegou a experimentar. Ela transformou isso em um ritual: passou a assar esse bolo no aniversário da morte de Hannah todos os anos.

A especificidade desse ritual é parte do que o torna significativo. Mas se Joy quisesse um ritual do tipo "pronto para o uso" para prantear a perda de sua amizade – um ritual que fosse inteligível para os outros e com uma base de apoio coletiva –, teria tido dificuldade em encontrá-lo. Nas principais religiões, os mais importantes rituais destinados a processar o luto não abrem espaço para os amigos. Doka, o especialista em luto, é também pastor luterano e não conseguiu pensar em um ritual cristão de luto para amigos. Na tradição judaica, os judeus seguem o ritual do *kaddish* para marcar a morte de um filho, pai, cônjuge ou irmão. No hinduísmo, os descendentes do sexo masculino realizam o rito de *shraddha* para parentes de sangue específicos.[19] Joy teve de lidar sozinha com sua perda e criar seus próprios rituais de recuperação.

Sei que não estava completamente lúcida ao sentir saudade de uma era anterior da minha amizade com M. Não percebi que durante a pandemia havia alarmes disparando na vida de M. que exigiam resposta mais urgente do que nossa amizade. Ela estava enfrentando dificuldades na área profissional, em um emprego que não era adequado para o trabalho remoto. Amante de rotinas, ela se mudava para um estado diferente a cada par de meses. E se consumia de preocupação com um parente imunocomprometido. Entre viver longe e deliberadamente restringir meu contato com M., perdi oportunidades de entender que ela estava tentando equilibrar os pratos de sua vida pandêmica. Pouco importava o que eu pensasse acerca do espaço que seu relacionamento romântico ocupava em sua vida em comparação com as amizades, seu então parceiro lhe proporcionava prazer e estabilidade em um momento desestabilizador.

Só tive uma noção melhor do que estava acontecendo na vida interior de M. depois que ela reagiu a um rascunho deste livro. Foi então que percebi que havia deixado passar em brancas nuvens algo fundamental a respeito de quem M. é, o que moldou a maneira como se deu a transição em nossa amizade. Eu tinha a impressão de que M. era uma comunicadora direta e sem medo de fazer o que queria – qualidades que eu admirava nela.

Em mais de uma ocasião, no início de nossa amizade, M. comentou que deveríamos praticar maneiras de lidar com conflitos juntas de modo a estarmos preparadas para quando, mais cedo ou mais tarde, como seria inevitável, tivéssemos algum tipo de desentendimento. Eu não havia percebido que comentários como esse e sua disposição para afrontar as convenções sociais eram exceções ao desconforto que M. sentia em relação a conflitos. M. é extremamente sensível à forma como as outras pessoas se sentem – o que é ao mesmo tempo a raiz da sua empatia e seu empenho para compartilhar o que ela quer quando isso pode machucar outra pessoa. Veja-se por exemplo a maneira como, embora ela às vezes sentisse falta da proximidade comigo, nossa mudança de parceiras platônicas para amigas criou espaço para ela desenvolver outros relacionamentos significativos. Atinar com o quanto eu havia deixado passar despercebido em relação à pessoa que eu achava que conhecia tão bem foi, para dizer o mínimo, humilhante.

Mesmo antes de M. esclarecer o que estava acontecendo durante a pós-graduação e a pandemia, tentei fazer as pazes com a ideia de que mudamos os papéis que desempenhávamos na vida uma da outra e de que nem todas essas mudanças eram movimentos ladeira abaixo. Nós nos tornamos mais vitais uma para a outra no fornecimento de aconselhamentos profissionais, à medida que nossas carreiras se sobrepunham cada vez mais. Quando lidei com algumas grandes mudanças de vida que M. já havia vivenciado, retornamos a uma cadência constante de troca de mensagens de voz, um sinal de que nossa amizade estava sujeita a alterações de intensidade a depender do que acontecia em cada momento em nossa vida. Estávamos inadvertidamente seguindo a proposta de Meg-John Barker de nos afastarmos de um modelo de término de relacionamentos. Se pararmos de ter a expectativa de que os relacionamentos cheguem a

um fim definitivo, explica Barker em *Rewriting the Rules: An Anti Self-*
-Help Guide to Love, Sex and Relationships [Reescrevendo as regras: um
guia antiautoajuda para o amor, o sexo e os relacionamentos], "torna-se
possível mudar um desses aspectos [companheiro de casa, intimidade
sexual, apoiadores em tempos de crise] sem necessariamente mudar todos
os outros. Quais não estão mais funcionando? Quais ainda estão?".[20] Ao
contrário de muitos relacionamentos românticos que operam com um
interruptor liga-desliga – ou vocês são perfeitos um para o outro ou estão
ausentes da vida um do outro –, nossa amizade é mais como um *dimmer*
que pode ser facilmente ajustado.

Ou talvez seja como uma colagem com componentes que podem ser
adicionados ou embaralhados. M. e eu nos tornamos amigas de uma mulher
chamada Helen e, com o tempo, formamos uma profunda amizade a três.
O trio significou mais risadas para encher a sala quando comprei enfeites de
barbante prateado para celebrar a gravidez de Helen e, sem querer, os pen-
durei no formato de seios caídos. Tiramos uma foto na frente desses enfeites:
de brincadeira, Helen levanta os seios para exibir sua barriga de grávida de
sete meses enquanto M. e eu a abraçamos, uma de cada lado. Agora essa é
a imagem de fundo na tela do meu celular. Algumas semanas depois, quando o estado de ânimo de M. era um fardo pesado demais para eu carregar
sozinha, Helen nos levou de carro uma hora e meia para o norte, onde M.
mora, e reutilizou essas mesmas decorações. O cordão de círculos prateados
emoldurou a parede de tijolo aparente em sua sala de estar, na qual tínhamos
colado fotos formando um registro de nossa amizade. Assim como minha
amizade inicial com M., tão diferente de tudo que eu já havia vivenciado,
essa amizade a três não era algo que eu sabia que queria.

À medida que me apeguei menos aos primeiros anos de nossa amizade,
descobri que meu relacionamento com M. fazia as vezes de um farol, indi-
cando de quais amigos eu deveria tentar me aproximar mais. Essa luz incidiu
sobre Sigal, cuja nerdice excêntrica me faz ter ataques de riso, como na ocasião
em que ela e seu parceiro cantaram a canção que os dois escreveram sobre
líquens. O foco de luz brilhou em Kim, que, certa vez, quando estávamos
dentro de um carro, ela sentada no banco à minha frente, estendeu a mão
para trás para segurar minha mão – sem nenhuma outra razão além de demonstrar afeto – e cuja exuberância era contagiante.

Claro que eu prontamente teria voltado a me encontrar com M. na
maioria dos dias da semana se isso fosse possível, mas passei a ver os primeiros

anos da nossa amizade como um ponto na história a ser apreciado e valorizado, em vez de ser algo que ansiava por reviver – como guardar com carinho a lembrança de férias maravilhosas sem ter a expectativa de retornar ao local anos depois e encontrar tudo intacto. Eu nunca usaria o termo *ex* para descrever M., mas, mesmo assim, reconheci minha própria experiência na ideia de Barker de pensar nos ex "como as pessoas com quem alcançamos o auge da intimidade [...]. Talvez possamos ver essas pessoas como os relacionamentos mais valiosos e preciosos em nossa vida, em vez de odiá-las ou relegá-las ao passado".[21] *Valiosa* e *preciosa* são exatamente os termos com os quais defino minha amizade com M. Já nos primeiros anos de convivência ela reformulou minha compreensão de relacionamentos platônicos e expandiu meu senso de quem eu poderia ser.

Estar com M. me reaproxima da versão de mim mesma de que mais gosto: uma pessoa que não se constrange quando se encanta com alguma canção de um musical; que é superanimada e anda para lá e para cá como se tivesse molas sob os pés. A última vez que passei a noite no apartamento de M., ela me contou sobre a ocasião em que um ente querido escondeu informações dela, o que se transformou em uma conversa sobre a ética de ocultar informações – quando isso constitui um dano e quando é um ato de cuidado? Interrompi a conversa para ir ao banheiro. Quando voltei, M. estava rolando na tela do celular o PDF de um artigo de teoria política, procurando por um experimento mental relevante que ela queria compartilhar comigo. Sentadas à mesa de jantar, eu lhe disse o quanto amo seu hábito de alternar entre o interpessoal e o teórico – uma combinação que torna cativante cada conversa com ela. Ela me disse que isso é algo que ela ama em mim também.

Quando passo algum tempo com M., ainda consigo sentir uma onda de sentimentos agridoces, como uma corrente de ar invadindo uma sala aquecida. Certa noite, acompanhei M. até sua casa e, aconchegadas uma à outra, meus braços em volta da cintura do casaco fofo dela e vice-versa, estávamos de volta àquele conhecido modo de construir juntas uma torre de ideias com interlúdios de humor. Senti uma mistura de nostalgia por nossa amizade antiga, aborrecimento comigo mesma por ainda ansiar pelo passado e decepção acerca do que o futuro não nos reservava. Enquanto trabalhava neste livro, aprendi que havia um termo clínico para designar o luto por um futuro perdido: *luto intrapsíquico*, que o capelão de hospital e escritor J. S. Park descreve como "lamentar o que poderia ter sido e nunca será".[22] Assim como aconteceu quando li sobre amizades românticas e irmandades juramentadas de séculos atrás, descobrir esse termo me convenceu de que minhas reações não eram exageradas. Senti essa forma de tristeza, embora com menos intensidade, quando me afastei de amigos de infância ou amigos que se mudaram.

Tenho a expectativa de manter uma relação de proximidade com M. à medida que nossa amizade evoluir nas décadas vindouras, mas Joy não tem a opção de fantasiar sobre seguir em frente com Hannah. Joy me contou sobre uma ida delas a um salão de cabeleireiro, antes do início da quimioterapia de Hannah. As duas amigas cortaram a cabeleira que ostentavam na altura da cintura e acabaram ficando com um visual que Joy descreveu como "cabelo de capacete de velhinha". Depois, durante o almoço, ela brincou sobre as duas tomando drinques juntas cinquenta anos depois, o cabelo pintado de azul. "Sinto falta daquele futuro", diz Joy. "De ter minha amiga e de ter essas experiências e o tempo e a camaradagem – das esperanças e sonhos que eu alimentava simplesmente de ser parte da vida dela e ela ser parte da minha."

Joy já não dá como fato consumado que ela foi escolhida, um sentimento fundamental que muitos de nós buscam em qualquer tipo de parceria.[23] "Eu me sinto muito menos especial agora", diz. "Não tenho esse ser humano que todos os dias queria falar comigo e sorria ao me ver."

Perder alguém que você ama sempre significa perder uma pessoa específica que não pode ser substituída por outra. Em um relacionamento romântico, você pode pelo menos ter alguma noção de como preencher esse espaço mais cedo ou mais tarde. No entanto, quando se trata de amizades incomuns, construídas com suas molduras personalizadas, é mais difícil imaginar outra pessoa ocupando esse espaço ou de que forma você conseguiria encontrar alguém para o papel. Seja como amiga, seja como parceira romântica, Joy nunca se sentiu conectada a ninguém da mesma maneira como se sentia conectada a Hannah. Uma viúva pode baixar um aplicativo de namoro para procurar um novo cônjuge ou pedir para alguém bancar o cupido e apresentá-la a um pretendente. Mas, diz Joy, "não posso simplesmente publicar um anúncio de que estou fazendo entrevistas para encontrar uma nova alma gêmea".

Capítulo 8
Amizade colorida
Os custos do monopólio do casamento

> "Casamento" é o nome que a sociedade dá ao relacionamento
> que mais importa entre dois adultos.
> *Perry versus Brown*

Nas histórias em quadrinhos, a invisibilidade é um superpoder. Na lei, pode ser uma desvantagem. Amelie Zurn-Galinsky há muito vê a invisibilidade das mulheres lésbicas como uma injustiça e passou sua vida adulta tentando mudar isso. Em 1990, poucos anos depois de sair da faculdade, ela foi nomeada a primeira diretora de serviços lésbicos na Clínica Whitman-Walker, um centro de saúde em Washington, D.C. que tem a missão de atender moradores gays e lésbicas da área. Todo mês, Amelie atravessava o prédio de tijolos pré-guerra em seu estilo padrão – camiseta da clínica e cabelo curto penteado para o lado – para ministrar um dia de workshops. Cem ou duzentas mulheres apinhavam-se em salas de reunião e, sentadas em uma das cadeiras dobráveis que Amelie ou as dezenas de voluntárias tinham levado para lá, aprendiam sobre questões de saúde que iam de sexo seguro a mamografias. Um dos workshops ajudou as participantes a escrever testamentos vitais, perguntando às mulheres: *Em uma crise ou no fim da vida, quem você quer por perto?* – "Porque o Estado vai dizer: serão seus pais, ou seu irmão de quem você está afastada há anos, ou seu filho com quem você não fala", conta Amelie. A falta de reconhecimento jurídico para relacionamentos entre pessoas do mesmo sexo significava que as parceiras das lésbicas eram estranhas do ponto de vista legal, mesma situação das amigas que elas consideravam família escolhida. A esperança de Amelie era que as mulheres que iam à clínica pusessem sua papelada em ordem, de modo que quaisquer decisões importantes, capazes de alterar sua vida e que precisassem ser tomadas por elas, ficassem a cargo de pessoas que elas de fato queriam nessa posição.

Amelie sabia de um bocado de casos em que a lei minou a autonomia das pessoas *queer*, como a história de Sharon Kowalski, que virou notícia nacional na época em que Amelie se mudou para D.C., em meados da década de 1980. Sharon sofreu graves lesões cerebrais em um acidente de carro e seus pais excluíram da vida dela a parceira de quatro anos, Karen Thompson. As duas mulheres tinham firmado o comprometimento característico de cônjuges – trocaram alianças e nomearam uma à outra como beneficiária do seguro –, mas, por serem um casal do mesmo sexo, não tinham os direitos que o casamento legal oferecia. Foram necessários anos de batalhas judiciais para que enfim Thompson pudesse visitar Kowalski e obter o direito de tomar decisões em seu nome. E havia os casos que Amelie viu de perto. Ela conheceu homens gays que adoeceram em decorrência da aids e, à beira da morte, foram afastados das pessoas mais importantes de sua vida. "A família deles, que era a família escolhida – os amigos que cuidavam deles – foi subitamente apartada e impedida de estar com seus entes queridos", diz Amelie, "porque as famílias biológicas chegavam e diziam: *Vocês não têm lugar aqui. Vocês não são família de verdade.*"

Depois de terminar sua gestão de quatro anos supervisionando serviços lésbicos, Amelie ganhou experiência pessoal com as indignidades, a perda de tempo e o custo financeiro de ter um relacionamento que a lei não reconhecia. Tudo começou quando, em 1996, ela se apresentou a uma mulher chamada Licia em uma reunião para um projeto de saúde lésbica do qual ambas eram voluntárias. Embora os amigos de Amelie tivessem dito a ela que as duas gostariam uma da outra, Licia, uma figura impressionante de cabelo e bigode grisalhos, parecia ocupadíssima e não demonstrou especial interesse por Amelie. Mas quando Amelie lhe enviou um bilhete com seu número de telefone, Licia respondeu e elas começaram a namorar. No ano seguinte, Amelie e Licia acolheram uma criança de 12 anos do ex de Licia. Embora Amelie e Licia tivessem registrado em cartório a permissão legal para Jessica morar com elas, o sistema escolar não aceitou a matrícula da menina e exigiu que Amelie e Licia obtivessem a tutela, um processo legal mais complexo. Elas buscaram a ajuda do mesmo advogado que encabeçou as sessões de elaboração de testamentos na Whitman-Walker e entraram para a história como o primeiro par de mulheres no estado de Maryland a se tornarem tutoras legais de uma criança.

Dois anos depois, Licia deu à luz Tova, em cuja certidão de nascimento constam o nome de Licia como mãe e o pai como "não identificado". A certidão não tinha espaço onde constar uma segunda mãe. Amelie teve que adotar Tova, o que significava seguir o mesmo processo de adotar o filho de um desconhecido. Amelie e Licia tiveram que passar por uma habilitação para adoção junto a assistentes sociais e uma agência especializada; sua casa foi submetida a uma inspeção do chefe dos bombeiros; vizinhos e pessoas da comunidade foram entrevistados; elas tiveram que apresentar ao tribunal uma petição para a adoção e pagar custosas taxas legais. O casal repetiu esse intrincado processo legal dois anos depois, quando Amelie deu à luz seu segundo filho, Milo. Essa ladainha burocrática não teria sido necessária se Amelie e Licia tivessem permissão para se casar.

Mas o casamento não era o objetivo final de Amelie em seu trabalho como ativista LGBTQ. Diz ela: "Como um movimento político, sempre vi as limitações da instituição e sua sanção pelo Estado". Embora a legalização do casamento entre pessoas do mesmo sexo tivesse tornado a coparentalidade mais fácil para ela e Licia, diz Amelie, "eu não necessariamente pensei que seria a panaceia que todo mundo achava que seria". Pessoas em relacionamentos não conjugais continuariam sem ter direitos médicos, legais e financeiros em relação às pessoas mais importantes de sua vida. De fato, quando Amelie enfim desenvolveu uma amizade que desafiava categorias, os direitos matrimoniais acabariam se mostrando inúteis.

Em meados da década de 1980, o número de defensores legais gays e lésbicas era tão pequeno que dava para reunir todos em volta de uma mesa – e, de fato, eles se reuniam em uma conferência duas vezes por ano para falar sobre estratégia e prioridades nacionais.[1] Não faltavam questões que mereciam debate e reflexão. A sodomia era ilegal. Pais e mães gays e lésbicas estavam perdendo os direitos de custódia dos filhos, e trabalhadores LGBTQ não tinham proteção contra discriminação no emprego. Um dos advogados à mesa, Thomas Stoddard, viu o caso de Sharon Kowalski como evidência de que casais do mesmo sexo precisavam de direitos matrimoniais.[2] Ele era o diretor executivo do Fundo Lambda de Defesa Legal e Educação, a principal organização de defesa jurídica de gays na época. Em um ensaio publicado em 1989, ele argumentou que era politicamente estratégico para o movimento fazer da igualdade no casamento sua principal prioridade. Ele escreveu que era uma maneira eficiente de adquirir direitos e era "a questão com a maior probabilidade de levar, ao fim e ao cabo, a um mundo livre de discriminação contra lésbicas e gays".[3] O direito de se casar, acreditava, seria o trem puxando atrás de si a carga de outros tipos de igualdade.

O apoio a essa estratégia geralmente seguia a linha da divisão de gêneros.[4] Comparadas aos homens, as mulheres tendiam a ser mais críticas em relação à priorização da igualdade no casamento, influenciadas como eram pelo feminismo, movimento com um longo histórico de desencanto com o casamento e suas raízes patriarcais. Paula Ettelbrick, colega de Stoddard na Lambda, era cética, e um ensaio de sua autoria saiu ao lado do texto dele na publicação gay e lésbica *OUT/LOOK*. O título acima dos ensaios perguntava "Casamento gay: obrigação ou fracasso?". Ettelbrick alertou que tornar o casamento entre pessoas do mesmo sexo uma prioridade "estabeleceria uma agenda de obtenção de direitos para alguns, mas não faria nada para corrigir os desequilíbrios de poder entre aqueles que são casados (sejam eles gays ou heterossexuais) e aqueles que não são".

A lei norte-americana codifica um desequilíbrio entre casados e solteiros. Entre os mais de mil direitos e benefícios federais concedidos a casais oficialmente casados estão: obter acesso aos cuidados de saúde um do outro fornecidos pelo empregador; tornar um cônjuge estrangeiro elegível para um *green card*, documento de residência permanente no país; transferir entre si qualquer quantia de dinheiro ou propriedades, sem pagamento de impostos; receber seguro-desemprego ao deixar um emprego para acompanhar o cônjuge que foi transferido de cidade; entrar com uma ação judicial em caso de morte do cônjuge em decorrência de negligência; recusar-se a testemunhar contra o cônjuge em um caso criminal. Serena Mayeri, professora de direito na Universidade da Pensilvânia, chama o privilégio legal do casamento e das famílias formadas por casais casados de "supremacia conjugal".[5]

Em vez de se concentrar no casamento, Ettelbrick endossava uma abordagem diferente, que ela acreditava estar alinhada com os objetivos centrais do movimento pelos direitos de lésbicas e gays.[6] Ela defendia uma pauta legal que expandisse as opções para mais tipos de relacionamentos e, ao fazê-lo, estreitasse a lacuna de direitos entre casados e não casados. Via as parcerias domésticas como uma importante ferramenta legal para fomentar a igualdade, que os ativistas gays e lésbicas haviam aprovado com êxito nos níveis estadual e local. Como as parcerias domésticas não se limitavam a relacionamentos sexuais ou românticos, Ettelbrick afirmou que eram parte "da base para revolucionar a visão da sociedade sobre a família".[7] Mas as coisas não saíram como ela esperava. Décadas após sua proposta, o casamento ainda é a única parceria legal disponível na maioria dos estados norte-americanos, o que deixa muitos relacionamentos em risco, sem a proteção da lei.

Em 2004, Massachusetts tornou-se o primeiro estado norte-americano a permitir o casamento entre pessoas do mesmo sexo.[8] Depois de todos os problemas legais que haviam enfrentado com os filhos, Amelie e Licia queriam a proteção do casamento. Elas foram de carro de Maryland a Provincetown, onde tinham acabado de comprar uma casa, e levaram os filhos pequenos ao tribunal para solicitar uma certidão de casamento emergencial. Depois que um juiz de paz as casou na praia, Amelie e Licia tinham uma licença de casamento, mas não eram equivalentes a cônjuges heterossexuais. Enquanto o governo federal não reconhecesse o casamento entre pessoas do mesmo sexo, muitos benefícios de alto valor, como vantagens fiscais, não estavam disponíveis para elas. O estado de Maryland também não lhes concedeu direitos, porque não reconhecia o casamento entre pessoas do mesmo sexo. Com base nos debates políticos que já estavam em curso em Maryland, elas achavam que seu estado natal estenderia os direitos de casamento a casais do mesmo sexo em apenas um ou dois anos.[9] Acabou levando quase uma década.

No decorrer dessa década, o relacionamento de Amelie e Licia se modificou. Antes enraizado no romance, agora se concentrava na coparentalidade. Amelie se mudou e Licia arranjou uma nova parceira, Tamara. Mas a lei não permitiu que se divorciassem. Massachusetts exigia que pelo menos um dos cônjuges residisse no estado, mas Amelie e Licia tinham filhos matriculados em escolas de Maryland e empregos que as prendiam lá. Para começo de conversa, Maryland não reconheceu o casamento, então elas não puderam pedir o divórcio em seu estado natal. Enquanto não se divorciassem, Licia não poderia se casar com Tamara. Elas estavam todas no purgatório do casamento. Ou, de alguma forma, presas na trama de uma comédia maluca e cruel.

Em 2012, cerca de seis anos após o relacionamento de Amelie e Licia ter se transformado em uma família *queer* mista, em Maryland propôs-se uma iniciativa sujeita a voto popular para a legalização do casamento entre pessoas do mesmo sexo. Amelie, junto com sua amiga próxima Joan Biren, se voluntariou para atuar numa seção eleitoral a fim de responder às perguntas das pessoas e incentivá-las a votar pelo sim. Os eleitores aprovaram a mudança e, três meses após a lei entrar em vigor, Amelie foi ao tribunal para sua audiência de divórcio. Embora apenas um dos cônjuges fosse obrigado a comparecer ao tribunal, se ambos os cônjuges não estivessem presentes, uma testemunha da comunidade precisava atestar que era impossível haver "conserto" entre o casal. A testemunha era Joan.

Ela e Amelie tinham se conhecido cerca de 25 anos antes, nos degraus da Clínica Whitman-Walker, numa ocasião em que Amelie estava organizando eventos para o Dia da Saúde Lésbica, e Joan, que era fotógrafa *freelancer*, fora até lá para registrar tudo. Amelie se lembra de Joan como "uma *butch* muito bonita",* com equipamentos de câmera pendurados no corpo. Joan era vinte anos mais velha que Amelie, mas, ao contrário de algumas das outras experientes ativistas que Amelie conheceu, parecia ter profundo respeito por ela como uma igual. Durante uma longa conversa sobre questões de saúde lésbica e sobre terem perdido tantas pessoas amadas para a aids, Amelie sentiu que Joan estava tão interessada em suas ideias quanto ela nas de Joan. E estava certa. Joan ficou imediatamente impressionada com sua inteligência e admirou o trabalho que ela vinha fazendo. Ambas se sentiram atraídas para saber mais uma sobre a outra.

Depois da primeira conversa nas escadas da Whitman-Walker, elas passaram a se ver com frequência por conta do trabalho de ativismo e organização. Foi com Joan que Amelie aprendeu importantes lições, inclusive que é melhor controlar o ritmo se você tiver em mente o longo

---

* O termo "butch" se refere a lésbicas masculinizadas (que se vestem e se portam como homem), em oposição a "femme", a lésbica "feminina". Entretanto, alguns consideram essas definições ultrapassadas porque partem do pressuposto de que, mesmo dentro de um relacionamento homossexual, é necessário reproduzir a ideia de feminino e masculino. (N. T.)

prazo no trabalho como ativista.[10] Elas faziam parte de um grupo que lançou uma entidade para dar apoio a lésbicas com câncer de mama – a mesma onde Amelie e Licia se conheceram. Também trabalharam juntas em um projeto financiado pelos Centros de Controle e Prevenção de Doenças (CDCs, na sigla em inglês) com o intuito de tornar mais competentes e acolhedores os cuidados de saúde oferecidos a mulheres lésbicas e bissexuais. Mulheres com essas identidades sexuais não iam ao médico com tanta frequência quanto outras mulheres porque se sentiam excluídas ou ignoradas desde o momento em que liam o formulário de admissão, que pedia que preenchessem o nome do marido e indicassem se estavam grávidas. Passar noites em uma sala de reuniões redigindo textos para folhetos não é a ideia de diversão da maioria das pessoas, mas Amelie, Joan e uma terceira amiga que com as duas formava o "time dos sonhos", como elas se autodenominavam, se sentiam energizadas com o trabalho que estavam fazendo. Quando participa de uma colaboração criativa, Joan vivencia um tipo especial de proximidade, e ela sentiu esse vínculo com Amelie, que se tornou uma confiável parceira para reflexões. Um vídeo que Joan fez para o projeto estimulava médicos e enfermeiros a pensarem sobre maneiras de incluir em seus cuidados as famílias de pacientes lésbicas e bissexuais – independentemente de como essas pacientes definissem "família".

Em pouco tempo, Amelie e Joan passaram a ver uma à outra como família escolhida. Joan já conhecia a parceira de Amelie, Licia, havia anos. Em 2000, Licia encontrou uma casa para Joan comprar no mesmo quarteirão em que elas moravam. Ter duas casas ampliava o espaço onde a família podia circular, mas essa não era a única maneira de Joan expandir a família. "Tia Joan", como as crianças a chamavam, incutiu nelas seu amor pelo teatro, pelas artes e pelo basquete feminino, levando-as a peças, concertos e jogos. Hoje, um retrato que Tova pintou de Frida Kahlo está pendurado na parede da sala de estar de Joan – uma das poucas peças de arte em exibição na despojada casa.

Joan enriqueceu a vida judaica da família. Amelie tinha menos familiaridade com o judaísmo porque recebeu educação religiosa episcopal, ao passo que Joan havia elaborado rituais judaicos feministas lésbicos com um grupo do qual fez parte por trinta anos. Juntas, a cada ano Amelie e Joan descobriam o que mudar em sua versão personalizada do *Hagadá* – o texto lido durante a Páscoa – ou decidiam se a próxima celebração do

Purim, feriado em que as pessoas usam fantasias, deveria ter tema *drag*. Celebrar o sabá juntas todas as semanas lhes dava a oportunidade de discutir questões cotidianas e espirituais.

Quando se marcou a audiência do processo de divórcio, Joan foi a escolha óbvia de Amelie como testemunha. Além de seu papel de longa data como membro da família, Joan, de acordo com Amelie, foi uma "grande fonte de apoio" ao longo dos sete anos desde que o relacionamento de Amelie com Licia começou a mudar. Em 2011, Amelie saiu da casa que compartilhava com Licia e comprou o bangalô ao lado do de Joan, que ela pintou de verde-menta com a palavra *Esperança* escrita na viga frontal de pervinca. Muitas vezes, Joan cuidava das crianças para que Amelie pudesse trabalhar ou atuar na organização de algum evento. Ela tomava conta da vira-lata chamada Sadie que Licia tinha adotado e que, após a separação, acabou ficando sob os cuidados de Amelie. Quando Amelie buscava a cachorra na casa de Joan, sempre reclamava de seu relacionamento com Licia, de quem, porém, pedia que Joan não guardasse rancor. O casal se separou, mas elas continuariam a criar os filhos como uma família e permaneceriam em sua comunidade lésbica unida. Amelie achava que Joan "nos amparou com muito amor enquanto passávamos por essa coisa difícil".

Naquele dia de março, Amelie e Joan dirigiram juntas até o tribunal e sentaram-se uma ao lado da outra na sala de audiência. A única pessoa do lado de Licia era seu advogado, então Joan foi chamada para assumir a função de testemunha.

Para Amelie, todo o processo de divórcio parecia invasivo e antiquado; o Estado não apenas tinha ideias sobre como um casamento deveria funcionar – por exemplo, a expectativa embutida na lei tributária de que uma pessoa seria o provedor principal –, mas também julgamentos sobre como um casamento deveria terminar. O juiz perguntou a Joan: "Não há chance de reconciliação?", e Amelie silenciosamente entrou em pânico, porque interpretava "reconciliação" como um eufemismo para a retomada de um relacionamento sexual – de acordo com a lei de Maryland, uma separação só é válida se os cônjuges viverem em casas separadas sem "relações sexuais" por doze meses.[11] A pergunta lhe parecia paternalista. "Posso muito bem fazer sexo com minha ex-parceira se eu quiser", diz Amelie. "Quero dizer, sinceramente. Por que o juiz do estado de Maryland tem que me fazer essa pergunta?" Segundo Amelie, se havia alguém que entenderia o quanto essa pergunta a deixava constrangida – mas também alguém em quem ela poderia confiar para responder a ela – era Joan.

Joan disse ao juiz que não, que Amelie e Licia não estavam juntas e isso não mudaria. O juiz concedeu o divórcio. Como demorou tanto para Maryland estender os direitos de casamento a casais do mesmo sexo, Amelie afirma que seu casamento era apenas um pedaço de papel; a única coisa que ela obteve com a aprovação do casamento entre pessoas do mesmo sexo em Maryland foi o direito de se divorciar.

Joan era uma estudante de 19 anos no Mount Holyoke College quando teve sua primeira namorada e tinha a seguinte lembrança: "Fiquei extasiada de alegria por finalmente poder ter uma expressão sexual que significasse algo para mim".[12] Mas buscar uma expressão sexual desenfreada não combinava com ser estudante em uma faculdade feminina na década de 1960, época de inspetoras de alunas e exercícios noturnos de combate e prevenção a incêndios que, convenientemente, serviam como pretexto para confirmar se as alunas estavam todas dormindo nas próprias camas. Joan tinha bolsa de estudos e trabalhava como garçonete no refeitório; a inspetora levantava o avental de Joan e gritava com ela quando encontrava uma calça jeans enrolada por baixo; essa era a maneira de Joan lidar com a saia do uniforme de garçonete. Ela detestava saias. Joan desprezava tanto esse trabalho que certa vez começou uma guerra de comida arremessando a gelatina de frutas que elas estavam servindo como sobremesa. "Eu quebrava muitas regras, o tempo todo. Algumas vezes fui pega", conta. "Só não queria ser pega *todas* as vezes." Então, na maioria das noites, depois do toque de recolher, Joan saía do quarto e literalmente se esgueirava pelos arbustos para chegar ao dormitório de sua namorada, que ficava do outro lado do lago do campus.[13]

Mais tarde, Joan sentiu que precisava esconder seu desejo por mulheres, devido a um motivo diferente. Filha de funcionários públicos e nascida em Washington, D.C., Joan esperava um dia concorrer ao Congresso. Uma carreira política era um sonho que ela compartilhava com sua primeira namorada, a quem conheceu no grêmio estudantil.[14] Joan não conseguia imaginar-se lésbica na vida que queria ter, "porque não havia lésbicas vivendo vidas para eu ver", conta. Depois que o namoro terminou, Joan aproveitou a oportunidade para apagar para sempre as evidências de seu relacionamento lésbico, na esperança de preservar suas chances de ingressar em uma carreira na política.

Após a formatura, a ex se hospedou no Hotel Plaza e deixou Joan, que também estava em Nova York, entrar no quarto para uma visita. Quando sua ex saiu para um passeio na cidade, Joan ficou sozinha. Ela juntou todas as coisas que a ex lhe mandara, entre as quais todos os "apaixonados poeminhas de amor" e as cartas que ela própria escrevera. Jogou os papéis no vaso sanitário e tentou dar descarga, mas esse processo de descarte estava demorando muito, então começou a queimá-los. Joan não levou em consideração que a fumaça sairia do banheiro e se infiltraria por debaixo da porta do quarto, o que atraiu a atenção dos seguranças. Os funcionários do hotel bateram na porta, mas Joan, que com lágrimas nos olhos observava os papéis queimarem, não os deixou entrar. "Naquele ponto da minha vida eu era muito, muito romântica e muito, muito dramática", diz.

Depois da faculdade, ela foi fazer pós-graduação na Inglaterra com dois objetivos em mente: desenvolver suas credenciais políticas e se tornar heterossexual. Mas no fim ficou claro que queimar as cartas da ex-namorada era mais fácil do que obliterar seus desejos. Em 1970, Joan se mudou para D.C. e abandonou sua malsucedida tentativa – que durou anos – de heterossexualidade e, com ela, sua imaginada carreira política. Recém-saída do armário, procurou imagens de lésbicas, sobretudo de mulheres se beijando. Vasculhou livros e visitou a coleção de fotografias na Biblioteca do Congresso, mas não conseguiu encontrar representações do que julgava ser uma conexão genuína entre mulheres – havia, de fato, imagens e fotos pornográficas, tiradas por homens e para o consumo de homens, de mulheres que pareciam estar fingindo ser lésbicas.[15] Joan concluiu que, se precisava ver imagens de lésbicas, ela mesma teria que criá-las. Sua única câmera era um modelo barato de Kodak que ganhara ainda criança, por isso ela pegou emprestada uma câmera de 35 mm de uma amiga. Com o braço estendido, Joan virou a câmera e registrou a si mesma beijando a namorada. A foto enquadra com firmeza o rosto de ambas, que estão de perfil, as bochechas infladas de contentamento. Foi uma *selfie* antes de o termo existir,[16] em filme preto e branco.[17]

A carreira de Joan como fotógrafa de lésbicas autodidata havia começado. Ela assumiu a alcunha JEB (abreviação de Joan E. Biren) e bancou seu trabalho com apoio financeiro da comunidade lésbica. "Eu fui a garota original do GoFundMe*", diz – outra maneira pela qual Joan estava à frente de seu tempo. No final dos anos 1970 e início dos anos 1980, ela viajou pelo país divulgando um *slideshow* de duas horas e meia, mais de oitenta vezes. Essa apresentação visual continha centenas de fotografias, que, depois de analisar e ler nas entrelinhas das biografias das mulheres, Joan chegou à conclusão de que tinham sido tiradas por lésbicas. Uma crítica escreveu que o *slideshow* de Joan, carinhosamente chamado de *A mostra das sapatonas*, a pôs em contato com "imagens que eu nunca tinha visto, imagens que havia visto e não tinha percebido. Imagens a partir das quais construir um futuro".[18]

As parcerias domésticas, a princípio adotadas no início do século XXI por ativistas como Ettelbrick por serem vanguardistas e igualitárias, foram marginalizadas como uma imitação barata do casamento.[19] A Assembleia Legislativa do Estado da Califórnia é um lugar onde a visão elevada foi reduzida. No final da década de 1990, um projeto de lei sobre parcerias domésticas estava em análise, e o governador demonstrava nervosismo quanto à percepção pública – ele seria visto como alguém que minava o casamento ao dar a todo mundo, incluindo casais heterossexuais, acesso a uma alternativa concorrente?[20] Para acalmar o governador, um legislador reformulou o projeto de lei para limitar a elegibilidade a casais do mesmo sexo e casais de sexos diferentes com mais de 62 anos. (Casais mais velhos, argumentou o legislador, poderiam perder a previdência social e os benefícios de pensão de casamentos anteriores se fossem obrigados a se casar novamente. Ademais, uma vez que o fator procriação estava fora de questão nessa idade, fazia pouco sentido forçá-los a se casar.) Alguns ativistas *queer* não se incomodaram com restrições de elegibilidade como as da Califórnia, porque achavam que era estratégico posicionar as parcerias domésticas como um trampolim para o casamento entre pessoas do mesmo sexo; com esse movimento gradual em direção ao reconhecimento, casais do mesmo sexo poderiam, no fim das contas, obter o matrimônio.

Os tribunais passaram a considerar que as parcerias domésticas eram distintas do casamento. No caso *Perry versus Brown*, de 2012, o Nono Circuito decidiu que a proibição do casamento entre pessoas do mesmo

---

* O GoFundMe é um dos principais sites de crowdfunding (financiamento coletivo) que usam o método baseado em doações. (N. T.)

sexo na Califórnia, conhecida como Proposição 8, era inconstitucional e decretou: "Estamos animados para ver alguém perguntar: 'Você aceita se casar comigo?', seja de joelhos em um restaurante, seja em um texto exibido num telão de ginásio ou estádio esportivo. Certamente isso não teria o mesmo efeito de ver 'Você aceita entrar em uma parceria doméstica registrada comigo?'".[21] Após a histórica decisão da Suprema Corte no caso *Obergefell versus Hodges*, em 2015, declarando que casais do mesmo sexo têm o direito constitucional de se casar, muitos estados eliminaram as leis de parceria doméstica e união civil que estavam em vigor.[22] Em alguns casos, converteram automaticamente as parcerias domésticas em casamentos, ignorando a possibilidade de que alguns casais talvez não quisessem se casar.[23] Agora, apenas dez estados, além de Washington, D.C., permitem que os residentes entrem em algum tipo de parceria legal não conjugal. As parcerias domésticas variam tanto entre os estados e municípios que muitas pessoas não sabem que elas existem ou quais benefícios oferecem. A maioria dos norte-americanos, se quiser formalizar um relacionamento, tem o casamento como uma escolha do tipo "pegar ou largar".

A decisão do caso *Obergefell* inegavelmente ampliou as definições populares de família e fomentou uma maior aceitação dos norte-americanos LGBTQ. Contudo, ao mesmo tempo a opinião do tribunal consolidou a importância do casamento acima de todos os outros relacionamentos. Os juízes, tanto os da maioria quanto os contrários, apesar de suas opiniões divergentes sobre o caso, concordaram que o casamento merecia uma posição sagrada na lei. O juiz Anthony Kennedy, escrevendo para seus pares, saudou o casamento em linguagem retumbante: "Nenhuma união é mais profunda do que o casamento, pois incorpora os mais elevados ideais de amor, fidelidade, devoção, sacrifício e família".[24] Embora sua retórica fosse comovente e servisse para ratificar o matrimônio de muitos casais do mesmo sexo – tanto que os celebrantes de cerimônias de casamento continuariam citando as palavras de Kennedy com a reverência em geral reservada às sagradas Escrituras –, ao mesmo tempo menosprezava de forma implícita os relacionamentos que não são codificados como casamento. "O casamento responde ao temor universal de uma pessoa solitária que clama pela presença de alguém, mas não encontra ninguém lá", escreveu Kennedy. É o mesmo sentimento que você teria ouvido meio século antes na canção pop "Chapel of Love", de 1964: "Hoje é o dia em que diremos 'sim'/ E nunca mais seremos solitários", diz a letra – como se todas as pessoas não casadas do mundo fossem solitárias e nenhuma pessoa casada se sentisse solitária.

No mesmo ano em que Amelie se mudou para a casa ao lado da de Joan, o clínico geral de Joan encontrou um caroço em seu seio. Amelie compareceu à sessão de biópsia de Joan e à consulta para ouvir os resultados do exame. O médico disse que ela tinha câncer de mama em estágio 2. Após o diagnóstico, Amelie prometeu estar com Joan em todas as consultas e tratamentos.

Amelie manteve sua palavra e durante um ano inteiro acompanhou Joan a consultas médicas, sessões de quimioterapia e cirurgias. Joan, normalmente ansiosa quando encontrava Amelie de manhã para irem de carro até o hospital, ia preparada com folhas impressas de informações que havia encontrado na internet e uma lista de perguntas para o médico, que ela lia em voz alta e debatia com a amiga. Amelie conta que, quando chegavam ao hospital, apesar de tudo Joan estava alegre.

Quando Amelie relembra esse padrão, Joan a interrompe para explicar por que seu estado de espírito se modificava. Diz ela: "Eu ficava tão alegre porque despejava todas as minhas preocupações em você no caminho".

Joan e Amelie tinham formas de tirar o máximo proveito de situações difíceis. Como se o carro dela fosse um campo de força, Joan decidiu conter energia negativa dentro dele e queria tornar mais animados os dias dos profissionais de saúde. Nas manhãs de terça-feira, dia de quimioterapia, Amelie saudava Joan com café e aveia e se vestia "de maneira fabulosa"; sua roupa normalmente incluía meia arrastão, botas estilosas e peças de cores vibrantes. Durante as sessões de quimioterapia de quatro horas de duração, ela contava histórias a Joan – sobre seus defeitos e fraquezas e sua vida amorosa, mantendo a conversa sempre agradável. Elas terminavam a tarde em uma sorveteria próxima. Joan quase se via ansiosa por suas sessões de quimioterapia. "Significava que eu tinha todas aquelas horas para ficar com Amelie", diz.

Uma vez que Joan havia escrito diretrizes para profissionais de saúde como parte do projeto financiado pelos CDCs, ela sabia que o hospital era obrigado a autorizá-la a ter ao seu redor todas as pessoas que bem quisesse, e insistia em levar Amelie com ela a todos os lugares. Quando necessário, desafiava os médicos. Por causa da diferença de idade das duas, a equipe do hospital perguntava se Amelie era filha de Joan. Joan dizia que não, que Amelie era sua "irmã-vizinha-camarada". Os funcionários presumiam que ela era irmã de Joan, e Amelie não se importava com esse equívoco. Antes de mais nada, queria que os profissionais de saúde respeitassem seu papel como cuidadora e a consultassem sobre decisões médicas. Amelie e Joan enfrentaram os mesmos conflitos de escolha que tradutores enfrentam quando precisam selecionar palavras que têm a mesma definição literal em diferentes idiomas ou palavras que transmitam o mesmo sentimento. Assim como outros amigos neste livro, embora o relacionamento de Joan e Amelie não se encaixasse em uma categoria tradicional, elas não tinham um termo que fosse exato tanto no sentido literal quanto na conotação. *Irmã*, nesse cenário, dava conta do recado.

Joan diz que a constância de Amelie durante seu tratamento de câncer foi "meio que o grande precursor de todo o nosso relacionamento, de tudo sobre o nosso relacionamento" – agora as duas estavam ainda mais comprometidas e entrelaçadas do que antes. Em 2017, elas viajaram para Nova York a fim de ajudar uma amiga de Joan a preparar uma exposição de suas fotografias no museu. A amiga, cujo trabalho tinha inspirado Joan a se tornar fotógrafa, agora estava empobrecida. Joan viu semelhanças com sua própria vida – ambas tinham carreiras profundamente gratificantes e mal remuneradas. Diz Joan: "Se você passou sua vida como fotógrafa lésbica – surpresa! –, você não tem fundo de aposentadoria". Como ganhava pouco em empregos formais, ela praticamente não acumulara nenhuma reserva de previdência social. Joan via "senhoras sem-teto" reunidas no centro de D.C. e se preocupava em acabar ao lado delas um dia.

Amelie também estava preocupada com a falta de segurança financeira de Joan e a tensão psicológica que isso acarretava. Ela sabia que muitos gays idosos viviam na pobreza, ou porque profissionalmente tinham se dedicado a um trabalho de justiça social que lhes rendia uma remuneração modesta, caso de Joan; ou porque suas famílias, por desaprovar sua sexualidade, cortavam qualquer tipo de apoio financeiro; ou porque enfrentavam discriminação no trabalho. Amelie se ofereceu para criar um fundo de aposentadoria para Joan, acreditando que tinha recursos mais do que suficientes para compartilhar com a amiga. Joan resistiu. Ela considerava a autossuficiência uma "grande virtude" e se orgulhava de poder dizer que aprendera sozinha tudo o que sabia, tanto no campo profissional quanto em outros aspectos.

Durante essa viagem, Joan estava começando a mudar de ideia. Certo dia, sentadas em suas camas de hotel no centro de Manhattan, ela disse a Amelie que originalmente recusara sua oferta de fundo de aposentadoria porque tinha medo de que o dinheiro interferisse negativamente na amizade das duas. Mas agora ela sentia que o vínculo entre elas era tão sólido que o dinheiro não atrapalharia em nada. Joan diz que a ajuda financeira regular faz uma enorme diferença em sua vida. Quando surgem despesas inesperadas – por exemplo, 400 dólares para rebocar o carro por causa de um pneu furado –, ela não se preocupa mais com o que precisaria cortar do orçamento para sobreviver. Depois de décadas se esforçando para aceitar ajuda, Joan abraçou a mutualidade, que vê como um ponto médio saudável entre autossuficiência e codependência. E a amizade delas tem sido mútua desde que se conheceram nos anos 1980, ambas dando e recebendo.

Em sua decisão sobre o caso *Obergefell*, o juiz Kennedy escreveu que o casamento oferece aos cônjuges "a esperança de companheirismo, compreensão e garantia de que, enquanto ambos ainda estiverem vivos, haverá alguém para cuidar um do outro". Ele poderia muito bem estar escrevendo sobre a amizade de Joan e Amelie.

Como parte da mesma decisão da Proposição 8, na qual os juízes se referiram às propostas de casamento exibidas nos telões dos ginásios e estádios esportivos, eles observaram: "A designação de 'casamento' […] é a principal maneira pela qual o Estado atribui respeito e dignidade à forma mais elevada de um relacionamento comprometido e aos indivíduos que o celebraram".[25] Em busca desse respeito e dignidade, alguns pares de amigos comprometidos recorreram ao casamento. Uma mulher ficou famosa no TikTok após postar vídeos, alguns dos quais acumularam centenas de milhares de visualizações, nos quais explicava seu "casamento platônico" com sua amiga. Ela apresentou o casamento platônico como uma releitura do que o casamento pode ser e quem tem acesso à instituição.[26] Em 2017, a imprensa do mundo todo divulgou a história de dois amigos mais velhos, devotados um ao outro, que tiraram proveito da recente legalização do casamento entre pessoas do mesmo sexo na Irlanda; o homem de mais idade era dono de uma pequena casa onde os dois moravam e não queria que o amigo pagasse um imposto de herança de 50 mil euros para recebê-la.[27] (As histórias sobre esses homens, muitas vezes escritas em um tom sincero, não questionavam o fato de por que o casamento era a única maneira pela qual esses amigos poderiam ter acesso a direitos legais fundamentais.)

Esses pares de amigos reaproveitaram uma estrutura legal existente, uma engenhosa estratégia para obter a legitimidade e os benefícios práticos oferecidos a casais. Porém, Nancy Polikoff, professora de direito na American University – que participava das reuniões bianuais de advogados gays e lésbicas na década de 1980 –, vê o casamento platônico como um sintoma de nosso limitado cenário legal: "É isso que vai acontecer se existir apenas uma coisa" – o casamento – "dotada do nome que obtém o arsenal completo de direitos e reconhecimento".

Amigos que optam pelo matrimônio, na esperança de refazê-lo à sua própria imagem, se arriscam. Chiderah Sunny e Deidre Olsen, duas amigas que se mudaram juntas de Toronto para Berlim, decidiram se casar para afirmar a importância de sua amizade e rapidamente se depararam com expectativas alheias acerca do casamento. Em termos específicos, outras pessoas presumiam que elas percorreriam o mundo feito unha e carne, seriam exclusivas e teriam identidades entrelaçadas. Quando uma delas comparecia sozinha a uma reunião, a primeira pergunta que ouvia era "Cadê sua esposa?" ou "Como está sua esposa?". Uma amiga de Chiderah lhe disse com todas as letras que era inapropriado postar nas redes sociais uma foto com um ficante quando ela tinha esposa. Embora Chiderah e Deidre tenham se casado explicitamente por motivos não convencionais, a argila do significado do casamento já estava seca; a amizade individual delas não tinha o poder de recompor o molde.

Os amigos Terry McKeon e Anne Quinn não tinham interesse no simbolismo do casamento, mas em suas vantagens práticas. Terry, que é gay, e Anne, que é lésbica, usaram inseminação artificial para conceber e tiveram três filhos – o primogênito em 1989 e um casal de gêmeos alguns anos depois. Anne fazia trabalho autônomo enquanto cuidava dos três filhos pequenos, então não tinha seguro-saúde. Anne e Terry pensaram em maneiras de incluí-la no plano de saúde dele, talvez redigindo um contrato. Mas o casamento era a única opção viável – uma opção que eles eram avessos a buscar depois de terem combatido a supremacia conjugal em seu ativismo LGBTQ.

Durante a cerimônia de casamento na prefeitura, Terry tinha a esperança de que o juiz não o instruísse a beijar a noiva. Anne achou a cerimônia "ridícula". As pessoas dizem que "o casamento é uma coisa sagrada, sacrossanta, e ainda assim você pode se casar em dez minutos", afirma. "É tipo: se você pagar, ganha uma certidáo de casamento."

A notícia do casamento, que eles tentaram manter em segredo, rapidamente vazou, e as famílias de ambos deixaram de acreditar que Anne e Terry eram gays. Certo dia, a avó de Anne, de 99 anos, deu a Terry uma nota de 50 dólares e lhe disse: "Estou feliz que você tenha resolvido essa questão". Anne acabou engatando um relacionamento romântico, e depois que seu parceiro se mudou para a casa que ela dividia com Terry, enfim as famílias de Anne e Terry reconheceram que os dois não eram um casal heterossexual. Anne e seu parceiro queriam se casar, o que significava que ela e Terry precisavam se divorciar. Sentado na espaçosa sala do tribunal enquanto aguardava a audiência do divórcio, Terry ouvia o juiz repreender com severidade uma fieira de maridos adúlteros ou mentirosos, um após o outro; Terry estava nervoso porque teria de revelar que ele e Anne nunca tinham sido parceiros românticos e temia que o juiz lhe dissesse que ele havia infringido a lei. A facilidade de se casar, em contraste com as despesas e o caráter intrusivo de se divorciar, convenceu Anne de que "o casamento, na verdade, tem a ver com propriedade". E também não era a estrutura legal ideal para a amizade deles.

Chiderah, Deidre, Terry e Anne estavam vivenciando uma observação do crítico social Michael Warner: "É sempre tentador acreditar que casar é simplesmente algo que duas pessoas fazem. O casamento, no entanto, nunca é um contrato privado entre duas pessoas. Sempre envolve o reconhecimento de uma terceira parte – e não apenas um reconhecimento voluntário ou neutro, mas um reconhecimento com efeito legal".[28] Terry diz que, ao formar uma família com Anne, "absolutamente tudo com o que sonhei eu consegui", mas gostaria que o Estado reconhecesse relacionamentos platônicos devotados, de modo que o casamento não fosse o único caminho de acesso a direitos importantes.

Outros grupos de amigos nunca consideram o casamento como uma opção, seja porque se opõem à instituição, seja porque a conotação de um relacionamento sexual cria uma barreira grande demais. Quando perguntei a Amelie e Joan se elas já tinham cogitado casar, Amelie disse que ficou perplexa com a pergunta. Depois de fazer uma crítica feroz ao casamento, ela declarou: "Eu não tinha interesse em me filiar a uma instituição que, novamente, decidiria me selecionar como a única pessoa que poderia cuidar de Joan, ou que Joan só poderia ter acesso a mim e não a outras pessoas". Barb, do Capítulo 6, ficou abismada quando lhe pedi que comparasse sua amizade de meio século a um casamento; ela certamente nunca pensou em se casar com a amiga.

A perplexidade de Barb reflete a natureza dupla do casamento legal: é um status e um contrato.[29] Embora as pessoas possam apreciar os benefícios incorporados ao contrato, o status não se encaixa em seu relacionamento – como foi o caso de Anne e Terry. Por outro lado, algumas pessoas podem querer o status, mas as consequências práticas são negativas para elas. É o que geralmente ocorre com norte-americanos mais velhos.[30] Um adulto mais velho pode não querer misturar suas finanças com as de um parceiro que conheceu décadas depois de ter iniciado sua carreira, ou pode não querer que seu novo cônjuge usurpe o papel do filho como a pessoa definida como tomador de decisões; o casamento dá esses direitos aos cônjuges automaticamente. Para alguns, o casamento atribui direitos excessivos aos cônjuges, com pouca flexibilidade.

Outros têm relacionamentos que são incompatíveis com as definições legais de casamento. Claro, amigos podem decidir entrar em um "casamento platônico". Mas irmãos que funcionam como parceiros de vida não podem se casar e chamar esse arranjo de "casamento entre irmãos"; isso seria incesto, o que os estados do país proíbem. Desafiar a lei provavelmente seria quixotesco, caso de duas irmãs britânicas na casa dos 80 anos que viveram juntas a vida inteira. Elas entraram com uma petição – sem sucesso – junto aos tribunais do Reino Unido e da Europa para obter os mesmos direitos de imposto sobre herança de um casal casado.[31] (Estamos muito distantes da época de Bloxham e Whytton, quando a linguagem figurativa de "irmandade conjugal" fazia sentido para as pessoas.) O casamento também não ajuda os norte-americanos em cuja vida há uma constelação de pessoas importantes, mas nenhuma parceria. Muitos tipos de relacionamentos baseados em compromisso simplesmente não se encaixam nos moldes do casamento.

O que, então, justifica a abundância de benefícios vinculados ao casamento? A história oferece algumas explicações. Kerry Abrams, reitor da Faculdade de Direito da Universidade Duke, explica que, ao longo do século XX, a população tinha interesse econômico e moral no casamento.

Essencialmente, o casamento era um estado de bem-estar microcósmico, uma unidade em que homens e mulheres trocavam não apenas alianças, mas cuidados e apoio financeiro. E, sendo a única instância aceitável para sexo e procriação, tanto do ponto de vista cultural quanto legal, fazia sentido o Estado estimular o casamento; caso contrário, a sociedade poderia transbordar de adúlteros, "fornicadores" (o termo para pessoas que se envolviam no então ato ilegal de sexo antes do casamento) e filhos "ilegítimos".[32]

Em meados do século XX, o estado civil determinava a elegibilidade para uma lista cada vez maior de benefícios públicos, com base no pressuposto de que maridos e esposas eram interdependentes, e o Estado intervinha para incentivar o apoio mútuo entre eles ou substituí-lo quando esse apoio acabasse. Por exemplo, ao oferecer benefícios da previdência social a viúvas, o Estado efetivamente substituía um ganha-pão que se perdeu. Numa sociedade em que o matrimônio era onipresente, o estado civil era uma maneira fácil de decidir quem recebia assistência pública.[33]

Mas o cenário mudou drasticamente. As taxas de casamento despencaram, sobretudo entre as classes socioeconômicas menos favorecidas.[34] Mayeri, a professora de direito da Universidade da Pensilvânia, escreve: "As apostas da supremacia conjugal estão mais altas do que nunca, pois o casamento se torna a província dos privilegiados".[35] Isso ocorre porque a montanha de benefícios acumulados pelos casais exacerba a desigualdade entre as pessoas que são casadas e as que não são.

Para algumas pessoas, a desigualdade entre casados e não casados é uma característica, não um defeito, do casamento. Em vez de adaptar a lei para refletir a realidade da relevância decrescente do casamento, preferem incentivá-lo.

Em um grupo de discussão de que participei em 2023 no Instituto Norte-Americano de Empreendimentos (AEI), *think tank* conservador, pesquisadores apresentaram uma mistura de razões morais e práticas para fomentar o casamento. O sociólogo W. Bradford Wilcox proferiu uma palestra de título ameaçador, "O fechamento do coração norte-americano" – termo com que descreveu o acentuado declínio nas taxas de casamento nas últimas décadas. Ele afirmou que essas tendências de derrocada do casamento eram "notícias sombrias, porque [...] prosperamos mais quando temos laços profundos e duradouros com outros seres humanos e, para a maioria de nós, nenhum desses laços é tão importante quanto aqueles que encontramos no lar e na família". Descrevendo o casamento como "a mais fundamental das instituições", Wilcox sugeriu que os benefícios do casamento vão além do indivíduo e se irradiam por toda parte.

As leis norte-americanas ecoam esse sentimento. O decreto de 1996 agora conhecido como "reforma de bem-estar social" começa com as seguintes palavras: "O Congresso faz as seguintes constatações: 1) O casamento é a base de uma sociedade bem-sucedida". A lei defende também um argumento econômico para impulsionar o casamento, explicando que uma razão fundamental para a revisão da política de bem-estar social é "acabar com a dependência de pais e mães necessitados de benefícios governamentais, promovendo a preparação para o emprego, o trabalho e o casamento".[36] Mais casamentos significam menos pessoas em listas de programas de assistência do governo.[37]

Essas alegações deveriam nos fazer refletir. Do ponto de vista histórico, a ideia de que o casamento resolverá a pobreza tem sido repleta de racismo; a infame imagem da mulher solteira "rainha do bolsa família" invocada na política e na mídia era sempre a de uma mãe negra ou latina. A implicação era que, se essas mulheres se casassem – criando um estado de bem-estar privado de duas pessoas –, não seriam pobres, eximindo o governo de ajudar os norte-americanos que são desfavorecidos ou não brancos.[38]

Talvez, acima de tudo, os defensores do status especial do casamento acreditem que o casamento seja o melhor ambiente para criar filhos.[39] Naquele evento do AEI, grande parte dos debates concentrou-se em pesquisas que descobriram que filhos de casais casados se saem melhor em termos de educação e emprego, e que jovens que se casam são menos propensos a acabar na pobreza.

Devemos levar muito a sério o efeito que o casamento pode ter sobre os filhos. Mas entender as maneiras como o casamento os influencia é uma questão de pesquisa das mais incômodas. Para começo de conversa, pessoas que se casam tendem a estar em melhor situação do que pessoas que não se casam, e, embora possamos usar todos os tipos de métodos estatísticos para explicar essa discrepância, não temos o padrão-ouro para determinar a causalidade: não somos capazes de randomizar quem se casa. Essa é parte da razão pela qual pesquisadores travam um feroz debate sobre a importância relativa da pobreza, estrutura familiar e estabilidade familiar no bem-estar dos filhos.[40]

Mesmo que você concorde com os pesquisadores que concluem que o casamento é o cenário ideal para os filhos, a exemplo do que disse Richard V. Reeves, membro do alto escalão do Brookings Institution: "Simplesmente não vejo como meter esse gênio de volta na garrafa". O governo tentou enfiar o gênio de novo garrafa adentro, gastando centenas de milhões de dólares do orçamento de assistência social em programas de incentivo ao casamento – e estudos encontraram pouco efeito perceptível nas taxas de matrimônio.[41] Hoje, cerca de 40% das crianças nascem de pais e mães não casados.[42] Melissa Kearney, economista e autora de *The Two-Parent Privilege: How Americans Stopped Getting Married and Started Falling Behind* [O privilégio dos dois pais/mães: como os norte-americanos pararam de se casar e começaram a ficar para trás], me disse que acredita que "o casamento provou ser uma instituição singular, em termos de fornecer uma infinidade de benefícios, especialmente para os filhos". Mas ela explicou que faz sentido considerar alternativas legais sólidas ao casamento, "levando-se em conta o número de pessoas que não são casadas e o quanto será difícil restaurar a importância do casamento". Ela acrescentou: "Na minha opinião, isso é verdadeiro sobretudo quando há crianças envolvidas". Uma estrutura legal alternativa poderia oferecer às famílias alguma estabilidade, o que o status de "não casado" dos pais e mães não oferece.

Por mais importante que seja levar em consideração o bem-estar dos filhos, nem toda parceria tem como propósito a procriação. Mas o casamento legal e os argumentos para sua primazia são construídos em torno dos interesses de famílias com filhos.[43] Em 1999, os legisladores estaduais da Califórnia reconheceram que o casamento não atendia às necessidades de pelo menos uma grande parcela da população – as pessoas mais velhas –, por ocasião em que as parcerias domésticas passaram a ser disponíveis para casais de sexos diferentes com 62 anos de idade ou mais. E há pessoas como Amelie e Joan, que sem dúvida têm um "vínculo profundo e duradouro", mas cujo relacionamento não se amolda ao casamento.

Em vez de enfocar a forma que um relacionamento assume, muitos juristas sugerem olhar para a função que ele desempenha. Vivian Hamilton, professora da Faculdade de Direito William & Mary, argumenta que o Estado tem interesse em duas funções principais: assistência e apoio econômico. Ela pergunta: "Por que [o governo] deveria privilegiar uma forma de relacionamento de companheirismo em detrimento de outras que podem desempenhar as mesmas funções sociais?".[44] Hamilton afirma que o casamento é um "desajeitado" substituto para o cuidado e a dependência econômica e apela ao Estado para que dê assistência e cumpra diretamente essas funções. Os tribunais que decidiram nos casos de direitos parentais descritos no Capítulo 5 usaram raciocínio semelhante; eles determinaram quem era pai ou mãe não pela estrutura da família, mas pelo papel que a pessoa desempenhava: o adulto em questão agia como pai ou mãe? É o equivalente legal de decidir não julgar um livro pela capa, mas por seu conteúdo.

Meio século depois que Joan tirou a *selfie* do beijo, seu trabalho começou a atrair mais interesse do que nunca. Um livro de fotografias que ela publicou em 1979 foi relançado em 2021 e imediatamente entrou em segunda reimpressão. Um museu em Cincinnati apresentou *A mostra das sapatonas* – o *slideshow* que décadas antes ela exibia em garagens e centros comunitários. O Museu Leslie-Lohman, da cidade de Nova York, encomendou uma instalação; enormes impressões das fotos de Joan encheram as janelas de 2,4 metros de altura do museu que davam para as calçadas do SoHo. Para comemorar a abertura da exposição, que coincidiria com o encerramento da Semana do Orgulho na cidade, Joan decidiu fazer uma festa no museu. Ela convidou mais de cem amigos e parentes de todo o país – o tipo de reunião de entes queridos que a maioria dos adultos só consegue ter no dia de seu casamento. Durante os preparativos para a festa, Joan e Amelie debateram sobre qual termo poderiam usar para descrever seu relacionamento de uma forma que os outros entendessem. Cada vez mais, Joan se via em situações nas quais sentia que era importante que os outros compreendessem quem Amelie era para ela. Alguns anos antes, Joan recebera um doutorado honorário da universidade onde estudou, Mount Holyoke. Joan não soube como falar sobre Amelie com o reitor da universidade ou com os outros estimados convidados com quem conversou durante os eventos cerimoniais. Agora, em reuniões para selecionar fotos e aprovar as impressões para a exposição do Leslie-Lohman, a equipe do museu lhe perguntava quem era Amelie.

Joan e Amelie concordaram que o termo que estavam usando, "irmã-vizinha-camarada", era grande e detalhado demais. Sempre subversiva, Amelie sentia algum prazer nisso. "Eu meio que gosto do quanto isso realmente deixa as pessoas confusas. Como se elas não soubessem o que fazer conosco", dizia a Joan. Mas Joan estava cansada de ver a confusão pairar sobre os rostos das pessoas. "Sou uma comunicadora. É isso que eu faço", diz Joan. "Eu não estava achando graça de não conseguir comunicar o que sentia – a pessoa que Amelie era na minha vida." Joan passara cinquenta anos tentando dar visibilidade a relacionamentos lésbicos, mas agora tinha um novo desafio: ajudar as pessoas a entenderem outro tipo de relacionamento que moldou sua vida – um relacionamento que não envolvia sexo. Ela e Amelie decidiram pelo termo "parceira de vida não romântica". Elas esperavam que incluir a palavra *vida* desse ao rótulo a seriedade que estava faltando nas outras opções que tinham cogitado, para que se aproximasse mais de "cônjuge".

Na festa do museu, Joan subiu em uma plataforma quadrada para fazer um discurso, microfone na mão e um colar de flores dourado por cima da camisa havaiana aberta. Ela deu um aviso aos participantes, uma mescla de funcionários do museu e entes queridos: "Sou uma lésbica machona do tipo manteiga derretida, então, se eu ficar emotiva, não estou nem aí". Um por um, Joan elogiou os membros da equipe do museu que trabalharam na instalação com ela. Em seguida olhou para Amelie na plateia, inclinou a cabeça e disse: "Vem cá, Amelie". Sob aplausos, Amelie subiu na plataforma. Joan explicou o quanto adorava Amelie, que colocou as mãos atrás das costas, uma postura despretensiosa que contrastava com sua meia-calça estampada, cabelo raspado na nuca e nas laterais e blusa regata com o rosto estampado da ativista dos direitos trans Sylvia Rivera. Joan descreveu as maneiras como Amelie "me inspira a viver de acordo com minhas convicções", e segurava a mão dela ou lhe dava apertados abraços "quando estou eufórica, desanimada ou assustada – o que, é claro, nunca acontece", disse, e o público explodiu em uma risada coletiva de quem sabia do que ela estava falando. Joan anunciou: "Temos uma parceria de vida não romântica". Algumas pessoas na multidão murmuraram: "Humm, sei". Alguém disse: "É isso aí!", e então o grupo irrompeu em vivas e aplausos. Amelie julgou que os comentários de Joan foram um "belo reconhecimento" do relacionamento delas. Após o discurso, amigos disseram a Joan que achavam que "parceiras de vida não românticas" era uma boa definição. Desde então, elas desistiram da descrição "não românticas" porque define o relacionamento por aquilo que está ausente e, além disso, tal qual Stacey no Capítulo 3, elas veem elementos de romance em sua amizade. Portanto, optaram pelo termo "amor de amizade".

Linguagem adequada, mas não são rótulos que a lei reconheça.

Aos amigos e amigas que não querem ou não têm direito a se casar restam duas opções: viver sem direitos legais ou criar uma solução do tipo "faça você mesmo". Joan escolheu a última. Ela encontrou uma advogada, Michele Zavos, que se orgulha de criar soluções legais criativas para pessoas que não podem se casar ou não são casadas. Ao longo de quarenta anos, ela se especializou em fornecer proteção legal a clientes LGBTQ e não casados.

No verão de 2021, em pleno auge da pandemia de covid, meia dúzia de pessoas se reuniu na varanda da casa de Michele para assinar o testamento de Joan. A própria Joan, então com 77 anos, Michele, duas testemunhas, um tabelião e Amelie, que se tornaria a executora do testamento, sentaram-se a dois metros de distância umas das outras em antigas mesinhas dobráveis de TV. Com diferentes porta-canetas distinguindo canetas sujas e limpas, e com máscaras cobrindo a metade inferior do rosto, elas passavam documentos de um lado para o outro. *Rubrica aqui. Assinatura aqui.* Diz Joan: "Achei que fosse algum tipo de filme pastelão, porque os documentos se multiplicavam sem parar".

Essa incessante batelada de papéis foi o ápice de meses de debates que Joan teve com Amelie e outros entes queridos em sua comunidade sobre questões de fim de vida: Quando Joan disse que preferia que desligássemos os aparelhos de suporte à vida a se tornar um "vegetal", o que isso significa para os propósitos de sua diretiva antecipada? Quanta perda de memória era necessária para que isso fosse considerado demência? Essas conversas detalhadas que destacaram a mortalidade de Joan não foram fáceis, mas depois ela se sentiu aliviada, assim como Amelie. Joan havia articulado exatamente o que queria e temia; as decisões por ela não seriam tomadas à revelia ou por falta de outra opção, como Amelie tinha visto acontecer quando estivera com muitos pacientes de aids e câncer à beira da morte. As deliberações de Joan resultaram em mais de uma dúzia de páginas de documentos legais e custaram milhares de dólares.

Embora a amizade delas seja alicerçada no apoio mútuo, a papelada legal não é recíproca. O testamento de Amelie não menciona Joan. Como é vinte anos mais nova que a amiga, Amelie espera viver mais que ela;

atualmente seu irmão está encarregado de tomar decisões relacionadas à sua saúde e a dinheiro – ainda que, se algo desse errado para Amelie enquanto Joan estivesse viva, Joan trabalharia em conjunto com o irmão de Amelie para tomar decisões. Amelie diz que pareceria natural que ambas incluíssem uma à outra em seus testamentos "para validar o relacionamento, mas não faz sentido prático".

Contratos personalizados fornecem direitos no papel, mas, sem o status para acompanhá-los, é improvável que afetem a percepção de outras pessoas sobre um relacionamento; normalmente você não apresenta alguém em uma festa como "o executor do meu espólio" ou "a pessoa que detém minha procuração legal". Barb e Inez, que vivem juntas no Eremitério há mais de duas décadas e são amigas há mais de cinquenta anos, descobriram as consequências dessa desconexão entre direitos formais e significado social. Em 2020, Inez teve uma hérnia e, enquanto os paramédicos a colocavam na ambulância, o motorista avisou Barb que talvez ela não tivesse permissão para visitar Inez no hospital. Mesmo assim, Barb seguiu a ambulância. Na entrada do hospital, uma enfermeira lhe perguntou se era parente. Barb disse: "Não, uma amiga", e a enfermeira a instruiu a voltar em trinta minutos. Sentada em seu carro gelado naquele dia de fevereiro, Barb viu um homem e uma mulher que aparentemente eram cônjuges serem examinados pela mesma equipe e entrarem juntos no hospital. Quando ela retornou depois de meia hora, o funcionário do hospital perguntou se Inez havia designado alguém com direitos de procuração médica. Barb disse que tinha esses direitos e foi levada para dentro. No final, os direitos legais que as amigas tinham alinhado as protegeram.

Mas há uma interpretação menos otimista do que aconteceu. Sim, a lei garantia que Barb pudesse ficar com Inez no hospital – pelo menos durante parte do horário de visita –, mas não a poupou da indignidade de ser literalmente deixada do lado de fora no frio, tratada como uma pessoa que não era essencial para a vida de Inez e isolada de sua amiga adoentada quando poderia estar ao lado de seu leito de hospital. Kaipo Matsumura, professor da Faculdade de Direito da Universidade Loyola, me disse que o que Barb enfrentou foi "o fardo de sempre ter de viajar com um pedaço de papel que identifica seu status" por receio de que seus direitos não sejam assegurados. É um fardo que pessoas casadas não enfrentam.

Amigos e amigas podem pedir reconhecimento de maneira explícita, como fez Joan de sua comunidade durante a festa do museu, mas não há garantia de que as pessoas concederão esse reconhecimento. Além de declarar Amelie sua "parceira de vida não romântica", Joan solicitou especificamente que qualquer convite a ela também fosse estendido a Amelie, gesto que comoveu a amiga. No entanto, Joan teve que continuar lembrando às pessoas que incluíssem Amelie como sua acompanhante quando enviassem convites para churrascos e festas de aniversário. Desde que o casamento entre pessoas do mesmo sexo se tornou legal e cônjuges do mesmo sexo se tornaram os acompanhantes presumidos, diz Joan, "é um pouco pior" que sua amizade com Amelie seja ignorada. "Agora que o Estado aprova [o casamento entre pessoas do mesmo sexo] – e espero que continue a fazer isso –, fica mais difícil para as pessoas que não têm o selo de aprovação do governo asseverar qual é relacionamento delas", afirma. Em seu discurso, ela tentou transmitir o peso da amizade com Amelie, mas "isso não significa que a ficha caiu para sempre, como acontece se você der uma estupenda festa de casamento". Joan diz que, depois de uma festa de casamento, "as pessoas não tendem mais a esquecer de convidar seu cônjuge".

Existem duas estratégias principais para reduzir as atuais desigualdades entre relacionamentos conjugais e não conjugais: criar uma alternativa legal ao casamento e reduzir o casamento ao essencial.

Polikoff, a professora de direito e ativista, sugere uma maneira simples de fornecer proteção legal a relacionamentos não conjugais: criar um registro para designar um tomador de decisão padrão, de maneira muito parecida com um formulário de contato de emergência. Quando as pessoas obtivessem uma licença ou se registrassem para votar, poderiam apontar sua pessoa designada.

Uma solução mais intrincada, porém flexível, poderia envolver o uso de uma lei pouco conhecida do Colorado como modelo para estados em todo o país. No final dos anos 2000, o senador pelo estado Pat Steadman quis elaborar uma estrutura legal que fosse mais personalizável do que o casamento e que estendesse os direitos a quaisquer dois adultos, independentemente do tipo de relacionamento que tivessem entre si. Steadman afirmou: "Não queríamos que a lei do beneficiário designado fizesse as mesmas escolhas discriminatórias que a lei do casamento".[45] A partir de 2009, os habitantes do Colorado puderam se registrar para um contrato de beneficiário designado preenchendo um formulário de duas páginas que enumera direitos em dezesseis categorias, relacionadas sobretudo a saúde e finanças. Ao contrário do casamento, o contrato de beneficiário designado usa um modelo *à la carte*; as duas pessoas podem escolher conceder ou reter cada um dos direitos, e os direitos não precisam ser atribuídos reciprocamente. Se um pai e um filho se registrassem, o pai poderia fazer do filho seu procurador para questões de assistência médica, mas o filho não precisaria designar o pai. É simples e barato, cobrindo muitos dos direitos essenciais que fazem parte de um dispendioso processo de planejamento patrimonial.[46] (Por outro lado, as leis de parceria doméstica restantes nos Estados Unidos tendem a oferecer poucos direitos; a advogada de Joan não conseguia se lembrar de ter recomendado a lei de parceria doméstica de Maryland a nenhum cliente, porque a seu ver essa lei oferecia pouco demais para valer a pena.) Há vantagens em contar com a experiência de um advogado para redigir documentos legais e, com isso, um incentivo para ter conversas difíceis com entes queridos, como fez Joan. Mas os legisladores do Colorado sabiam que muitas pessoas não fazem isso ou não têm condições financeiras para tal e, como resultado, podem acabar com alguém que não teriam escolhido para tomar em seu nome sérias decisões médicas ou de fim de vida.[47] Amelie e Joan também sabem disso – elas enfatizaram para mim que têm privilégio financeiro e educacional que lhes permite alcançar soluções que para a maioria das pessoas são inacessíveis. O contrato de beneficiário designado pelo menos incentiva as pessoas a ponderarem cuidadosamente sobre cada um dos dezesseis direitos em vez de assinar o pacote de direitos do tamanho de um hipermercado que vem a reboque do casamento. A lei estabelece um equilíbrio entre intencionalidade e acessibilidade.[*]

Vários estudiosos do direito sugerem permitir que mais de duas pessoas entrem em acordo e firmem esse contrato. Algumas portarias de parceria doméstica em âmbito municipal já têm esse recurso,[48] e a mesma

---

[*] Existem argumentos convincentes para a abolição do casamento sancionado pelo Estado, por exemplo, como a filósofa Clare Chambers propõe em seu livro *Against Marriage* [Contra o casamento]. No entanto, Chambers admite que não aborda a viabilidade política das mudanças que sugere; é um argumento baseado em lógica e ética. Eu, em vez disso, postulo reformas que os acadêmicos com quem conversei veem como uma grande melhoria no *status quo* e no reino da possibilidade.

estrutura poderia servir a pessoas como Andrew e Toly, os amigos físicos, que têm um parceiro platônico e um parceiro romântico. Joan conversou com pessoas que, por exemplo, prefeririam que o melhor amigo, em vez do cônjuge, tomasse em seu nome certas decisões referentes a questões de saúde. Em casamentos, diz Joan, "os dois parceiros nem sempre são os melhores para fazer todas as coisas que se espera que façam e, por uma questão legal, são forçados a fazer". Em nome da facilidade administrativa, o Estado provavelmente precisaria definir algum limite no número de pessoas que recebem direitos, mas não está claro que uma pessoa precisa ser o limite máximo. Os indivíduos que têm o conhecimento e dispõem dos meios já podem espalhar direitos entre várias pessoas por meio de um testamento, como fez Joan. (Joan não acredita que seja correto pedir a uma única pessoa que supra todas as suas necessidades enquanto você está vivo; então, pergunta ela, "Por que você deveria contar com uma única pessoa para em tese suprir todas as suas necessidades quando você morrer?".) Um acordo simples como um contrato de beneficiário designado permitindo o registro de mais de uma pessoa tornaria isso mais acessível.

Uma alternativa legal ao casamento que contivesse direitos importantes provavelmente tiraria proveito de uma necessidade significativa e ainda não atendida, inclusive para casais em relacionamentos românticos. A Califórnia oferece uma prévia por causa do que aconteceu quando suspendeu as restrições sobre quem poderia entrar em parcerias domésticas – primeiro, em 2002, abrindo parcerias domésticas para casais de sexos diferentes em que apenas um dos parceiros tinha mais de 62 anos de idade e depois, em 2020, permitindo casais de sexos diferentes de qualquer idade. Após cada uma dessas mudanças, o número de pessoas que entraram com pedidos de parcerias domésticas disparou.[49] Entre elas, casais heterossexuais. A Capital Public Radio entrevistou casais, como Kristy Snyder e Michael Halverson, que optaram por uma união estável porque não gostavam dos papéis que assumiram como marido e mulher em seus casamentos anteriores.[50] "Agora eu tinha essa expectativa: 'Sou uma esposa e tenho de ser de certa maneira e de mim se espera que eu faça certas coisas'", Snyder me disse. "E falei com muitas mulheres que sentiram que perderam sua identidade ao se casar." Uma união legal sem o fardo do calcificado significado cultural do casamento funcionou para elas. A opção de alguns casais por fazer acordos pré-nupciais – documentos que podem custar milhares de dólares para serem elaborados e que em geral são firmados por pessoas com fortunas familiares para proteger – também mostra que a versão "pronta para o uso" do casamento não funciona para todos. Uma estrutura legal como o contrato de beneficiário designado pode tornar mais fácil e barato para as pessoas escolherem quais partes fazem sentido para elas.

Na França, a parceria doméstica, conhecida como Pacto Civil de Solidariedade (Pacs), é quase tão popular quanto o casamento.[51] Em 2019, cerca de 196 mil Pacs foram registrados, em comparação com 225 mil casamentos. Essa alternativa de casamento atrai pessoas que querem reconhecimento oficial como parceiras, mas não se sentem prontas para o casamento, opõem-se a ele por princípio, não querem estar interligadas em termos financeiros ou não querem correr o risco de um longo processo de divórcio. Tendo sido introduzido nacionalmente, o Pacs é uma opção bem conhecida na França, ao contrário das leis norte-americanas de parceria doméstica que operam em nível estadual ou local. Se existisse algo como o contrato de beneficiário designado no estilo do Colorado, uma campanha nacional utilizando o mesmo modelo em todos os estados poderia garantir que os estadunidenses soubessem de sua disponibilidade.

Além de criar uma alternativa legal ao casamento, a instituição poderia obter o "tratamento Marie Kondo", mantendo-se apenas o necessário. O estado civil determina se os norte-americanos são elegíveis para uma enorme variedade de benefícios, e Polikoff sugere fazer um inventário. Diz ela: "Idealmente, eu pegaria cada lei que faz do casamento a linha divisória entre quem está dentro e quem está fora da lei, e faria a pergunta: Por que essa lei existe? Qual é o seu propósito? O que ela está tentando realizar?". Em seguida, ela ajustaria a lei para que atingisse seu propósito sem usar o casamento como fator decisivo. "E você pode fazer isso para cada lei", afirma.

Polikoff recitou uma longa lista de áreas relevantes da lei, como zoneamento, controle de aluguel, impostos, escrituras de imóveis, decisões sobre cuidados médicos e sepultamento, e herança. Vejam-se, por exemplo, os benefícios de sobrevivência de compensação de trabalhadores, nos quais cada estado fornece pagamento ao cônjuge sobrevivente de alguém que tenha morrido no trabalho. Polikoff identifica o propósito subjacente da lei: compensar alguém que era financeiramente dependente ou interdependente do assalariado. Portanto, faz sentido basear a elegibilidade não no casamento, mas na dependência, que é o que alguns estados, como a Califórnia, fizeram. Esse filtro mais preciso é muito melhor do que o estado civil no que diz respeito a satisfazer ao propósito da lei. Reduzir os benefícios vinculados ao casamento poderia moderar os extremos atualmente em vigor: cônjuges com abundância de benefícios de um lado e, de outro, pessoas não casadas que não desfrutam de posição social nem de proteção legal.

Ao dar direitos a relacionamentos não conjugais, o Estado poderia reforçar sua estabilidade e oferecer às pessoas maior liberdade em sua vida privada. Na decisão sobre o caso *Obergefell*, o juiz Kennedy vincula o casamento à autonomia e à liberdade,[52] mas o professor de direito Matsumura afirma: "Se aceitarmos que a autonomia e a autodefinição são uma parte importante do que a lei está protegendo por meio do casamento, então dar [o casamento] como a única opção para pessoas que não veem seus relacionamentos dessa forma é negar a elas esse valioso aspecto da lei". Mais opções permitiriam que as pessoas explorassem um conjunto mais amplo de possibilidades para sua vida. Em seu livro *Public Vows: A History of Marriage and the Nation* [Votos públicos: uma história do casamento e da nação], Nancy Cott, professora de história na Universidade Harvard, escreve que a instituição legal do casamento define "o reino da possibilidade cognitiva para os indivíduos". Estender os direitos legais além de um relacionamento monogâmico e conjugal pode tornar mais fácil para as pessoas imaginarem encontrar companhia em outros tipos de relacionamento. Essa expansão de possibilidades pode beneficiar sobretudo os norte-americanos que não são casados ou vivem com um parceiro romântico, grupo que constitui quase 40% dos estadunidenses com idades entre 25 e 54 anos.[53]

A lei norte-americana é um mapa desatualizado da paisagem real dos relacionamentos. Vivemos numa época em que o sexo não precisa levar à procriação, a procriação pode acontecer sem sexo e o casamento é muito menos generalizado e permanente do que antes. Em meio a todas essas mudanças, as soluções ainda estão impregnadas por décadas de poeira, aguardando uma limpeza. Elas são parte da mesma abordagem sobre a qual Ettelbrick escreveu em 1989 e que Amelie, Joan e inúmeras outras defenderam. Se a lei ampliasse suas atenções para além do casamento, enfim validaria a vasta gama de relacionamentos que são os pilares da vida dos norte-americanos.

Epílogo

É um lugar-comum narrativo concluir com um casamento. Nos filmes, quando os recém-casados vão embora em seus carros, nós os vemos por detrás enquanto aceleram em direção ao horizonte com sua placa de "Recém-casados" pendurada na traseira, sinalizando sua passagem para um mundo repleto de promessas.

Este livro começou com casamentos e questionou o que eles fazem por nós: a maneira como, alardeando a posse de seu singular final feliz, eles podem facilmente fechar nosso mundo ou abri-lo. As expectativas do romance moderno correm o risco de estreitar o escopo de nossa imaginação, levando-nos a acreditar que os relacionamentos românticos são nossa única opção legítima, que devemos encontrar tudo de que precisamos em uma única pessoa, o que deixa pouco espaço para imaginarmos os outros como potenciais e importantes caras-metades.

Mas os relacionamentos românticos não são as únicas uniões capazes de moldar nossa vida. Assim como os cônjuges, os amigos e amigas apresentados neste livro agem como uma unidade. Amigos e amigas compartilham dinheiro, moradia e uma linguagem simbólica particular. Cuidam um do outro sem hesitação, saboreiam os momentos mais esplêndidos um do outro e celebram sua amizade. Amigos e amigas transformam um ao outro: Kami ganhou confiança para esperar mais de um parceiro romântico e de sua vida; Nick aprendeu a esmiuçar seus sentimentos e o que era importante para ele; Joan percebeu que não havia problema em depender de outras pessoas. Esses amigos são os invariáveis um do outro.

A uma pergunta feita no romance *Uma vida pequena* – "Mas o que era ser adulto? Seria a vida a dois de fato a única opção apropriada?" –, essas amizades oferecem uma resposta enfática: absolutamente não.

Elas apontam para uma sociedade que não incentiva uma monocultura de parcerias românticas monogâmicas, mas, ao contrário, reconhece uma variedade de conexões profundas. Nessa sociedade, na qual as pessoas poderiam fiar-se em muitos e diversos tipos de relacionamento, um parceiro romântico e uma família nuclear não teriam que ser os únicos alívios do individualismo norte-americano.

Como a maioria dos itens do tipo "de tamanho único", o modelo de casal romântico não se ajusta a um grande número de pessoas que não conseguem encontrar ou não querem um relacionamento romântico nos moldes "pacote completo comprado em loja de conveniência". E, enquanto tivermos apenas uma opção, não estamos escolhendo por livre e espontânea vontade o casal romântico. Mesmo que todos se casassem, o casamento não seria a cura para a epidemia de solidão dos Estados Unidos. Precisamos também de outras formas de conexão íntima.

Há algo que ajuda a superar a ideia de que um relacionamento romântico de longo prazo é o fulcro de uma vida plena: reconhecer uma verdade maior. Kieran Setiya, professor de filosofia no Instituto de Tecnologia de Massachusetts, escreve em seu livro *A vida não é fácil*: "Quando alguma coisa tem valor, não significa que devemos ou precisamos nos envolver com ela".[*] Ele acrescenta que uma vida bem vivida é, em essência, limitada: "Ela tem coisas boas, mas as muitas coisas que precisa omitir não necessariamente a tornam pior". Ninguém consegue ao mesmo tempo passar dias mergulhando no mar da Costa Rica, morar ao lado dos sobrinhos e sobrinhas no Tennessee, chegar ao status de um artista aclamado da mesma estatura de uma Beyoncé e receber láureas como um matemático pioneiro. Tudo isso são atividades que valem a pena, mas a ausência de qualquer uma delas não diminui a riqueza da vida. Embora possamos reconhecer que, para muitas pessoas, a parceria romântica é significativa, não se conclui daí que uma vida sem esse tipo de relacionamento seja, por definição, deficitária. São abundantes as maneiras de viver bem.

Ademais, pessoas que têm parcerias românticas gratificantes se beneficiariam de um número maior de modelos de relacionamentos profundos. Isso porque nossa vida adulta não é uma única cena contínua; são histórias

---

[*] Título original: *Life is hard*. Edição brasileira: *A vida não é fácil:* como a filosofia pode nos ajudar a encontrar nosso caminho. Tradução de Salmer Borges. Petrópolis: Vozes Nobilis, 2024. (N. T.)

estendidas com imprevisíveis reviravoltas. Você pode ser como Inez, casada e criando dois filhos no subúrbio aos 25 anos de idade, e no fim das contas decidir que precisa começar uma nova vida, para seu próprio bem e de seus filhos. Pode ser que você descubra sua sexualidade já na idade adulta e perceba que relacionamentos convencionais são sufocantes ou incompatíveis com seus desejos. Você pode se tornar mãe e dar pulos de alegria por receber um apoio extra, ou pode se ver tão apaixonada pelo recém-nascido de sua amiga que acordará de madrugada somente para ter a chance de fitar seus olhinhos. Talvez você fique hipnotizado por alguém num bar e, num piscar de olhos, aprenda que existem mais formas de amor do que lhe disseram. Um único modelo de vida adulta gratificante não é suficiente para abarcar as mudanças de cenário e personagens no longo drama de nossa vida.

Há liberdade no desconhecido, quando o tipo de relacionamento que você tem existe fora de categorias desgastadas. A maioria dos amigos com quem conversei se deleitava ao constatar o quanto seu relacionamento era inclassificável, falando de sua conexão em termos que eram praticamente espirituais. Joy, do Capítulo 7, não acredita em almas gêmeas quando se trata de relacionamentos românticos, mas acredita que Hannah era uma alma gêmea de uma espécie diferente. Oprah Winfrey disse acerca de sua melhor amiga, Gayle King: "Alguma coisa nesse relacionamento parece sobrenatural para mim, como se tivesse sido concebido por um poder e uma mão maiores do que os meus". Valentina Espana, uma mulher que leu meu artigo sobre parcerias platônicas, rendeu-se ao mistério de sua amizade, que ela e a amiga chamam de "A AMIZADE". Ela escreveu: "Entender esse relacionamento é como ler uma receita e esperar sentir o gosto da comida. Nem mesmo nós entendemos como ou por que funciona do jeito que funciona".

Uma vez que as amizades não têm um roteiro escrito de antemão a ser seguido, os amigos devem decidir tudo por si mesmos. Apesar do tempo e do trabalho envolvidos, Stacey, do Capítulo 3, valoriza esse aspecto de sua amizade. Stacey se sente mais confiante no futuro de sua parceria com Grace porque "somos nossos próprios narradores" da história. O comprometimento de Stacey e Grace estimula a conversa; não sugere que tudo pode permanecer sem ser dito e sem ser pedido ou perguntado – um contraste com parceiros românticos que podem, de maneira conveniente, deslizar pela "escada rolante do relacionamento". A trajetória previsível da escada rolante – do namoro à exclusividade a morar juntos – pode fazer com que os parceiros se sintam mais seguros ao lidar com seu relacionamento. Mas também pode induzir os parceiros a negligenciarem as convicções um do outro – às vezes com resultados trágicos. Um terapeuta de casais me contou que um casal monogâmico descobriu durante sua sessão de terapia que ambos tinham diferentes definições de monogamia. Para a mulher, ir a uma balada de *striptease* ou assistir a conteúdo pornográfico constituía traição. Seu parceiro revelou que havia feito as duas coisas, involuntariamente indo longe demais e ultrapassando os limites dela. A mulher terminou com ele na mesma hora. O modelo predefinido de um relacionamento romântico exclusivo significava que eles nunca tinham discutido de maneira explícita seus limites, o que lhes dava a ilusão de que pensavam da mesma maneira.

Parcerias platônicas e relacionamentos românticos convencionais divergem em outro aspecto fundamental: parceiros platônicos tendem a ser ponderados em relação a como evitar que sua amizade se torne abrangente demais. Art, o ex-pastor de jovens do Capítulo 4, alertou os espectadores de seu webinário: "Se não tomarmos cuidado, acabamos fazendo com a amizade o que outras pessoas fazem com o romance: nós a idolatramos e criamos a expectativa de que deve preencher todas as nossas necessidades". Muitas vezes entrevistei um par de amigos apenas para descobrir que há um terceiro amigo que é igualmente importante, ou que o par está inserido em um grupo mais amplo de amigos. Amelie ressaltava sua comunidade porque não queria que eu insinuasse que ela e Joan eram a única coisa que importava na vida de ambas, substituindo um tipo de díade privilegiada por outra. O fato de os filhos de Amelie não serem os únicos que consideram Joan uma titia ou avó "dissipa a questão da díade", diz Amelie, mas "não dissipa a importância que Joan tem para mim. O fato de Joan ter outros filhos amados, assim como meus filhos, parece que tudo isso é valor agregado, e todos nós estamos criando essa colcha de conexão intencional".

Só porque as pessoas pensam profundamente nessas amizades não significa que elas escapam de todo atrito e dinâmicas prejudiciais. Uma amiga minha que é psicóloga clínica leu o rascunho de um capítulo deste livro e comentou que alguns dos amigos e amigas sobre os quais escrevi pareciam ter uma ligação de apego evitativo-ansioso, o que ela havia aprendido a detectar em casais. Assim como relacionamentos pessoais e profissionais de todos os tipos, essas amizades podem ter desequilíbrios de poder, comprometimento desigual e envolvimento doentio.

Uma diferença é que, quando as coisas não vão bem nas parcerias platônicas, não há muito o que se fazer em termos de ajuda. Pessoas que precisam de orientação para uma amizade não dispõem da abundância de livros e recursos que estão disponíveis para relacionamentos românticos. Boa sorte em encontrar alguém especializado em terapia de amigos. (Alguns anos atrás, meus colegas do programa e podcast *Invisibilia*, da National Public Radio, procuraram obstinadamente um terapeuta dessa área, sem sucesso.) Um amigo de luto terá que se consolar com canções sobre amor romântico, a exemplo do que o crítico musical Hua Hsu, da revista *The New Yorker*, fez depois que seu amigo próximo foi assassinado; músicas sobre amizades eram escassas e não falavam da magnitude de sua dor.[1] Pode parecer uma bênção pousar no abraço solidário de uma parceria platônica. Mas os custos incluem ser exilado do reino da compreensão popular e ser forçado a encontrar suas próprias soluções para as dificuldades. Sem mencionar que, se você quiser ficar no hospital para cuidar de seu amigo ou obter direitos legais sobre uma criança que está criando como se fosse sua, o reconhecimento e a proteção estão ausentes quando mais importam.

Para honrar essas amizades e outros relacionamentos que definem a vida, o casamento compulsório precisaria desaparecer – inclusive na legislação. Poderíamos chegar lá reformando a lei em duas direções: quebrando o monopólio do casamento sobre as uniões legalmente reconhecidas e desmembrando os muitos direitos a ele vinculados. Uma alternativa legal ao casamento daria importantes proteções às pessoas cujos relacionamentos não se encaixam nos limites dele.

Leis que se concentram na função em vez de na forma de um relacionamento poderiam igualar os direitos de pessoas casadas e não casadas. Autoridades que ocupam cargos eletivos poderiam revogar leis de zoneamento que criam obstáculos para pessoas não aparentadas que vivem juntas.[2] O reconhecimento legal de mais de dois pais ou mães e proibições contra a discriminação com base na estrutura familiar poderiam proteger uma gama mais ampla de famílias amorosas – porque, hoje, pessoas em relacionamentos não convencionais vivem em perigo de perder a custódia dos filhos, seus empregos e muito mais.[3] As políticas governamentais e do local de trabalho poderiam expandir a elegibilidade para a licença por motivo de doença em pessoa da família e a licença em razão do falecimento de um familiar próximo,[4] para que pessoas como Joy pudessem ter o tempo necessário para seu luto.

Há precedentes para essas reformas. Alternativas legais ao casamento estão espalhadas por estados e municípios norte-americanos;[5] em vários estados já há estatutos que permitem que uma criança tenha mais de dois pais ou mães legais; e os tribunais reconhecem famílias multiparentais, de forma mais discreta, há décadas.[6] Em 2023, o município de Somerville, Massachusetts, aprovou a primeira portaria de não discriminação que protege explicitamente famílias não nucleares.[7] Fora dos Estados Unidos, mudanças em âmbito nacional já estão em andamento. Em 2022, a Suprema Corte da Suécia decidiu que um par de amigas que viviam juntas em uma fazenda contava como casal para os propósitos da Lei de Coabitação, o que tornava uma delas apta a receber uma apólice de seguro de 30 mil coroas após a morte da outra. (Os pais da mulher que morreu argumentaram, sem sucesso, que as duas não deveriam ser consideradas um casal porque não tinham um relacionamento na natureza sexual.)[8] O status legal de um "relacionamento interdependente adulto" na província canadense de Alberta permite que duas pessoas, entre as quais parentes e amigos, que funcionem como uma "unidade econômica e doméstica" tenham direitos semelhantes ao casamento.[9] Na época em que entreguei à editora o manuscrito deste livro, o Ministério Federal da Justiça da Alemanha estava trabalhando em uma reforma do direito da família que poderia conceder a amigos direitos semelhantes aos de casais casados.[10]

Mudanças legais poderiam impulsionar mudanças culturais – talvez, para evitar o tipo de situação que Barb enfrentou, na qual ela tinha toda a papelada com proteções oficiais, mas foi mantida do lado de fora do hospital pelos funcionários porque sua amizade com Inez era incompreensível para eles. No presente momento, um círculo vicioso entre a lei e a cultura impede a ascensão da amizade: a invisibilidade da amizade na lei perpetua a ideia de que esse tipo de vínculo é menos valioso do que relacionamentos românticos, o que justifica a ausência de amparo legal para ele. Leis que reconheçam o potencial das amizades de serem devotadas poderiam interromper esse ciclo.

Mas a legislação por si só não mudará as normas culturais. Precisaríamos de filmes, séries de TV e livros movidos por enredos platônicos – não românticos – como *Insecure*, *Broad City* e *Fora de série*, cujas protagonistas são amigas inseparáveis. Precisaríamos de canções que celebrassem e expressassem as dores do amor platônico. Também não faria mal se nossa cultura nos instigasse a desenvolver habilidades para discernir e comunicar aos outros o que queremos – uma mudança que poderia beneficiar relacionamentos de todos os tipos.

As representações culturais de amizades devotadas têm o poder de alterar a concepção das pessoas sobre o amor platônico. Uma professora que pesquisou uma amizade romântica entre duas mulheres no século XIX me disse que, tendo sido casada por vinte anos, ela perdeu a centelha de uma nova conexão com as pessoas. O único tipo de relacionamento disponível para uma pessoa casada que lhe ocorreu anteriormente foi um caso extraconjugal. Nesse tipo de centelha ela não tem interesse. Tendo aprendido que um dia a amizade já se estendeu muito além da nossa definição contemporânea, a professora agora sabe que relacionamentos platônicos podem oferecer o lampejo de entusiasmo e a profundidade de conexão que ela deseja. Ele se sente energizada ao pensar nas pessoas que conhecerá e o que essas amizades podem vir a se tornar.

Muitas das pessoas que entrevistei decidiram deixar publicamente registrada sua vida íntima por um motivo simples: "Estou interessada em garantir que outras pessoas sintam que existem outros modelos e outras maneiras de viver", disse Amelie. "Algo que outras pessoas podem criar para si mesmas." Joan afirmou que viver de maneira diferente "tem de ser visto, para que outras pessoas saibam a respeito disso, queiram isso, lutem por isso conosco, mudem o jeito como as coisas são". Enquanto ela me dizia isso, pensei no título de sua instalação fotográfica de 2019 em Nova York: *Ser visível torna um movimento possível.* Joan diz que ela e Amelie estão tentando mostrar "uma visão para um futuro diferente". Essas amigas são emissárias do mundo tal como ele poderia ser.

As expectativas que temos para diferentes tipos de relacionamentos podem afetar nosso comportamento, o que, por sua vez, afeta o formato que esses relacionamentos adquirem. Sabemos que é possível que alguém, em questão de meses, salte de um desconhecido que nos envia emojis de flerte em um aplicativo de namoro para a posição da primeira pessoa que queremos que nos abrace quando nossos olhos estão inchados de tanto chorar. Embora possa parecer dramático demais para admitir, em um primeiro encontro muitos de nós estamos tacitamente avaliando a possibilidade de nos apaixonarmos pela pessoa sentada à nossa frente, ou imaginando construir uma vida com ela.

Mas, quando estamos na fase de conhecer melhor um novo amigo ou amiga, não somos ensinados a extrapolar isso para um futuro compartilhado.

Tampouco somos ensinados a expor tanto de nós mesmos quanto fazemos em relacionamentos românticos. Art descobriu que as pessoas não deixam que os amigos e amigas as vejam em seu estado menos arrumado. Segundo ele, pessoas de classe média dos subúrbios "amam um gramado bem aparado – emocionalmente e de outras maneiras. A casa está uma bagunça, mas o gramado está bem cuidado, e ninguém vai aparecer a menos que a casa esteja limpa [...]. E tudo bem, até percebermos que o significado disso é que ninguém pode simplesmente aparecer e viver a vida conosco porque temos que deixar tudo bem limpo antes que alguém venha". Art acha que, ao esconder dos amigos e amigas as partes mais caóticas de nossa vida, limitamos nossa capacidade de desenvolver intimidade com eles. Considera-se normal ter conversas com um parceiro romântico sobre a quantas anda a relação e sobre o que cada pessoa quer dela; porém, nas amizades, muitos de nós operam de acordo com o mesmo princípio que Nick ouviu quando criança: "Se você está falando sobre sua amizade, você está se esforçando demais". No entanto, nem sempre percebemos essa relação de causa e efeito – como nosso comportamento alimenta uma lacuna de intimidade entre relacionamentos românticos e platônicos. Se sentimos distância emocional em uma amizade, podemos atribuir esses sentimentos às limitações da amizade em vez de perguntar se nossas expectativas é que atrapalharam.

Podemos criar as condições para a intimidade permitindo que as amizades ocupem mais espaço em nossa vida. Parcerias platônicas mostram que há pouca coisa que um amigo ou amiga não possa fazer. Essas amizades também podem nos ajudar a identificar quais relacionamentos têm potencial para crescer. Assim como a professora cujo contato com amizades românticas centenárias a fez perceber que poderia investir mais em amizades, a relação de amizade de Art com Nick o levou a refletir sobre os outros relacionamentos platônicos em sua vida. Antes de conhecer Nick, ele não sentia que tinha a liberdade de perguntar o que queria das amizades. Tendo chegado ao limite da amizade com Nick, Art diz que aprendeu a olhar para as pessoas em sua vida e "imaginar: qual é a versão mais completa dessa amizade?".

A versão mais completa não significa necessariamente uma amizade tão intensa quanto a dele e de Nick. Nem todo conjunto de pessoas tem a compatibilidade ou o espaço para um relacionamento tão envolvente; Nick acrescenta que "tentar copiar e colar" em outras amizades o que ele e Art têm provavelmente não funcionará bem. Mas ainda há oportunidades para uma conexão mais profunda, o que Art descobriu quando sugeriu a um casal de amigos seus que trabalhassem em colaboração. Suas sessões semanais de trabalho compartilhado o tornaram mais produtivo e fortaleceram sua amizade. Sua convivência com esse casal de amigos é tão íntima que ele já testemunhou os dois discutindo e já segurou o bebê deles no colo enquanto resolviam algum problema em outro cômodo da casa. "Acabamos compartilhando um bocado de coisas da vida lado a lado", diz Art, com bagunça e tudo.

Quando M. e eu morávamos a cinco minutos de caminhada uma da outra, nossa amizade ganhou tração e se intensificou, porque era muito fácil viver a vida lado a lado. Podíamos passar uma noite inteira em cantos opostos do sofá da sala de M., pernas esticadas uma em direção à outra e narizes enterrados em nossos próprios livros, e não pareceria que tínhamos desperdiçado a companhia uma da outra. Todo o tempo descontraído e despreocupado que passamos juntas me familiarizou com os comportamentos cotidianos de M. que, uma vez conhecidos, resultaram em intimidade: seu hábito de esquentar água por sessenta a noventa segundos (a duração depende do micro-ondas) para deixá-la na temperatura preferida. A maneira como M. move as mãos na direção oposta – uma no sentido horário, a outra no sentido anti-horário – quando esfrega manteiga de karité no cabelo. Seu costume de, ao darmos de cara com um rato que passa correndo por nós durante uma caminhada noturna em D.C., soltar um agudo trinado: *Ra-to-to-to-to!* Quando éramos vizinhas, rapidamente devoramos o que a professora de psicologia Lisa Diamond chama de os três "ingredientes mágicos" do apego: tempo, convívio e toque. Não tínhamos planejado nos tornar tão próximas – eu teria dificuldade até mesmo em imaginar uma amizade como a nossa –, mas, como morávamos tão próximas, tínhamos licença para ignorar quaisquer normas que geralmente limitam a amizade. Assim como Art, minha amizade com M. me fez pensar no que minhas outras amizades poderiam se tornar.

O primeiro item no e-mail de dois amigos, a quem chamarei de Naomi e Daniel, dizia que morar comigo e com meu marido "seria um sonho e tanto". Os itens subsequentes enumeravam os motivos pelos quais eles achavam que não gostaríamos de morar com eles: eles observam o sabá, seguem uma dieta *kosher*, têm um bebê e, com sorte, terão mais nos próximos anos. Inconveniências para nós, certamente, por sermos um casal secular e sem filhos. A ideia de dividir uma casa surgiu no início daquela semana, quando Marco e eu jantamos com Naomi e Daniel via Zoom. Enquanto os atualizávamos sobre os acontecimentos da nossa vida nos últimos meses, Marco e eu mencionamos que havíamos conversado com dois amigos sobre a possibilidade de comprarmos uma casa juntos. Fomos atraídos pela vibração de estar cercados por amigos e pela ideia de que, quando finalmente tivermos um filho, queremos uma configuração doméstica que impeça a vida familiar de parecer hermética.

Depois que Marco descreveu para o outro casal a conversa que tivemos, acrescentei que, é claro, adoraríamos esse tipo de arranjo com Naomi e Daniel se eles estivessem interessados. Mas eu não esperava que eles cogitassem a sério a ideia. Seria uma maneira de viver bastante incomum para uma jovem família de judeus observantes. E, mesmo que fôssemos próximos o bastante de Naomi a ponto de ela ter sido a celebrante do nosso casamento, ela e Daniel não eram nossos amigos mais próximos. Marco e eu brincamos que eles eram "muita areia para o nosso caminhãozinho" como amigos, amados por gente demais para que nós dois fôssemos os escolhidos em sua vida.

Aparentemente, eles não concordavam com isso. Na chamada via Zoom, eles sonharam acordados conosco sobre a possibilidade de criarmos um mini *kibutz* urbano – *kibutz* é o termo hebraico para um assentamento comunitário. Marco não deu a mínima para a lista de pontos negativos que Naomi e Daniel incluíram no e-mail que nos enviaram depois da nossa conversa, com o assunto "Kibbutz D.C.". Ele respondeu: "Sabá com muitos bebês, MEU SONHO! \:D/". (Se as letras maiúsculas não bastavam para comunicar adequadamente seu entusiasmo, o emoticon sorridente, assinatura característica de Marco, sem dúvida faria isso.) Morando com Naomi e Daniel, pensamos que teríamos mais do que amigos de moradia compartilhada; teríamos um modo de vida diferente – uma vida com a porta aberta para convidados e um relógio que nos forçaria a pausar nossa vida voltada para o trabalho e para a tecnologia em troca de guardar os feriados judaicos.

Como Naomi e Daniel se mudariam de Massachusetts para D.C. em apenas alguns meses, percebemos que não teríamos tempo suficiente para fazer os arranjos necessários para comprar uma casa, sobretudo porque nossa situação seria complicada. Não esperávamos que corretores imobiliários ou bancos tivessem muita experiência em avaliar um pedido de hipoteca para dois casais, e precisaríamos redigir um contrato a fim de assegurar que tínhamos um plano para vender ou sair da casa compartilhada. Recorremos à ideia de alugar. Durante uma caminhada, Marco e eu conversamos sobre essa opção, e expliquei que, por mais animada que estivesse para morar com nossos amigos, eu tinha preocupações financeiras. O apartamento de um quarto em que Marco e eu morávamos era uma pechincha. Se nos mudássemos com Naomi e Daniel para um espaço maior, nosso aluguel aumentaria de preço e ficaríamos para trás em nossa meta de economizar para dar a entrada em um imóvel. Marco não contestou esses fatos, mas questionou a importância deles. Ele me perguntou até que ponto nos importávamos em comprar uma casa em breve. Era apenas um próximo passo padrão? Ele destacou o quanto era especial a oportunidade de viver com aqueles amigos em particular naquela fase específica da vida do filho deles.

O fato de Marco ter que dizer tudo isso me fez encolher. Eu tinha passado anos pensando sobre o significado da amizade e entrevistando pessoas que construíram a vida em torno de amigos e amigas. Podia até ter superado a união compulsória (mais tarde, eu ignoraria o comentário de minha mãe sobre a configuração de coabitação. "Marco não é o suficiente?"). Mas eu não havia escapado de toda a programação social; meu instinto era priorizar o ganho financeiro em vez da amizade. Eu tinha absorvido a ideia de que vale a pena fazer sacrifícios para seguir uma carreira e nutrir certos relacionamentos – parceiros românticos, pais, filhos –, mas deixara os amigos e amigas de fora dessa lista. E esse não foi um sacrifício especialmente grande, porque Marco e eu não tínhamos um desejo forte de ter uma casa.

Enquanto Marco e eu perambulávamos pelo bosque, decidimos que o que mais importava para nós era a comunidade. Chamar pelo nome esse valor elucidou minha decisão. É fácil ver as desvantagens de uma escolha não convencional como essa – desde os custos financeiros de adiar a compra de uma casa até o trabalho extra de criar estratégias em um documento do Google sobre como encaixar os móveis de quatro pessoas em uma casa. Pode ser mais difícil perceber as desvantagens de seguir um caminho padrão, como o relativo isolamento que Marco e eu teríamos sentido se continuássemos vivendo sem mais ninguém, ou quanto trabalho teria sido necessário para apenas duas pessoas administrarem uma casa inteira. O que quer que pudesse acontecer em nossa casa compartilhada, entendi as desvantagens como um lado de uma escolha que eu havia feito deliberadamente. O Kibbutz D.C. estava aprovado.

Juntos, nós quatro surfamos nas ondas de expectativa e decepção do rígido mercado imobiliário de D.C. Um proprietário se recusou a nos mostrar seu apartamento porque não julgava que era adequado para "duas famílias". Por meio de sua atualização compulsiva no site de anúncios Craigslist, Naomi encontrou uma casa geminada com localização ideal que estava fora da nossa faixa de preço, mas ela convenceu o proprietário a diminuir o valor do aluguel em mais de 10%. Quando nos mudamos para a casa meses depois, no verão de 2021, descobri que Naomi era o diabo-da-tasmânia ao contrário – em vez de abrir um caminho de destruição, ela percorria a casa solucionando pepinos. Em duas semanas, pendurou todas as obras de arte nas paredes, completou a instalação das medidas de proteção para bebês e fez com que o proprietário resolvesse os muitos problemas de funcionamento em nossa casa centenária.

Num sábado, durante o almoço do sabá, discutimos respostas a um conjunto de perguntas que Marco nos enviara, baseadas no aconselhamento pré-marital que ele e eu tínhamos feito com um rabino. Ele incluiu uma pergunta "pré-morte" – o oposto de um exame pós-morte; tentaríamos imaginar um cenário hipotético em que decidíssemos dissolver a casa depois de um ano e em seguida prever quais seriam as prováveis causas. Dessa forma, seríamos capazes de anular esses riscos. Ouvir todos nós expressarmos nossas preocupações e reconhecer que nosso arranjo de vida era potencialmente frágil, em vez de fazê-lo parecer condenado ao fracasso, me aproximou de Naomi e Daniel.

Morar com Naomi, Daniel e seu filhinho de 1 ano, a quem chamarei de Yonah, imediatamente mudou o tom do que, de outra forma, seria uma vida pandêmica de uma nota só. Caixas de papelão vazias tornaram-se veículos para arrastar, zunindo de um lado para o outro da sala de estar, o risonho passageiro Yonah. Passei a associar as noites de sábado ao cheiro de canela e ao brilho de uma vela trançada para marcar o fim do sabá, seguido pelo ritual que rapidamente estabelecemos de serpentear pela casa em uma fila de conga enquanto entoávamos a canção "Shavua Tov". Quando Yonah aprendeu a falar, nossos nomes (ajustados para as capacidades de fala de uma criança pequena) estavam entre as primeiras palavras que ele aprendeu: "Coco" para meu marido e "Nana" para mim. Durante as respectivas visitas de nossas mães, ele as chamava de "Cocomama" e "Mamanana", e eu sentia nosso lar se expandir.

Antes de morar com Naomi e Daniel, eu os tinha colocado em um pedestal – uma posição de admiração, mas também, por definição, de distanciamento. Fiquei um tanto admirada com a presença sábia e quase régia de Naomi, apenas reforçada por seu sotaque alemão/britânico/estadunidense e sua erudição em filosofia. O conhecimento de Daniel, sobre temas que vão desde a capacidade cognitiva de aves até história mórmon, é enciclopédico, e seu julgamento intelectual é exigente; ele abandona um livro depois de apenas dez páginas se não ficar impressionado. (Brinquei que meu objetivo é fazê-lo ler além das dez primeiras páginas do meu livro.)

Desde que nos tornamos colegas de casa, minha admiração por Naomi e Daniel, na verdade, cresceu. Da nossa sala de estar, eu observava Daniel dobrar o tronco feito uma boneca de pano e olhar por entre as pernas para Yonah, cujas covinhas se afundavam nas bochechas com o enorme sorriso que se abria em seu rostinho. Eu via como os olhos de Naomi brilhavam interessados quando alguma conversa fazia menção à morte, o assunto do projeto jurídico ao qual ela vinha se dedicando havia meses. Eles me surpreenderam com sua consideração: deram um presente para Marco e para mim como agradecimento por tomarmos conta de Yonah enquanto estavam no hospital para o nascimento de seu segundo filho (que incluiu meias estampadas com cocos para Marco, também conhecido como Coco, e uma camiseta para mim com a inscrição #NANAVIDA.) Quando foi que encontraram tempo para montar esse presente? Vasculhar a internet em busca de presentes, Naomi me disse, acabou sendo "a atividade perfeita para as primeiras contrações".

E ainda assim o espaço entre mim e meus colegas de casa diminuiu porque testemunhei o casamento deles de maneiras mundanas, mas íntimas, a que raramente temos acesso em relacionamentos que não sejam os nossos. Aprendi que eles se dirigem um ao outro pelo termo carinhoso "ex", versão abreviada de "excepcional" (não uma piada interna de mau gosto relacionada a divórcio, como a princípio imaginei). Senti a tensão em um desentendimento entre eles sobre a decisão aparentemente trivial sobre usar ou não, num corte que acabei sofrendo no dedo, um creme antibacteriano vencido e de marca desconhecida. A essa altura eu já havia observado o relacionamento deles de perto o suficiente para deduzir que o creme era uma metáfora para diferenças de opinião de longa data sobre atenção com a saúde e frugalidade. Meus traços menos admiráveis e excentricidades também estavam em plena exibição para Naomi e Daniel: as críticas ferozes que vez por outra eu disparava contra a minha família, a maneira como me apossei da mesa de trabalho de Marco porque a minha tinha se tornado um covil de papéis e livros; meu hábito de economizar, resumido, nas palavras que Daniel usou um dia, "na capacidade de guardar até uma ínfima migalha de uma banana". Alguns anos atrás, Naomi e Daniel eram esboços para mim, e eu para eles. Agora, temos retratos detalhados.

Em uma das últimas noites que passou em seu apartamento em D.C., meu amigo Adam convidou a mim e a Marco para jantar. Trata-se da mesma pessoa que me perguntou qual era a diferença entre minha ligação com M. e com Marco. Com uma fartura de pratos da culinária afro-americana para viagem no centro da mesa, nós três acabamos conversando sobre relacionamentos, e Adam esclareceu que, embora tivesse tido relacionamentos poliamorosos, não sentia uma firme convicção em relação ao poliamor. O relacionamento romântico sério em que ele estava – a razão pela qual estava prestes a se mudar para o outro lado do país – era monogâmico. Então ele não é contra a monogamia. Ele é contra é a adesão a padrões – até bolou termos: ele se define contra a "padrãogamia", portanto sofre de "padrãofobia". Ao ouvir Adam dizer isso, percebi que é por isso que sinto uma necessidade tão forte de que as pessoas aprendam sobre parcerias platônicas: elas são um estudo de caso para resistir a padrões. Esteja você em uma ou simplesmente reserve um tempo para entendê-las, essas amizades nos tiram do piloto automático.

Foi o que aconteceu com a mãe de Andrew, Lisa. Depois de conversar com o filho sobre a amizade dele com Toly, ela refletiu sobre o grau de intencionalidade que trazia para as decisões em sua vida. Ela crescera com pais que eram sobreviventes do Holocausto e a empurraram para a segurança: um emprego que dava dinheiro, um marido. Lisa estava sempre se perguntando: "Qual é o próximo passo?". Não era como uma parede de escalada na qual ela podia escolher onde pisar em seguida, mas uma escada definida pela sociedade. A profissão que ela escolheu, professora, era prática. O casamento "nem sequer era uma questão necessariamente discutida", disse. "Era apenas o caminho que meio que já sabíamos que iríamos seguir." Ao ver o filho percorrer uma trilha não definida de antemão em sua amizade com Toly, Lisa se pergunta o que teria acontecido se ela tivesse feito algo semelhante. Diz ela: "Talvez tivesse sido mais divertido, gratificante, mas eu estava com muito medo de tentar".

Vivenciar uma amizade como a de Andrew e Toly, ou testemunhar uma, pode aguçar nossa visão, capacitando-nos perceber a treliça – para usar o termo de Art e Nick – que vinha direcionando nosso caminho o tempo todo. Ter contato com apenas uma dessas amizades pode eliminar ideias fixas sobre com quem (e com quantas pessoas) podemos passar o resto de nossa vida. A treliça talvez seja ideal e perfeita para alguns de nós; sua utilização por parte de um bocado de gente pode ser uma fonte de significado; e sua estrutura predefinida pode ser reconfortante. Mas, para aqueles de nós que têm dúvidas ou são curiosos, essas amizades podem nos dar a coragem necessária para nos desvencilharmos da treliça e crescermos em direção à luz.

Agradecimentos

Para fins de clareza, escritores limitam de caso pensado o número de personagens que aparecem em suas histórias. É simplesmente difícil para um leitor acompanhar muitas pessoas. No mundo real, porém, há um conjunto de pessoas que nos moldam, e moldam um projeto tão grande quanto um livro. Sem dúvida, é a mais pura verdade neste caso.

Minha agente Gail Ross, que me apoia ferozmente, entendeu minha visão para este livro desde nossa primeira conversa e está ao meu lado desde então. O afiado e criterioso trabalho de edição de Dara Kaye me ajudou a ver que estas páginas tinham coisas maiores a dizer sobre a sociedade do que eu imaginava a princípio.

Minha editora Hannah Phillips foi uma defensora deste livro antes mesmo de eu ter uma proposta para enviar a ela e nunca hesitou em seu entusiasmo ou paciência, apesar dos meus intermináveis e-mails.

Gareth Cook e Karen Olsson aumentaram as ambições da obra e me instigaram como repórter e escritora. Este é um livro muito melhor, e sou uma jornalista muito melhor, por causa deles.

Emily Krieger, que verificou meticulosamente os fatos do manuscrito, foi um esteio essencial – ela detectou erros que variavam de cômicos a sutis – e tem sido uma animada torcedora do livro.

Obrigada a todos na St. Martin's Press que deram vida a este livro e o colocaram nas mãos de mais pessoas, entre elas Laura Clark, Amelia Beckerman, Laurie Henderson, Gail Friedman, Jen Edwards, Soleil Paz, Hannah Jones e Jessica Zimmerman. Eu me senti segura depois que Devereux Chatillon passou o pente-fino no manuscrito. Courtney Wright compilou uma pesquisa inestimável e atuou como uma parceira de reflexões inicial. Molly Kovite teve a brilhante ideia para o título [em inglês, *The*

Other Significant Others]. Sou grata a Julie Beck por me permitir escrever longamente sobre essas amizades para a revista *The Atlantic*.

Shankar Vedantam, a primeira pessoa na minha órbita profissional a quem contei minha ideia de livro, não riu da minha versão de 26 anos de idade; ao contrário, deu-me um senso de urgência para que eu fizesse uma proposta a uma editora. Peter Slevin sugeriu que eu diminuísse o ritmo e começasse escrevendo um artigo. De alguma forma, ambos os conselhos estavam certos. Peter, seria impossível exagerar o efeito que você teve na minha educação, carreira e confiança. Eu gostaria que todos tivessem o incentivo de um mentor tão entusiasmado quanto você.

Rebecca Traister, obrigada por me deixar ser sua fã quando eu era estudante universitária, depois sua assistente de pesquisa e agora, talvez, quase sua colega. Hanna Rosin, para mim foi importantíssimo saber que você apoiou a ideia para este livro desde o início e continuou a ser uma grande defensora dela. Sou grata a esses mentores e aos outros escritores que desmistificaram o mundo editorial, entre os quais Briallen Hopper, Linda Kinstler, Kayleen Schaefer, Matt Sheehan e Logan Ury. Marisa Franco foi uma guia excepcional durante o processo de publicação. Obrigada ao grupo de apoio ao autor por todos os sábios conselhos.

Passei a maior parte da minha vida adulta na National Public Radio e aprendi com muitos colegas para citar um por um, então agradecerei às equipes dos programas e podcasts *Embedded, Hidden Brain, Invisibilia, Rough Translation, Planet Money, Louder Than a Riot* e *The Sunday Story* por me darem magistrais aulas de narrativa. Tirei a sorte grande no que diz respeito a chefes, primeiro com a inimitável Tara Boyle, depois com Nicole Beemsterboer, que garantiu que eu pudesse tirar um tempo para trabalhar no livro. (Eu me curvo em reverência ao sindicato SAG-AFTRA, da rádio, por incluir licenças sabáticas em nosso contrato!) Minhas chefes posteriores, Liana Simstrom e Katie Simon, me deram o mesmo apoio. A bolsa que recebi do programa National Endowment for the Humanities Public Scholars tornou possível tirar todos aqueles meses de folga do meu trabalho e dar atenção exclusiva ao livro.

Escrever sobre gente que tem um relacionamento invisível do ponto de vista social é uma aventura complicada. Só pude encontrar várias das pessoas que descrevo nestas páginas porque alguém gentilmente atuou como uma ponte entre mim e sua comunidade. Obrigada a Rachel Bergman, Katie Davidson, Julie Kliegman, Nancy Polikoff e Eve Tushnet.

Falei com muitas dezenas de pessoas que têm esse tipo de amizade que define a vida e sinto profunda gratidão por elas estarem dispostas a deixar uma desconhecida intrometida entrar em sua vida privada. A cada um dos que entrevistei ou que responderam à minha pesquisa: vocês moldaram de forma significativa as ideias deste livro. Espero que se vejam nestas páginas.

O estereótipo da escrita como uma prática de isolamento foi apenas parcialmente verdadeiro para mim. A Monson Arts e a Jentel Arts cederam-me espaços pitorescos e pacíficos para que eu pudesse habitar meus próprios pensamentos, com pouca coisa mais com que me preocupar. Mas sou igualmente grata pela companhia de extraordinários escritores e artistas que conheci nessas residências. Kim Trowbridge, obrigada por me convidar para ficar em seu estúdio enquanto você pintava e por me ajudar a reestruturar meu capítulo.

Angela Chen, Julia Craven, Natalia Emanuel, Betsy Feuerstein, Sarah Hurwitz, Ela Leshem, Jenny Schmidt, Roseanna Sommers, Emily Tamkin, Brandon Tensley, Luis Trelles e Lia Weintraub estão entre as pessoas que emprestaram seu tempo, conhecimento especializado do assunto e habilidade de edição para dar feedback sobre os capítulos do livro. Hannah Groch-Begley, não sei o que fiz para merecer a educação em história que você me proporcionou.

Simo Stolzoff me ensinou a escrever rascunhos ruins e depois graciosamente editou muitos desses rascunhos. Simo, foi um prazer ver você prosperar como autor. Obrigada a Smiley Poswolsky por ser nossa amiga *yenta*.

Certa vez a mãe do escritor francês Gustave Flaubert reclamou: "Sua mania por frases secou seu coração". Durante este projeto, temi sofrer a mesma acusação. A ironia não me escapou: para escrever um livro sobre amizade, precisei passar menos tempo com meus próprios amigos e amigas. Mas eles e elas foram compreensivos e me incentivaram. Obrigada a Adam, Chigozie Akah, Alex Baron, Lisa Einstein, Becca Kagan, Sara Katz, Caroline Mehl, Katherine Nagasawa, Gabrielle Newell, Tanya Rey, Baleja Saïdi, Parth Shah, Leah Varjacques e Anna Wherry. Obrigada aos amigos que fazem D.C. parecer um lar. Meus amigos e amigas que serviram como parceiros de responsabilidade e organizaram retiros de escrita fizeram o trabalho parecer férias.

Fui criada em uma família que valorizava fazer perguntas e se importar com o mundo ao nosso redor. Meu pai, Herschel Cohen, me deu uma imensa sensação de liberdade ao me encorajar a traçar meu próprio caminho. Minha mãe, Tobey Wittlin, é uma *kveller* experiente e a fonte original da minha consciência feminista. Passar tempo com meu irmão, Jason Cohen, invariavelmente me faz querer absorver conhecimento do jeito que ele faz. Minha cunhada, Ting Gong, abraçou minha família como se fosse sua. Meu tio, Norman Wittlin, me forneceu um modelo inicial para uma vida repleta de propósito, inconvencional e feliz. Cees e Leonie, obrigada por criarem a filha que vocês criaram (embora eu saiba que não é da sua natureza reivindicar o crédito), e a vocês dois e Akkie por me receberem em sua família.

Meus colegas de casa no Kibutz Swann nunca pareciam se cansar quando mais um jantar de sabá se transformava em uma conversa sobre parceiros platônicos. De pé sob a chupá em 2019, eu não poderia imaginar que no fim das contas a casa que construí com meu marido incluiria vocês e seus filhos. Que sonho tem sido. #Nanavida

Rachel Affleck, você foi uma distração suprema, mas compensou isso me mostrando o que significa adorar e ser adorado. Joan, você me deu a alegria de animadíssimas sessões de discussão semanais, leu o manuscrito inteiro e me deixou repetidamente abismada com seu apoio. Sigal Samuel, obrigada por ficar acordada até tarde na Swifflepoof Manor para falar sobre Wittgenstein e por tonificar meu abdome com sua hilaridade. Adrianna Smith Reig, você é uma leitora e amiga eternamente generosa e me ensinou a beleza do comprometimento, da tradição e da poesia.

Helen Toner, que pessoa extraordinária você é: sábia, compassiva, sempre presente com as pessoas a quem ama. Sei que escrevi um livro sobre amizade, mas a verdade é que com você aprendi muito sobre ser uma boa amiga.

Craig Pearson! Sinto a necessidade de gritar, porque quero deixar claro o papel fundamental que você teve no processo de escrita. Por anos, você me levantou de manhã para escrever, foi meu coach e me deu feedback sobre grande parte do manuscrito, mesmo tendo tão pouco tempo livre. Este livro tem suas digitais da primeira à última página.

Há duas pessoas sem as quais a ideia para este livro não existiria. Coco, como estou chamando você aqui, escrever um livro só pareceu algo plausível, e não ridiculamente audacioso, por causa da sua insistência para que eu escrevesse um livro. Sei que você não se importava que eu produzisse um livro em si, mas queria que eu sentisse que era capaz de um empreendimento tão gigantesco. Isso foi um profundo presente para mim. Trabalhar neste livro me fez refletir muito sobre parceria, e continuo infinitamente grata pela que temos – e que estamos sempre dispostos a revisar.

M., não haveria nenhuma toca de coelho para descer se não fosse por nossa amizade. Obrigada por me deixar escrever sobre você, sobre nós. No começo, você me estimulou a trazer um senso de expansão ao livro – a fim de expandir o senso dos leitores sobre o que é possível para a vida deles próprios. É isso que você faz: encoraja as pessoas ao seu redor a se abrirem para novos sentimentos, ideias e experiências – por mais desconhecidos ou incômodas que sejam. Meu mundo é imensuravelmente maior, mais rico e mais bonito por sua causa.

Notas

Introdução

[1] Eleanor Wilkinson, "Learning to Love Again: 'Broken Families', Citizenship and the State Promotion of Coupledom". *Geoforum*, v. 49, pp. 206-13, 2013.

[2] A filósofa Elizabeth Brake cunhou o termo *amatonormatividade* para descrever a expectativa social de que todos estão ou deveriam estar em um relacionamento romântico e que esse é o melhor e mais valioso tipo de conexão significativa. Seu termo é inspirado no conceito de *heteronormatividade*, que é a suposição de que todos são heterossexuais e que essa é a única maneira natural e normal de ser. A heteronormatividade resulta na norma imposta pela sociedade de que ser hétero é obrigatório (heterossexualidade compulsória). A meu ver, a amatonormatividade leva ao casal compulsório – a norma de que é obrigatório estar em um casal.

[3] Richard Fry e Kim Parker, "Rising Share of U. S. Adults Are Living Without a Spouse or Partner". Pew Research Center, 5 out. 2021, https://www.pewresearch.org/social-trends/2021/10/05/rising-share-of-u-s-adults-are-living-without-a-spouse-or-partner/.

[4] Richard V. Reeves e Christopher Pulliam, "Middle Class Marriage Is Declining, and Likely Deepening Inequality". Brookings Institution, 9 mar. 2022, https://www.brookings.edu/research/middle-class-marriage-is-declining-and-likely-deepening-inequality.

[5] Fry e Parker, "Living Without a Spouse or Partner", op. cit.

[6] Escrevo sobre isso no Capítulo 8.

[7] Philip N. Cohen, "Healthy Marriage and Responsible Fatherhood: Time for Some Results". Family Inequality (blog), 11 nov. 2014, https://familyinequality.wordpress.com/2011/11/14/hmi-and-rf-results/.

[8] John Carroll é o responsável por esse termo esperto. Escrevo a respeito dele e sua parceria platônica em meu artigo "What If Friendship – Not Marriage – Was at the Center of Life?", *The Atlantic*, 20 out. 2020, https://www.theatlantic.com/family/archive/2020/10/people-who-prioritize-friendship-over-romance/616779/.

9 Para mais informações sobre essa ideia, ver Esther Perel, *The State of Affairs: Rethinking Fidelity* (Nova York: Harper, 2017), pp. 41-5. [Ed. bras.: *Casos e casos: repensando a infidelidade*. Tradução de Débora Landsberg. Rio de Janeiro: Objetiva, 2018.]

10 Andrew W. Roberts et al., "The Population 65 Years and Older in the United States: 2016". U. S. Census Bureau, out. 2018.

11 Philip N. Cohen, "For Social Relationships Outside Marriage". Family Equality (blog), 10 fev. 2018, https://familyinequality.wordpress.com/2018/02/10/for-social-relationships-outside-marriage/.

12 Daniel Cox, "American Men Suffer a Friendship Recession". *National Review*, 6 jul. 2021, https://www.nationalreview.com/2021/07/american-men-suffer-a-friendship-recession/.

13 Jena McGregor, "This Former Surgeon General Says There's a 'Loneliness Epidemic' and Work Is Partly to Blame", *The Washington Post*, 4 out. 2017, https://www.washingtonpost.com/news/on-leadership/wp/2017/10/04/this-former-surgeon-general-says-theres-a-loneliness-epidemic-and-work-is-partly-to-blame/.

14 Julianne Holt-Lunstad et al., "Social Relationships and Mortality Risk: A Meta-Analytic Review". *PLOS Medicine*, v. 7, n. 7, 2010, https://doi.org/10.1371/journal.pmed.1000316. O Estudo Longitudinal de Harvard sobre o Desenvolvimento Adulto conclui também que a conexão social tem a maior influência na saúde e felicidade das pessoas.

15 David Brooks, "The Nuclear Family Was a Mistake". *The Atlantic*, 10 fev. 2020, https://www.theatlantic.com/magazine/archive/2020/03/the-nuclear-family-was-a-mistake/605536/. Em seu site, Marginal Revolution, o influente economista libertário Tyler Cowen chamou o artigo de "até agora o melhor ensaio do ano".

16 Sobre o declínio da frequência aos cultos religiosos após a pandemia, ver Lindsey Witt-Swanson et al., "Faith After the Pandemic: How COVID-19 Changed American Religion", Centro de Pesquisa sobre a Vida Norte-Americana, 12 jan. 2023, https://www.americansurveycenter.org/research/faith-after-the-pandemic-how-covid-19-changed-american-religion; para o declínio da religiosidade nas últimas décadas, ver Jeffrey M. Jones, "How Religious Are Americans?", Gallup, 23 dez. 2021, https://news.gallup.com/poll/358364/religious-americans.aspx.

17 Daniel A. Cox, "The State of American Friendship: Change, Challenges, and Loss". Centro de Pesquisa sobre a Vida Norte-Americana, 7 abr. 2022, https://www.americansurveycenter.org/research/the-state-of-american-friendship-change-challenges-and-loss.

18 Dan Witters, "U. S. Depression Rates Reach New Highs". Gallup, 17 maio 2023, https://news.gallup.com/poll/505745/depression-rates-reach-new-highs.aspx; Renee D. Goodwin et al., "Trends in Anxiety Among Adults in the United States, 2008-2018: Rapid Increases Among Young Adults". *Journal of Psychiatric Research*, v. 130, pp. 441-6, nov. 2020, https://doi.org/10.1016/j.jpsychires.2020.08.014.

Capítulo 1: Definindo o relacionamento

[1] Neste livro não gasto tempo abordando a possibilidade de fazer sexo no contexto de amizade; ilustrar amizades não sexuais com um parceiro já ocupa o espaço de um livro! Se você estiver interessado no papel que o sexo pode desempenhar nas amizades, investiguei essa questão com meus colegas do programa e podcast *Invisibilia* – no episódio "Friends with Benefits", de 2021.

[2] Kristen Berman, "The Family Gathering: Aka Our 'Non-Wedding'". *Medium*, 18 jul. 2018, https://bermster. medium.com/the-family-gathering-aka-our-non-wedding-1201364b4cb7.

[3] Alan Bray, *The Friend* (Chicago: University of Chicago Press, 2006), p. 80.

[4] Ibid.

[5] Claudia Rapp, *Brother-Making in Late Antiquity and Byzantium: Monks, Laymen, and Christian Ritual* (Oxford: Oxford University Press, 2015), p. 4.

[6] Ibid., p. 160.

[7] Ibid., p. 159.

[8] Ibid., p. 49.

[9] Ibid., p. 6.

[10] P. J. Heather, "Sworn-Brotherhood". *Folklore*, v. 63, n. 3, pp. 158-72, set. 1952, https://doi.org/10.1080/00155 87x.1952.9718120.

[11] Em *Brother-Making*, Rapp escreve sobre esses relacionamentos na Alemanha (p. 178) e diz que há relatos de pares monásticos no Egito, Palestina e Síria da Antiguidade tardia. O antropólogo David K. Jordan descreve a irmandade de sangue na China. Em todos os países, há termos diferentes para esse tipo de relacionamento – por exemplo, *affrèrement* na França e *pobratimstvo* nos Bálcãs.

[12] Ibid., p. 229.

[13] A pesquisa de Rapp parte da interpretação de John Boswell desses rituais em seu influente livro *Same-Sex Unions in Premodern Europe*. Boswell vê esses rituais como sanção de relacionamentos românticos entre pessoas do mesmo sexo.

[14] Bray, *The Friend*, op. cit., p. 236.

[15] Craig A. Williams, *Reading Roman Friendship* (Cambridge: Cambridge University Press, 2020), p. 15.

[16] Allan A. Tulchin, "Same-Sex Couples Creating Households in Old Regime France: The Uses of the Affrèrement". *Journal of Modern History*, v. 79, n. 3, pp. 613-47, set. 2007, https://doi. org/10.1086/517983.

[17] Allan Tulchin, "The 600 Year Tradition Behind Same-Sex Unions". History News Network, https://historynewsnetwork.org/article/42361.

[18] David K. Jordan, "Sworn Brothers: A Study in Chinese Ritual Kinship". Universidade da Califórnia em San Diego, 1 mar. 2001, https://pages.ucsd.edu/~dkjordan/scriptorium/jyebay.html#metaphor.

[19] Bray, *The Friend*, op. cit., p. 94.

[20] Ibid., p. 96.

[21] Ibid., p. 104.

[22] Por exemplo, Sharon Marcus, em *Between Women: Friendship, Desire, and Marriage in Victorian England*

(Princeton: Princeton University Press, 2007), descreve uma mulher que dá ao noivo um broche de cabelo ao mesmo tempo que envia uma carta amorosa à amiga (p. 40).

23 Jean-Jacques Rousseau, *La Nouvelle Héloïse: Julie; Or, the New Eloise: Letters of Two Lovers, Inhabitants of a Small Town at the Foot of the Alps* (University Park: Pennsylvania State University Press, 1968), p. 174. [Ed. bras.: *Júlia ou a nova Heloísa: cartas de dois amantes habitantes de uma cidadezinha ao pé dos Alpes*. Tradução de Fulvia Maria Luiza Moretto. São Paulo: Hucitec, 2006.]

24 Ibid., p. 383.

25 Leila J. Rupp e Susan K. Freeman escrevem em *Understanding and Teaching U. S. Lesbian, Gay, Bisexual and Transgender History* (Madison: University of Wisconsin Press, 2014): "Desde o século XVIII, a ciência moderna, a medicina e a cultura estabeleceram mulheres e homens como opostos polares: mulheres definidas pelo coração, homens pela cabeça e mãos. O casamento heterossexual deveria unir os dois opostos em um todo" (p. 144).

26 Marcus, *Between Women*, op. cit., p. 39.

27 Ibid.

28 Lillian Faderman, *Surpassing the Love of Men: Romantic Friendship and Love Between Women, from the Renaissance to the Present* (Nova York: HarperCollins, 1998), pp. 186-8; a Universidade de Michigan e faculdades femininas recém-fundadas, como Wellesley, são mencionadas em Nancy Sahli, "Smashing: Women's Relationships Before the Fall", *Chrysalis*, n. 8, pp. 17-27, verão 1979.

29 Faderman, *Surpassing the Love of Men*, op. cit., p. 190.

30 Ibid.

31 Helen T. Verongos, "Overlooked No More: Lucy Diggs Slowe, Scholar Who Persisted Against Racism and Sexism". *The New York Times*, 7 out. 2020, https://www.nytimes.com/2020/10/01/obituaries/lucy-diggs-slowe-overlooked.html.

32 Verongos, ibid.; Carroll L. L. Miller e Anne S. Pruitt-Logan, *Faithful to the Task at Hand: The Life of Lucy Diggs Slowe* (Albany: State University of New York Press, 2012), p. 44.

33 "Mary P. Burrill", D.C. Writers' Homes, 29 nov. 2020, https://dcwritershomes.wdchumanities.org/mary-p-burrill/.

34 Samantha Schmidt, "This Pioneering Howard Dean Lived with Another Woman in the 1930s. Were They Lovers?". *The Washington Post*, 26 mar. 2019, https://www.washingtonpost.com/history/2019/03/26/this-pioneering-howard-dean-lived-with-another-woman-s-were-they-lovers/.

35 Karen Anderson, "Brickbats and Roses: Lucy Diggs Slowe". In: Geraldine Jonçich Clifford (Org.), *Lone Voyagers: Academic Women in Coeducational Universities, 1870-1937* (Nova York: Feminist Press, 1989), p. 295.

36 "Slowe-Burrill House", D.C. Historic Sites, https://Historicsites.dcpreservation.org/items/show/1085.

37 Miller e Pruitt-Logan, *Faithful to the Task*, op. cit., p. 232.

38 Ibid., p. 233.

39 Por exemplo, há especulações de envolvimento romântico ou sexual entre Frances Willard e sua secretária Anna Adams Gordon, assim como entre Walt Whitman e Peter Doyle. Ver Wendy Rouse, "The Very Queer History of the Suffrage Movement", Serviço de Parques Nacionais, https://www.nps.gov/articles/000/the-very-queer-history-of-the-suffrage-movement.htm; Selbry Kiffer e Halina Loft, "Literally in Love: The Story of Walt Whitman and Peter Doyle", Sotheby's, 20 jun. 2019, https://www.sothebys.com/en/articles/literally-in-love-the-story-of-walt-whitman-and-peter-doyle.

40 Bray, *The Friend*, op. cit., p. 271.

41 Richard Godbeer, *The Overflowing of Friendship: Love Between Men and the Creation of the American Republic* (Baltimore: Johns Hopkins University Press, 2009), p. 3.

42 Sahli, "Smashing", op. cit., p. 21.

43 Faderman, *Surpassing the Love of Men*, op. cit., p. 246.

44 Sahli, "Smashing", op. cit., p. 21.

45 E. Anthony Rotundo, "Romantic Friendship: Male Intimacy and Middle-Class Youth in the Northern United States, 1800-1900". *Journal of Social History*, v. 23, n. 1, p. 1, outono 1989; Donald Yacovone, "Surpassing the Love of Women". In: Laura McCall e Donald Yacovone (Org.), *A Shared Experience: Men, Women, and the History of Gender* (Nova York: New York University Press, 1998), p. 207.

46 Godbeer, *Overflowing of Friendship*, op. cit., p. 55.

47 Ibid., p. 36; Yacovone, "Surpassing the Love of Women", op cit., p. 20.

48 Bray, *The Friend*, op. cit., p. 6.

49 Marcus, *Between Women*, op. cit., pp. 112-3.

50 Ibid., p. 113.

51 Ibid., p. 111.

52 Ibid., p. 113.

53 Lindsay Powers, "Oprah Winfrey Cries to Barbara Walters: 'I Am Not a Lesbian'". *Hollywood Reporter*, 8 dez. 2010, https://www.hollywoodreporter.com/tv/tv-news/oprah-winfrey-cries-barbara-walters-57842/.

Capítulo 2: Outras caras-metades

1 Percy Bysshe Shelley, *Epipsychidion: Verses Addressed to the Noble and Unfortunate Lady, Emilia V – Now Imprisoned in the Convent of –* (Londres: C. and J. Ollier, 1821), p. 13.

2 Bella DePaulo, *Singled Out: How Singles Are Stereotyped, Stigmatized, and Ignored, and Still Live Happily Ever After* (Nova York: St. Martin's Press, 2007), p. 4.

3 Ver Rebecca Traister, *All the Single Ladies: Unmarried Women and the Rise of an Independent Nation* (Nova York: Simon & Schuster, 2016).

4 Reva B. Siegel, "'The Rule of Love': Wife Beating as Prerogative and Privacy". *The Yale Law Journal*, v. 105, n. 8, pp. 2117-207, 1996, https://doi.org/10.2307/797286.

5 Stephanie Coontz, *Marriage, a History: How Love Conquered Marriage* (Nova York: Penguin Books, 2005).

6 Nancy Cott, *Public Vows: A History of Marriage and the Nation* (Cambridge, MA: Harvard University Press, 2000).

7 Ibid., p. 150.

8 Deborah Valenze, *First Industrial Woman* (Oxford: Oxford University Press, 1995).

9 Anya Jabour, "'The Language of Love': The Letters of Elizabeth and William Wirt, 1802-1834". In: Laura McCall e Donald Yacovone (Org.), *A Shared Experience: Men, Women, and the History of Gender* (Nova York: New York University Press, 1998), pp. 120-1.

10 Em uma famosa passagem de seus *Comentários* de 1765, o jurista inglês Sir William Blackstone escreve que "o próprio ser – ou existência legal – da mulher é suspenso durante o casamento, ou pelo menos é incorporado e consolidado no do marido". A *coverture* se espalhou da Inglaterra e influenciou as leis nos Estados Unidos. Os Decretos de Propriedade das Mulheres Casadas no final do século XIX começaram a minar as leis que eram embasadas na *coverture*.

11 O estupro conjugal só se tornou ilegal em todos os cinquenta estados dos Estados Unidos em 1993. Raquel Kennedy Bergen, "Marital Rape: New Research and Directions". National Online Resource Center of Violence Against Women, 2006, https:z//vawnet.org/sites/default/files/materials/files/2016-09/AR_MaritalRapeRevised.pdf.

12 A ideia de eras de Eli Finkel baseia-se no trabalho histórico de Coontz, que, no livro *Marriage, a History*, escreve: "Nunca antes na história as sociedades julgaram que um conjunto tão elevado de expectativas sobre o casamento fosse realista ou desejável".

13 Hope Reese, "Studying U. S. Families: 'Men Are Where Women Were 30 Years Ago'". *The Atlantic*, 27 mar. 2014, https://www.theatlantic.com/education/archive/2014/03/studying-us-families-men-are-where-women-were-30-years-ago/284515/.

14 Em seu livro *It's Not You: 27 (Wrong) Reasons You're Single* (Nova York: Perigee, 2007), Sara Eckel escreve: "Pessoas casadas gostam de dizer que casamento é 'trabalho', geralmente com um orgulho presunçoso e protestante – como se estivessem arando campos agrícolas o dia todo enquanto seus amigos solteiros tomavam *appletinis*" (p. 64).

15 A. O. Scott, "The Hard Work in 'Before Midnight', 'Amour' and Other Films and Shows". *The New York Times*, 19 jun. 2013, https://www.nytimes.com/2013/06/23/movies/the-hard-work-in-before-midnight-amour-and-other-films-and-shows.html?pagewanted=1&ref=weddings&_r=0.

16 Eli J. Finkel, "The All-or-Nothing Marriage". *The New York Times*, 14 fev. 2014, https://www.nytimes.com/2014/02/15/opinion/sunday/the-all-or-nothing-marriage.html.

17 Id., *The All-or-Nothing Marriage: How the Best Marriages Work* (Nova York: Dutton, 2017), p. 22.

18 Tom W. Smith, Jaesok Son e Benjamin Schapiro, *General Social Survey: Trends in Psychological Well-Being 1972-2014*. NORC, 2015, 5, https://www.norc.org/PDFs/GSS%20Reports /GSSPsyWellBeing15_finalformatted.pdf.

19 Naomi Gerstel e Natalia Sarkisian, "Marriage: The Good, the Bad, and the Greedy". *Contexts*, v. 5, n. 4, pp. 16-21, 2006.

[20] Id., "Marriage Reduces Social Ties". Council on Contemporary Families, https://sites.utexas.edu/contemporaryfamilies/2007/01/01/marriage-reduces-social-ties/.

[21] Gerstel e Sarkisian, "Greedy", op. cit., p. 16.

[22] Young-Il Kim e Jeffrey Dew, "Marital Investments and Community Involvement: A Test of Coser's Greedy Marriage Thesis". *Perspectives*, v. 59, n. 4, pp. 743-59, 2016, https://doi.org/10.1177/0731121415601270.

[23] Lewis Coser, *Greedy Institutions: Patterns of Undivided Commitment* (Nova York: Free Press, 1974).

[24] Elaine Cheung et al., "Emotionships: Examining People's Emotion-Regulation Relationships and Their Consequences for Well-Being". *Social Psychological and Personality Science*, v. 6, n. 4, pp. 407-14, 2015, https://doi.org/10.1177/1948550614564223.

[25] Elizabeth Keneski, Lisa A. Neff e Timothy L. Loving, "The Importance of a Few Good Friends: Perceived Network Support Moderates the Association Between Daily Marital Conflict and Diurnal Cortisol". *Social Psychological and Personality Science*, v. 9, n. 8, 2018, https://doi.org/10.1177/1948550617731499.

[26] Anonymous, *Satan's Harvest Home: Or the Present State of Whorecraft, Adultery, Fornication, Procuring, Pimping, Sodomy, and the Game of Flatts* (Londres: Sold at the Change, St. Paul's, Fleet Street, 1749), pp. 51-2.

[27] Bray, *The Friend*, op. cit., p. 271.

[28] Isso vem do relato de um historiador prussiano: Johann Wilhelm von Archenholz, *A Picture of England: Containing a Description of the Laws, Customs, and Manners of England. Interspersed with Curious and Interesting Anecdotes* (Dublin: P. Byrne, 1791), p. 198.

[29] John Ibson, *Picturing Men: A Century of Male Relationships in Everyday American Photography* (Chicago: University of Chicago Press, 2002), p. 55. Segundo a explicação de Ibson, essa nova masculinidade era literalmente muscular. Durante esse período, o "corpo masculino ideal da cultura da classe média passou de 'magro e rijo' para um corpo de 'volume físico e músculos bem definidos'".

[30] Godbeer, *The Overflowing of Friendship*, op. cit., p. 197.

[31] George Chauncey, *Gay New York: Gender, Urban Culture, and the Making of the Gay Male World, 1890-1940* (Nova York: Basic Books, 2008). A história é semelhante na Inglaterra. A historiadora Deborah Cohen escreve sobre como, em áreas de classe trabalhadora da Grã-Bretanha, o que marcava um homem como *queer* não era o tipo de sexo que ele fazia, mas a maneira como ele se vestia e agia. Ver Deborah Cohen, *Family Secrets: The Things We Tried to Hide* (Nova York: Penguin Books, 2014), p. 145.

[32] Chauncey, *Gay New York*, op. cit., p. 22.

[33] Martha Vicinus, *Intimate Friends: Women Who Loved Women, 1778-1928* (Chicago: University of Chicago Press, 2004), p. xxii.

[34] Na Inglaterra: Cohen, *Family Secrets*, op. cit., p. 144; nos Estados Unidos: Margot Canaday, *The Straight State: Sexuality and Citizenship in Twentieth-*

Century America (Princeton: Princeton University Press, 2009), pp. 11-2.

35 Eis mais detalhes do que ela escreveu: "A própria natureza de meus afetos por minhas amigas impede a possibilidade de qualquer elemento que não seja absolutamente sagrado entrar neles".

36 Faderman, *Surpassing the Love of Men*, op. cit., p. 244.

37 Cohen, *Family Secrets*, op. cit., p. 154; para um resumo das ideias complexas e às vezes contraditórias de Freud sobre a homossexualidade, ver Sara Flanders et al., "On the Subject of Homosexuality: What Freud Said", *International Journal of Psychoanalysis*, v. 97, n. 3, pp. 933-50, 2016, https://www.freud-zentrum.ch/wp-conten.

38 Vicinus, *Intimate Friends*, op. cit., p. 220.

39 Samantha Cooney, "What Monogamous Couples Can Learn from Polyamorous Relationships, According to Experts". *Time*, 27 ago. 2018, https://time.com/5330833/polyamory-monogamous-relationships/.

Capítulo 3: O que o sexo tem a ver com isso?

1 Excerto de "Dearest Friend", cap. 6 de *Ruins*, romance epistolar inédito de Andrea Dworkin, citado com permissão do Espólio de Andrea Dworkin.

2 Lisa M. Diamond, "Passionate Friendships Among Adolescent Sexual-Minority Women". *Journal of Research on Adolescence*, v. 10, n. 2, p. 194, 2000, https://doi.org/10.1207/SJRA1002_4.

3 Ibid., p. 197.

4 Ibid., p. 201.

5 Kiran Misra e Robin Ye, "The Satellite Dorms: Culture, Traditions, and the Making of Home". *Chicago Maroon*, 14 maio 2015, https://www.chicago-maroon.com/article/2015/5/14/satellite-dorms-culture-traditions-making-home/.

6 Lisa M. Diamond e Janna A. Dickenson, "The Neuroimaging of Love and Desire: Review and Future Directions". *Clinical Neuropsychiatry: Journal of Treatment Evaluation*, v. 9, n. 1, p. 39, 2012; Lisa Diamond, *Sexual Fluidity: Understanding Women's Love and Desire* (Cambridge, MA: Harvard University Press, 2008), p. 218.

7 Ibid., p. 219.

8 Christopher Munsey, "Love's Not Sex". *Monitor on Psychology*, v. 38, n. 2, p. 42, fev. 2007, https://www.apa.org/monitor/feb07/lovesnot.

9 Além de Lisa Diamond, os psicólogos Cindy Hazan e Phillip Shaver apresentaram esse argumento. Ver Cindy Hazan e Phillip Shaver, "Romantic Love Conceptualized as an Attachment Process", *Journal of Personality and Social Psychology*, v. 52, n. 3, pp. 511-24, 1987.

10 Diamond, *Sexual Fluidity*, op. cit., p. 225.

11 Cindy Hazan traz esse argumento, assim como o filósofo Robert Nozick, em seu livro *The Examined Life* (Nova York: Simon & Schuster, 1990): "Talvez aqui resida uma função da paixão, pavimentar e suavizar o caminho para a união em um *nós*; ela fornece entusiasmo para o indivíduo superar os obstáculos da

preocupação com a própria autonomia e propicia também uma iniciação ao pensamento do nós, constantemente ocupando a mente com pensamentos do outro e de vocês dois juntos" (p. 78).

12 Lisa Diamond, "What Does Sexual Orientation Orient? A Biobehavioral Model Distinguishing Romantic Love and Sexual Desire". *Psychological Review*, v. 110, n. 1, 2003, doi:10.1037/0033-295x.110.1.173.

13 Dorothy Tennov, *Love and Limerence: The Experience of Being in Love* (Nova York: Scarborough House, 1979), p. 244.

14 G. Oscar Anderson, "Love, Actually: A National Survey of Adults 18+ on Love, Relationships, and Romance". AARP Research, p. 3, nov. 2009, https://assets.aarp.org/rgcenter/il/love09.pdf.

15 Elaine Hatfield et al., "Passionate Love: How Early Does It Begin?". *Journal of Psychology and Human Sexuality*, v. 1, n. 1, pp. 35-51, 1988.

16 Angela Chen, *Ace: What Asexuality Reveals About Desire, Society, and the Meaning of Sex* (Boston: Beacon Press, 2020), p. 37.

17 Esther D. Rothblum et al., "Asexual and Non-Asexual Respondents from a U. S. Population-Based Study of Sexual Minorities". *Archives of Sexual Behavior*, v. 49, n. 2, pp. 757-67, 2020, https://doi.org/10.1007/s10508-019-01485-0.

18 Gary Gutting e Johanna Oksala, "Michel Foucault". In: Edward N. Zalta e Uri Nodelman (Org.), *Stanford Encyclopedia of Philosophy*, outono 2022, https://plato.stanford.edu/archives/fall2022/entries/foucault/.

19 Por exemplo, o psicoterapeuta Matt Lundquist escreve: "A insistência da sociedade de que o sexo deve sempre existir no âmbito do contexto da intimidade é opressiva e nega o fato de que todos os tipos de pessoas saudáveis em todo o mundo e ao longo da história encontram grande prazer e significado no sexo que não é íntimo". Essa citação aparece em sua postagem "Intimacy and Sex Aren't the Same Thing", *Tribeca Therapy*, 15 jun. 2017, https://tribeca-therapy.com/4780/sex-intimacy-couples-therapy/.

20 "Relationship FAQ". Asexual Visibility and Education Network, http://www.asexuality.org/?q=relationship.html#gq1.

Capítulo 4: Ser dono do próprio nariz

1 João 6:68 (Bíblia Nova Versão Internacional).

2 Mark McCormack e Eric Anderson, "The Influence of Declining Homophobia on Men's Gender in the United States: An Argument for the Study of Homohysteria". *Sex Roles*, v. 71, n. 3/4, pp. 109-20, 2014.

3 Ibid., p. 13.

4 Tina Fetner, "U. S. Attitudes Toward Lesbian and Gay People Are Better Than Ever". *Contexts*, v. 15, n. 2, pp. 20-7, 2016, https://doi.org/10.1177/1536504216648147; McCormack e Anderson, "The Influence of Declining Homophobia", op. cit., p. 6.

5 Niobe Way, *Deep Secrets: Boys' Friendships and the Crisis of Connection*

(Cambridge, MA: Harvard University Press, 2011).

6 No livro *The Psychology of Friendship*, David R. Hibbard e Gail E. Walton explicam que pesquisas mostram que "meninos são 'treinados' desde cedo para ser competitivos" e que "normas para amizades entre homens parecem desestimular a expressão comunitária ou sentimentalismo a todo custo, ao mesmo tempo que incentivam competição direta e 'demonstrações de superioridade'" (p. 222). O trabalho de Way em *Deep Secrets* também mapeia a maneira como meninos eliminam a intimidade emocional.

7 Geoffrey Greif, *Buddy System: Understanding Male Friendships* (Nova York: Oxford University Press, 2008). Greif distingue entre amizades "ombro a ombro", que ele diz serem típicas para os homens, e amizades "cara a cara" para as mulheres.

8 Jaeyeon Yoo, "Korean American Stories About Kinship and Intimacy". *Electric Literature*, 18 ago. 2021, https://electriliterature.com/yoon-choi-stories-s-kinship-korean-american/.

9 Rekha Basu, "U. S. Men Must Embrace Their Friends, Literally". *Des Moines Register*, 10 dez. 2013, https://www.desmoinesregister.com/story/opinion/columnists/rekha-basu/2013/12/11/basu-us-men-must-embrace-their-friends--literally/3980935/.

10 Por exemplo: em 2007, o então presidente do Irã, Mahmoud Ahmadinejad, disse que a homossexualidade é menos comum no Irã do que nos Estados Unidos. "President Misquoted over Gays in Iran: Aide". Reuters, 10 out. 2007, https:// www.reuters.com/article/us-iran-gays/president-misquoted-over-gays-in-i-ran-aide-idUSBLA05294620071010. Robert Mugabe, ex-presidente do Zimbábue, chamou a homossexualidade de "antiafricana" e de "doença branca". Bernardine Evaristo, "The Idea That African Homosexuality Was a Colonial Import Is a Myth". *The Guardian*, 8 mar. 2014, https://www.theguardian.com/commentisfree/2014/mar/08/african-homosexuality-colonial-impor-t-myth.

11 Por exemplo, ver Leah Buckle, "African Sexuality and the Legacy of Imported Homophobia", Stonewall, 1 out. 2020, https://www.stonewall.org.uk/about--us/news/african-sexuality-and-legacy--imported-homophobia.

12 Ibson, *Picturing Men*, op. cit., p. 30. Ele explica que, até a década de 1930, era um ritual comum os homens serem fotografados juntos em estúdio (p. 47).

13 Ronald F. Levant e Mike C. Parent, "The Development and Evaluation of a Brief Form of the Normative Male Alexithymia Scale (NMAS-BF)". *Journal of Counseling Psychology*, v. 66, n. 2, 2019, doi:10.1037/cou0000312; Emily N. Karakis e Ronald F. Levant, "Is Normative Male Alexithymia Associated with Relationship Satisfaction, Fear of Intimacy and Communication Quality Among Men in Relationships?". *Journal of Men's Studies*, v. 20, n. 3, 2012, https://doi.org/10.3149/jms.2003.179.

14 *APA Guidelines for Psychological Practice with Boys and Men* (Washington, D.C.: American Psychological Association, 2018), http://www.apa.org/

about/policy/psychological-practice--boys-men-guidelines.pdf.

15 Anna Machin, *Why We Love: The New Science Behind Our Closest Relationships* (Nova York: Pegasus Books, 2022).

16 Cox, "The State of American Friendship", op. cit.

17 Ibid.

18 Reiner, "Budding Social Safety Nets", op. cit.

19 "Men Have No Friends and Women Bear the Burden". *Harper's Bazaar*, 2 maio 2019, https://www.harpersbazaar.com/culture/features/a27259689/toxic-masculinity-male-friendships-emotional-labor-men-rely-on-women/.

20 Ray Fava, "Revoice Conference Exposed: Perverting Friendship, Marriage, and Promoting Queer Theory". *Evangelical Dark Web*, 8 abr. 2021, https://evangelicaldarkweb.org/2021/04/08/revoice-conference-exposed-perverting-friendship-marriage-and-promoting-queer-theory/.

21 João 13:23.

22 Trata-se de um argumento presente no capítulo "Pursuing Authenticity" do livro de Marisa Franco intitulado *Platonic: How the Science of Attachment Can Help You Make – and Keep – Friends* (Nova York: G. P. Putnam's Sons, 2022).

23 "John Mulaney Monologue – SNL", vídeo do YouTube, 8:21, postado por *Saturday Night Live*, 1 mar. 2020, https://www.youtube.com/watch?v=jRLH8ECpP0.

24 Por exemplo, um excerto da pesquisa de Cox de 2021: "Acerca dos norte-americanos com três ou menos amigos próximos […] mais da metade diz que se sentiu [solitário] pelo menos uma vez nos últimos sete dias. Por outro lado, apenas um em cada três norte-americanos com dez ou mais amigos próximos relata ter se sentido solitário nos últimos sete dias".

25 Jialu L. Streeter, "Gender Differences in Widowhood in the Short-Run and Long-Run: Financial, Emotional, and Mental Wellbeing". *Journal of the Economics of Ageing*, v. 17, supl. 1, 2020, https://doi.org/10.1016/j.jeoa.2020.100258; Janice Kiecolt-Glaser e Tamara L. Newton, "Marriage and Health: His and Hers". *Psychological Bulletin*, v. 127, n. 4, pp. 472-503, 2001, https://doi.org/10.1037/0033-2909.127.4.472.

26 As mulheres estão ausentes da discussão de Cícero sobre *amicitia*. Aristóteles afirma que os amigos reproduzem as características virtuosas uns dos outros, e define a virtude como pública e política, esferas das quais as mulheres eram excluídas.

27 Michel de Montaigne, "On Friendship". In: Stephen Greenblatt e Peter Platt (Org.), *Shakespeare's Montaigne: The Florio Translation of the Essays, a Selection* (Nova York: *The New York Review of Books*, 2014), p. 43.

28 Donald Yacovone, "Surpassing the Love of Women". In: Laura McCall e Donald Yacovone (Org.), *A Shared Experience: Men, Women, and the History of Gender* (Nova York: New York University Press, 1998), p. 196.

29 Godbeer, *The Overflowing of Friendship*, op. cit., p. 10.

30 Stefan Robinson, Adam White e Eric Anderson, "Privileging the Bromance: A Critical Appraisal of Romantic and Bromantic Relationships". *Men and Masculinities*, v. 22, n. 5, pp. 850-71, 2017.

31 Eric Anderson e Mark McCormack, "Inclusive Masculinity Theory: Overview, Reflection and Refinement". *Journal of Gender Studies*, v. 27, n. 5, pp. 547-61, 2018; Wendy Luttrell, "Making Boys' Care Worlds Visible". *Boyhood Studies*, v. 6, n. 2, pp. 186-202, 2012, https://doi.org/10.3149/thy.0601.186.

32 Em *Buddy System*, o estudo de Greif sobre centenas de amizades entre homens e mulheres, ele constatou que as amizades femininas tendem a ser construídas em torno da intimidade, ao passo que as dos homens giram em torno de atividades.

Capítulo 5: Famílias funcionais

1 "Co-Parenting Elaan", vídeo do YouTube, 4:21, postado por *National Post*, 24 mar. 2018, https://www.youtube.com/watch?v=apJ7ow1ifU.

2 "Portrait of Children's Family Life in Canada in 2016". Statistics Canada, 2 ago. 2017, https://www12.statcan.gc.ca/census-recensement/2016/as-sa/98-200 x/2016006/98-200-x-2016006-eng.cfm.

3 Paul Hemez e Chanell Washington, "Percentage and Number of Children Living with Two Parents Has Dropped Since 1968". U. S. Census Bureau, 12 abr. 2021, https://www.census.gov/li-

brary/stories/2021/04/number-of-children-living-only-with-their-mothers-has-doubled-in-past-50-years.html.

4 "Parenting in America: Outlook, Worries, Aspirations Are Strongly Linked to Financial Situation". Pew Research Center, 17 dez. 2015, https://www.pewresearch.org/social-trends/2015/12/17/1-the-american-family-today.

5 Marco Rubio, "Protecting Family as the Center of Culture". Edify, 15 nov. 2022, https://edify.us/video/protecting-family-as-the-center-of-culture/.

6 Julie Bosman, "Obama Sharply Assails Absent Black Fathers". *The New York Times*, 16 jun. 2008, https://www.nytimes.com/2008/06/16/us/politics/15cnd-obama.html.

7 Julie Ireton, "Raising Elaan: Profoundly Disabled Boy's 'Co-Mommas' Make Legal History". CBC, 21 fev. 2017, https://www.cbc.ca/news/canada/ottawa/multimedia/raising-elaan-profoundly-disabled-boy-s-co-mommas-make-legal-history-1.3988464.

8 Helen Rose Ebaugh e Mary Curry, "Fictive Kin as Social Capital in New Immigrant Communities". *Sociological Perspectives*, v. 43, n. 2, 2000, https://doi.org/10.2307/1389793.

9 Por exemplo, ver Marshall Sahlins, *What Kinship Is — and Is Not* (Chicago: University of Chicago Press, 2013).

10 "Illegitimacy", Law Library, https://law.jrank.org/pages/7473/Illegitimacy-Modern-Law.html; sobre apoio financeiro, ver "Inheritance Rights for Legitimate and Illegitimate Children", HG.org, https://www.hg.org/legal-articles/inheritance-rights-for-legitimate-and-

illegitimate-children-47186; Stephanie Coontz, "Illegitimate Complaints". *The New York Times*, 18 fev. 2007, https://www.nytimes.com/2007/02/18/opinion/18coontz.html.

[11] Esses casos, *Levy versus Louisiana* e *Glona versus American Guarantee & Liability Insurance Co.*, são resumidos em Doug NeJaime, "The Constitution of Parenthood", *Stanford Law Review*, v. 72, n. 2, pp. 261-379, 2020.

[12] Id., "Marriage Equality and the New Parenthood". *Harvard Law Review*, v. 129, n. 5, p. 1194, 2016.

[13] "Parenting in America", Pew Research Center.

[14] A adoção pelo padrasto ou madrasta ou segundo pai/mãe é um processo mais simplificado do que a adoção comum.

[15] *Susan H. versus Jack S.*, 30 Cal. App. 4th 1435 (Cal. Ct. App. 1994).

[16] *Susan H. versus Jack S.*, citando Estate of Cornelious, 35 Cal. 3d 461 (Cal. 1984).

[17] Charlotte J. Patterson, "Families of the Lesbian Baby Boom: Parents' Division of Labor and Children's Adjustment". *Developmental Psychology*, v. 31, n. 1, p. 115, 1995, http://citeseerx.ist.psu.edu/viewdoc/download?doi=10.1.1.454.9133&rep=rep1&type=pdf.

[18] Stephanie Coontz, *The Way We Never Were: American Families and the Nostalgia Trap* (Nova York: Basic Books, 2001), p. 19.

[19] Ashley Csanady, "Meet the Co-Mammas: Women Who Are Partners in Raising a Son, but Not Romantic Partners". *National Post*, 4 abr. 2017, https://nationalpost.com/news/canada/meet-the-co-mommas-women-who-a-re-partners-in-raising-a-son-but-not-romantic-partners.

[20] "*The Current* Transcript for July 7, 2017". CBC, 7 jul. 2017, https://www.cbc.ca/radio/thecurrent/the-current-for-july-7–2017–1.4193157/july-7–2017-full-episode-transcript-1.4195184.

[21] Ireton, "Raising Elaan", op. cit.

[22] "Co-Parenting Elaan", op. cit.

[23] Radhika Sanghani, "Platonic Parenting — Is This the Way of the Future?". *West Australian*, 13 abr. 2017, https://thewest.com.au/lifestyle/parenting/platonic-parenting-is-this-the-way-of-the-future-ng-b88446248z.

[24] Ibid.

[25] Ireton, "Raising Elaan", op. cit.

[26] "*The Current* Transcript", CBC, op. cit.

[27] Natasha Bakht e Lynda Collins, "Are You My Mother? Parentage in a Nonconjugal Family". *Canadian Journal of Family Law*, v. 31, n. 1, pp. 105-50, 2018.

[28] Ver Tabela 2 em Susan Hazeldean, "Illegitimate Parents", *UC Davis Law Review*, v. 55, n. 3, pp. 1583-715, 2022.

[29] "Co-Mammas Fight Rights". *New Family*, http://thenewfamily.com/2017/04/podcast-episode-131-co--mammas-fight-rights/.

[30] Reeves classifica os casamentos de forma similar a Wilcox e também é cético em relação aos casamentos enraizados principalmente no romance. Ele não argumenta a favor do retorno ao que ele chama de "casamento tradicional", com seus papéis de gênero retrógrados, mas sim que o futuro dos casamentos nos Estados Unidos está nos casamentos

de "parentalidade de alto investimento" – em que a cola não é sexo ou tradição, mas um compromisso compartilhado de criar filhos. Richard V. Reeves, "How to Save Marriage in America". *The Atlantic*, 13 fev. 2014, https://www.theatlantic.com/business/archive/2014/02/how-to-save-marriage-in-america/283732.

[31] W. Bradford Wilcox e Alysse ElHage, "COVID-19 Is Killing the Soulmate Model of Marriage. Good". *Christianity Today*, 22 jun. 2020, https://www.christianitytoday.com/ct/2020/july-august/coronavirus-covid-19-killing-soulmate-model-marriage-good.html.

[32] Bakht e Collins, "Are You My Mother?", op. cit., p. 11.

[33] Brandie Weikle, "Is There Sex After Kids?". *New Family*, http://thenewfamily.com/2016/02/podcast-episode-44-is-there-sex-after-kids/.

[34] Sacha M. Coupet, "Beyond Eros: Relative Caregiving, Agape Parentage, and the Best Interests of Children". *Journal of Gender, Social Policy & the Law*, v. 20, n. 3, pp. 611-21, 2012.

[35] Nancy Polikoff, "The New Illegitimacy: Winning Backwards in the Protection of the Children of Lesbian Couples". *Journal of Gender, Social Policy & the Law*, v. 20, n. 3, pp. 721-40, 2012.

[36] James C. Dobson, "Two Mommies Is One Too Many". *Time*, 12 dez. 2006, https://content.time.com/time/subscriber/article/0,33009,1568485,00.html.

[37] Pesquisadores têm debatido o quanto a industrialização está ligada à família nuclear. Para alguns estudiosos, a família nuclear remonta à Revolução Industrial; para outros, data de alguns séculos antes. De qualquer forma, não é tão antiga quanto Dobson sugere. Ver Paul Puschmann e Arne Solli, "Household and Family During Urbanization and Industrialization: Efforts to Shed New Light on an Old Debate", *History of the Family*, v. 19, n. 1, pp. 3-5, fev. 2014, https://doi.org/10.1080/1081602x.2013.871570.

[38] Sarah Blaffer Hrdy, "How Humans Became Such Other-Regarding Apes". National Humanities Center, https://053-nationalhumanitiescenter.org/on-the-human/2009/08/how-humans-became-such-other-regarding-apes/.

[39] Id., *Mothers and Others: The Evolutionary Origins of Mutual Understanding* (Cambridge, MA: Harvard University Press, 2011), p. 109.

[40] Elaine Tyler May, *Homeward Bound: American Families in the Cold War Era* (Nova York: Basic Books, 2008), pp. 13-14.

[41] Philip Cohen, *The Family: Diversity, Inequality, and Social Change* (Nova York: W. W. Norton, 2020), p. 44.

[42] Herbert G. Gutman, *The Black Family in Slavery and Freedom* (Nova York: Vintage, 1977), p. 222.

[43] "Kinship and Family". In: Faye Z. Belgrave e Kevin W. Allison (Org.), *African American Psychology: From Africa to America* (Los Angeles: Sage, 2009), p. 125.

[44] Robert Joseph Taylor et al., "Older African American, Black Caribbean, and Non-Latino White Fictive Kin Relationships". *Annual Review of Gerontology & Geriatrics*, v. 41, n. 1, 2021, https://www.ncbi.nlm.nih.gov/pmc/articles/PMC9005029/.

45 Cohen, *The Family*, op. cit., pp. 54-5.

46 Rose Cuison Villazor, "The Other Loving: Uncovering the Federal Government's Racial Regulation of Marriage". *New York University Law Review*, v. 86, n. 5, 2011.

47 Coontz, *The Way We Never Were*, op. cit., p. 8.

48 Ibid., p. 5.

49 Kath Weston, *Families We Choose: Lesbians, Gays, Kinship* (Nova York: Columbia University Press, 1992), p. 109. As famílias escolhidas eram uma parte importante da cena *ballroom* negra e latina. Por exemplo, ver Marlon M. Bailey, *Butch Queens Up in Pumps: Gender, Performance, and Ballroom Culture* (Ann Arbor: University of Michigan Press, 2013).

50 Susan Golombok et al., "Single Mothers by Choice: Mother-Child Relationships and Children's Psychological Adjustment". *Journal of Family Psychology*, v. 30, n. 4, pp. 409-18, 2016, doi:10.1037/fam0000188.

51 Golombok aponta também que qualquer família que se desvie da "família tradicional" é agrupada na categoria "famílias não tradicionais", independentemente da causa — se surgiram de um divórcio, de um pai ou mãe solo com uma gravidez não planejada ou de famílias possibilitadas por desenvolvimentos tecnológicos e mudanças nas atitudes sociais.

52 Susan Imrie e Susan Golombok, "Long-Term Outcomes of Children Conceived Through Egg Donation and Their Parents: A Review of the Literature". *Fertility and Sterility*, v. 110, n. 7, pp. 1187-93, 2018, https://doi.org/10.1016/j.fertnstert.2018.08.040; Susan Golombok, "Love and Truth: What Really Matters for Children Born Through Third-Party Assisted Reproduction". *Child Development Perspectives*, v. 15, n. 2, pp. 103-9, jun. 2021, https://doi.org/10.1111/cdep.12406.

53 Susan Golombok, *We Are Family: The Modern Transformation of Parents and Children* (Nova York: PublicAffairs, 2020), p. 27.

54 Ibid., p. 270.

55 Ireton, "Raising Elaan", op. cit.

56 "February 21, 2017, Full Episode Transcript". CBC, 21 fev. 2017, https://www.cbc.ca/radio/thecurrent/the-current-for-february-21–2017–1.3991287/february-21–2017-full-episode-transcript-1.3993019#segment2.

57 Elaine Cheung et al., "Emotionships: Examining People's Emotion-Regulation Relationships and Their Consequences for Well-Being". *Social Psychological and Personality Science*, v. 6, n. 4, pp. 407-14, 2015, https://doi.org/10.1177/1948550614564223.

58 Branwen Jeffreys, "Do Children in Two-Parent Families Do Better?". *BBC News*, 5 fev. 2019, https://www.bbc.com/news/education-47057787.

59 Essa citação é de um caso em que vários adultos buscaram a custódia de uma criança após a morte da mãe biológica. *In re* Clifford K, 217 W. Va. 625 (W. Va. 2005).

60 Csanady, "Meet the Co-Mammas", op. cit.

61 Bakht e Collins, "Are You My Mother?", op. cit., p. 134.

62 Doug NeJaime explicou em um e-mail à autora que, a partir de março de 2023,

as jurisdições que permitem que uma criança tenha mais de dois pais ou mães legais são Califórnia, Connecticut, Washington, D.C., Delaware, Maine, Nevada, Vermont e Washington.

[63] Debra Kamin, "'Mommunes': Mothers Are Living Single Together". *The New York Times*, 12 maio 2023, https://www.nytimes.com/2023/05/12/realestate/single-mother-households-co-living.html.

[64] "Platonic Co-Parenting Goes Mainstream". *Trends*, 22 jun. 2021, https://link.trends.co/view/5f-32c6fd3891211a672a9555ef5sc.2y7/13598f6e.

[65] Sanghani, "Platonic Parenting", op. cit.

[66] "Key Findings: Survey on Today's Women". Lake Research Partners, jul. 2017, https://familystoryproject.org/wp-content/uploads/2018/10/LRP--MemoKey-Findings2017.07.25.pdf.

[67] Baidar Bakh, Depoimento, 2 fev. 2016, p. 2.

Capítulo 6: Até o fim

[1] "2021 Profile of Older Americans". Administration for Community Living, nov. 2022, https://acl.gov/sites/default/files/Profile%20of%20OA /2021%20Profile%20of%20OA/2021ProfileOlderAmericans508.pdf.

[2] Ibid., p. 6.

[3] Bureau of Labor Statistics, "Median Weekly Earnings $971 for Women, $1,164 for Men, in Third Quarter 2022". *Economics Daily*, nov. 2022, https://www.bls.gov/opub/ted/2022/median-weekly-earnings-971-for-women-1164-for-men-in-third-quarter-2022.htm. Sobre as taxas de pobreza entre mulheres e homens mais velhos, consultar U. S. Census Bureau, *Income and Poverty in the United States: 2020*, Report Number P60-273 (Washington, D.C.: Government Printing Office, 2021), p. 16, https://www.census.gov/content/dam/Census/library/publications/2021/demo/p60-273.pdf.

[4] Zhe Li e Joseph Dalaker, "Poverty Rates Among the Population Aged 65 and Older". Congressional Research Service, p. 14, 6 dez. 2022, https://sgp.fas.org/crs/misc/R45791.pdf.

[5] Lauren Medina, Shannon Sabo e Jonathan Vespa, *Living Longer: Historical and Projected Life Expectancy in the United States*, Report Number P25-1145 (Washington, D.C.: Government Printing Office, 2020), p. 1, https://www.census.gov/content/dam/Census/library/publications/2020/demo/p25-1145.pdf.

[6] Os Centros de Controle e Prevenção de Doenças (CDCs) preveem que o número total de casos de câncer aumentará em quase 50% devido ao crescimento e ao envelhecimento da população dos Estados Unidos – uma extensão de uma tendência já existente. Hannah K. Weir et al., "Cancer Incidence Projections in the United States Between 2015 and 2050". *Preventing Chronic Disease*, v. 18, n. 59, pp. 108, jun. 2021, https://www.cdc.gov/pcd/issues/2021/pdf/210006.pdf. Sobre os casos de demência, ver "Dementia Incidence Declined Every Decade for Past Thirty Years", T. H. Chan School of Public Health, 14 ago. 2020, https://www.hsph.harvard.edu/news/press-releases/dementia-incidence-

-declined-every-decade-for-past-thirty-years/; "Minorities and Women Are at Greater Risk for Alzheimer's Disease", Centers for Disease Control and Prevention, 20 ago. 2019, https://www.cdc.gov/aging/publications/features/Alz-Greater-Risk.html.053.

[7] Andrew W. Roberts et al., "The Population 65 and Older in the United States: 2016". U. S. Census Bureau, out. 2018, https://www.census.gov/content/dam/Census/library/publications/2018/acs/ACS-38.pdf.

[8] Wendy Wang e Kim Parker, "Record Share of Americans Have Never Married". Pew Research Center, 24 set. 2014, https://www.pewresearch.org/social-trends/2014/09/24/record-share-of-americans-have-never-married/.

[9] Wendy Wang, "The State of Our Unions: Marriage Up Among Older Americans, Down Among the Younger". Institute for Family Studies, 12 fev. 2018, https://ifstudies.org/blog/the-state-of-our-unions-marriage-up-among-older-americans-down-among-the-younger.

[10] Renee Stepler, "Led by Baby Boomers, Divorce Rates Climb for America's 50+ Population". Pew Research Center, 9 mar. 2017, https://www.pewresearch.org/fact-tank/2017/03/09/led-by-baby-boomers-divorce-rates-climb-for-a-mericas-50-population/.

[11] Paola Scommegna, "Family Caregiving for Older People". Population Reference Bureau, 24 fev. 2016, https://www.prb.org/resources/family-caregiving-for-older-people/.

[12] Para uma referência a "idosos órfãos", ver Deborah Carr e Rebecca L. Utz,

"Families in Later Life: A Decade in Review", *Journal of Marriage and Family*, v. 82, n. 1, pp. 346-63, fev. 2020. Sobre um exemplo de "sem parentes próximos", ver Rachel Margolis e Ashton M. Verdery, "Older Adults Without Close Kin in the United States", *Journals of Gerontology: Series B, Psychological Sciences and Social Sciences*, v. 72, n. 4, pp. 688-93, 2017, doi:10.1093/geronb / gbx068.

[13] Carr and Utz, "Families in Later Life", op. cit., p. 357.

[14] "Daughters Provide as Much Elderly Parent Care as They Can, Sons Do as Little as Possible". *ScienceDaily*, 14 ago. 2014, https://www.sciencedaily.com/releases/2014/08/140819082912.htm.

[15] Paola Scommegna, "Family Caregiving", op. cit.

[16] Joanne Binette, *2021 Home and Community Preferences Survey: A National Survey of Adults Age 18+ Chartbook*. AARP Research, p. 9, 2022, https://www.aarp.org/content/dam/aarp/research/surveys_statistics/liv-com/2021/2021-home-community-preferences-chartbook.doi.10.26419-2Fres.00479.001.pdf.

[17] *2021 Profile of Older Americans*. The Administration for Community Living, p. 3, 2022, https://acl.gov/sites/default/files/Profile%20of%20OA/2021%20Profile%20of%20OA/2021ProfileOlderAmericans_508.pdf.

[18] Joanne Binette e Kerri Vasold, *2018 Home and Community Preferences: A National Survey of Adults Age 18-Plus*. AARP Research, p. 18, 18 ago. 2018, https://doi.org/10.26419/res.00231.001.

19 Kaya Laterman, "Getting a Roommate in Your Golden Years". *The New York Times*, 12 jan. 2018, https://www.nytimes.com/2018/01/12/realestate/getting-a-roommate-in-your-golden-years.html.

20 Valerie Finholm, "More Renters over Age 50 Turning to 'Golden Girls' Trend". *USA Today*, 19 ago. 2018, https://www.usatoday.com/story/news/nation/2018/08/19/golden-girls-home-sharing/1019790002/.

21 Laterman, "Getting a Roommate", op. cit.

22 Alexa Liacko, "Home Sharing Is Helping Seniors Afford Housing". Denver 7 Colorado News, 17 mar. 2022, https://www.thedenverchannel.com/news/national-politics/the-race/home-sharing-is-helping-seniors-afford-housing.

23 "Intergenerational Homeshare", Cidade de Boston, 19 set. 2017, https://www.boston.gov/departments/new-urban-mechanics/housing-innovation-lab/intergenerational-homeshare-pilot.

24 O site deles (https://www.nesterly.com) tem registros no centro de Ohio, na costa de Massachusetts, em Louisville e em Boston.

25 Jeff Foss, "The True Story of the Llano Tiny Home Exit Strategy". *Outside*, 10 fev. 2016, https://www.outsideonline.com/outdoor-gear/gear-news/true-story-llano-tiny-home-exit-strategy.

26 Alex Heigl, "'Tiny House Compound' in Texas Goes Viral as 'Bestie Row'". *People*, 13 maio 2015, https://people.com/celebrity/bestie-row-texans-tiny-house-compound-goes-viral/.

27 Foss, "The True Story", op. cit.

28 "7個廣州閨蜜合力造民宿 7 Girlfriends in Guangzhou Build a House to Live Together", vídeo do YouTube, 3:56, postado por "一条Yit", 28 jun. 2019, https://www.youtube.com/watch?v=Rqt2rZ99X4U&feature=youtu.be.

29 Eve Grzybowski, "Share-Housing in Your 60s: 'Six of Us Wanted to Do Retirement in an Extraordinary Way'". *The Guardian*, 17 jun. 2021, https://www.theguardian.com/lifeandstyle/2021/jun/13/share-housing-in-your-60s-six-of-us-wanted-to-do-retirement-in-an-extraordinary-way.

30 Heather Bolstler, "The Power of Ritual". Shedders (blog), 13 maio 2017, https://shedders.wordpress.com/2017/05/23/the-power-of-ritual/.

31 Phil Galewitz, "With Workers in Short Supply, Seniors Often Wait Months for Home Health Care". NPR, 30 jun. 2021, https://www.npr.org/sections/health-shots/2021/06/30/1010328071/with-workers-in-short-supply-seniors-often-wait-months-for-home-health-care.

32 Ibid.

33 Ateret Gewirtz-Meydan et al., "Ageism and Sexuality". In: Liat Ayalon e Clemens Tesch-Römer (Org.), *Contemporary Perspectives on Aging* (Nova York: Springer, 2018), p. 151.

34 Teresa E. Seeman et al., "Social Network Ties and Mortality Among the Elderly in the Alameda County Study". *American Journal of Epidemiology*, v. 126, n. 4, pp. 714-23, 1987.

35 William J. Chopik, "Associations Among Relational Values, Support,

Health, and Well-Being Across the Adult Lifespan". *Personal Relationships*, v. 24, n. 2, pp. 408-22, 2017, https://doi.org/10.1111/pere.12187.

[36] *Caregiving in the U.S. 2020*. AARP Family Caregiving, E-2, 2020, https://www.caregiving.org/wp-content/uploads/2020/06/AARP1316Exec-SumCaregivingintheUSWEB.pdf.

[37] *Still Out, Still Aging: The MetLife Study of Lesbian, Gay, Bisexual, and Transgender Baby Boomers*. MetLife Mature Market Institute & American Society on Aging, p. 3, 2010, https://www.asaging.org/sites/default/files/files/mmi-still-out-still-aging.pdf/.

[38] Muraco e Fredriksen-Goldsen, "'That's What Friends Do'", op. cit., p. 10.

[39] Shari Brotman et al., "Coming Out to Care: Caregivers of Gay and Lesbian Seniors in Canada". *Gerontologist*, v. 47, n. 4, pp. 490-503, 2007, https://doi.org/10.1093/geront/47.4.490.

[40] Victoria Sackett, "LGBT Adults Fear Discrimination in Long-Term Care". AARP, 27 mar. 2018, https://www.aarp.org/home-family/friends-family/info-2018/lgbt-long-term-care-fd.html.

[41] De Sackett: "Mais de 60% dos entrevistados afirmaram considerar que podem ser recusados ou receber cuidados limitados [em um ambiente de cuidados de longo prazo], e também temem correr o risco de negligência, maus-tratos ou assédio verbal ou físico. A maioria se sente inquieta quanto à aceitação e acha que entrar em cuidados de longo prazo pode forçá-los a esconder ou negar sua identidade LGBT".

[42] Andrew Nocon e Maggie Pearson, "The Roles of Friends and Neighbours in Providing Support for Older People". *Ageing & Society*, v. 20, n. 3, pp. 341-67, 2000, doi:10.1017/S0144686X99007771.

[43] University of Michigan Poll on Healthy Aging, "Loneliness Among Older Adults and During the COVID-19 Pandemic", dez. 2020, https://www.healthyagingpoll.org/reports-more/report/loneliness-among-older-adults-and-during-covid-19-pandemic.

Capítulo 7: A dor do luto

[1] Ann Friedman e Aminatou Sow, *Big Friendship: How We Keep Each Other Close* (Nova York: Simon & Schuster, 2020), p. 19.

[2] Pauline Boss et al., *Family Stress Management: A Contextual Approach*, 3. ed. (Thousand Oaks, Califórnia: Sage, 2017), pp. 74-5.

[3] Meg Bernhard, "What If There's No Such Thing as Closure?". *The New York Times*, 19 dez. 2021, https://www.nytimes.com/2021/12/15/magazine/grieving-loss-closure.html.

[4] Sheon Han, "You Can Only Maintain So Many Close Friendships". *The Atlantic*, 20 maio 2021, https://www.theatlantic.com/family/archive/2021/05/robin-dunbar-explains-circles-friendship-dunbars-number/618931/. Glynnis MacNicol escreve de forma pungente sobre a experiência de perder amizades para o casamento em seu livro de memórias *No One Tells You This* (Nova York: Simon & Schuster, 2018), p. 65.

5 Rebecca Traister, *All the Single Ladies: Unmarried Women and the Rise of an Independent Nation* (Nova York: Simon & Schuster, 2016), p. 102.

6 Sheila Heti, *How Should a Person Be?* (Nova York: Henry Holt, 2012), pp. 265-6.

7 Patti Miller, "A Friendship Breakup Is a Radical Loss. Why Don't We Talk About It More?". *The Guardian*, 12 abr. 2022, https://www.theguardian.com/books/2022/apr/13/a-friendship-breakup-is-a-radical-loss-why-dont-we-talk-about-it-more.

8 Hannah Friedrich, "Initial Diagnosis". CaringBridge, 16 maio 2011, https://www.caringbridge.org/visit/hannahfriedrich/journal; Friedrich, "Cycle 3 day 8". CaringBridge, 13 jul. 2011, https://www.caringbridge.org/visit/hannahfriedrich/journal.

9 Id., "IV Port". CaringBridge, 16 maio 2011, https://www.caringbridge.org/visit/hannahfriedrich/journal.

10 Id., "Happy Fall!". CaringBridge, 23 set. 2011, https://www.caringbridge.org/visit/hannahfriedrich/journal.

11 Id., "Change in Plans". CaringBridge, 17 fev. 2013, https://www.caringbridge.org/visit/hannahfriedrich/journal.

12 Kenneth J. Doka, *Disenfranchised Grief: Recognizing Hidden Sorrow* (Lexington, MA: Lexington Books, 1989).

13 Pauline Boss e Janet R. Yeats, "Ambiguous Loss: A Complicated Type of Grief When Loved Ones Disappear". *Bereavement Care*, v. 33, n. 2, pp. 63-9, 2014.

14 Friedman e Sow, *Big Friendship*, op. cit., p. 176.

15 "Complicated Grief". Mayo Clinic, 13 dez. 2022, https://www.mayoclinic.org/diseases-conditions/complicated-grief/symptoms-causes/syc-20360374.

16 George A. Bonanno, *The Other Side of Sadness: What the New Science of Bereavement Tells Us About Life After Loss* (Nova York: Basic Books, 2019), pp. 21-2.

17 Pauline Boss, *The Myth of Closure: Ambiguous Loss in a Time of Pandemic and Change* (Nova York: W. W. Norton, 2019).

18 Judith Butler, "Violence, Mourning, Policing". *Center for LGBTQ Studies News*, v. 12, n. 1, pp. 3-6, 2002, https://academicworks.cuny.edu/clags-pubs/54/.

19 "Shraddha". *Encyclopedia Britannica Online*, 9 out. 2015, https://www.britannica.com/topic/shraddha.

20 Meg-John Barker, *Rewriting the Rules: An Anti Self-Help Guide to Love, Sex, and Relationships* (Nova York: Routledge, 2018), p. 143.

21 Ibid., p. 262.

22 J. S. Park, "Intrapsychic Grief". Facebook, 11 ago. 2021, https://www.facebook.com/jsparkblog/posts/intrapsychic-grief-grieving-what-could-have-been-and-will-never-bethe-pain-of-lo/368905264828536/.

23 Por exemplo, ver Lalin Anik e Ryan Hauser, "One of a Kind: The Strong and Complex Preference for Unique Treatment from Romantic Partners", *Journal of Experimental Social Psychology*, v. 86, 2020, https://doi.org/10.1016/j.jesp.2019.103899.

Capítulo 8: Amizade colorida

[1] Nancy Polikoff, "Equality and Justice for Lesbian and Gay Families and Relationships". *Rutgers Law Review*, v. 61, n. 3, pp. 529-65, 2009, http://rutgerslawreview.com/wp-content/uploads/2011/08/Equality-and-Justice-for-Lesbian-and-Gay-Families-and--Relationships.pdf.

[2] Id., *Beyond (Straight and Gay) Marriage: Valuing All Families Under the Law* (Nova York: Beacon Press, 2009), pp. 57-8.

[3] Thomas Stoddard, "Why Gay People Should Seek the Right to Marry". *OUT/LOOK*, p. 9, outono 1989.

[4] Nancy Polikoff, entrevista à autora, 23 mar. 2022.

[5] Serena Mayeri, "Marital Supremacy and the Constitution of the Nonmarital Family". *California Law Review*, v. 103, n. 5, pp. 1277-352, 2015.

[6] Paula Ettelbrick, "Since When Is Marriage a Path to Liberation?" *OUT/LOOK*, p. 14, outono 1989.

[7] Ibid., p. 17.

[8] "Factbox: List of States That Legalized Gay Marriage". Reuters, 26 jun. 2013, https://www.reuters.com/article/us-usa-court-gaymarriage-states/factbox-list--of-states-that-legalized-gay-marriage-i-dUSBRE95P07A20130626.

[9] A União Norte-Americana pelas Liberdades Civis (ACLU) entrou com uma ação judicial em 2004 pelos direitos de casamento entre pessoas do mesmo sexo em Maryland. "ACLU Files Lawsuit Seeking Marriage for Same-Sex Couples in Maryland". ACLU, 7 jul. 2004, https://www.aclu.org/press-releases/aclu-files-lawsuit-seeking-marriage-same-me-sex-couples-maryland.

[10] "Joan E. Biren e Amelie Zurn-Galinsky". In: Grace Bonney (Org.), *Collective Wisdom: Lessons, Inspiration, and Advice from Women over 50* (Nova York: Artisan, 2021).

[11] "Divorce". Tribunais de Maryland, https://www.mdcourts.gov/sites/default/files/import/family/pdfs/familylawinformation-divorcelegaldigest.pdf. O site de um escritório de advocacia de Maryland afirma: "A parte mais importante de permanecer em um estado de separação de boa-fé é que você não pode ter relações sexuais com seu cônjuge. Se o fizer, corre o risco de um juiz rejeitar seu pedido de divórcio". Ver "Sexual Relations with Spouse During Pending Divorce Action", Meriwether & Tharp, https://mtlawoffice.com/news/sexual-relations--with-spouse-during-pending-divorce--action.

[12] Joan E. Biren, entrevista a Kelly Anderson, transcrição de gravação de vídeo. Voices of Feminism Oral History Project, Sophia Smith Collection, p. 26, 27 fev. 2004, https://compass.fivecolleges.edu/object/smith:1342624.

[13] Ibid., p. 23.

[14] Ibid.

[15] Gem Fletcher, "The Camera as a 'Revolutionary Tool': Joan. E. Biren on Unifying Lesbians in Their Struggle for Freedom". *It's Nice That*, 15 mar. 2021, https://www.itsnicethat.com/features/joan-e-biren-eye-to-eye-portraits-of-lesbians-photography-150321. Fletcher escreve: "Todas as representações na cultura eram falsas e ridículas – desde imagens extremamente romantizadas

de mulheres heterossexuais feitas para o olhar masculino, filmadas por David Hamilton, até monstros pornográficos devoradores de homens em filmes de terror".

16 Paul Moakley, "How a Groundbreaking Book Helped a Generation of Lesbians See Themselves in the 1970s". *Time*, 13 fev. 2021, https://time.com/5938729/eye-to-eye-portraits-of-lesbians-jeb/.

17 Carrie Maxwell, "Joan E. Biren aka JEB Talks Portraits of Lesbians Book Journey and Re-issue". *Windy City Times*, 21 abr. 2021, https://www.windycitytimes.com/lgbt/Joan-E-Biren-aka-JEB-talks-Portraits-of-Lesbians-book-journey-and-re-issue/70325.html.

18 Sophie Hackett, "Queer Looking". *Aperture*, 2015, https://issues.aperture.org/article/2015/1/1/queer-looking.

19 Melissa Murray, professora de direito da Universidade de Nova York, mapeia essa história de parcerias domésticas em "Paradigms Lost: How Domestic Partnerships Went from Innovation to Injury", *New York Review of Law and Social Change*, v. 37, n. 291, pp. 291-305, p. 2013, https://socialchangenyu.com/wp-content/uploads/2017/12/Melissa-MurrayRLSC37.1.pdf.

20 Scott L. Cummings e Doug NeJaime, "Lawyering for Marriage Equality". *UCLA Law Review*, v. 57, n. 1235, pp. 1235-331, 2010.

21 *Perry versus Brown*, 671 F.3d 1052 (9th Cir. 2012), https://casetext.com/case/perry-v-brown-3.

22 John Culhane, *More Than Marriage: Forming Families After Marriage Equa-*

lity (Oakland: University of California Press, 2023), pp. 26-7.

23 Empregadores privados fizeram a mesma suposição ainda antes. Em 1993, a Oracle abriu benefícios de parceria doméstica para casais do mesmo sexo. Exigia que o casal assinasse uma declaração juramentada que dizia: "Nós nos casaríamos legalmente se pudéssemos, e pretendemos fazê-lo caso o casamento se torne disponível para nós em nosso estado de residência". Ver Polikoff, *Beyond (Straight and Gay) Marriage*, op. cit., pp. 60-1.

24 *Obergefell versus Hodges*, 576 U.S. 644 (2015).

25 *Perry versus Brown*, 52 Cal. 4th 1116 (Cal. 2011).

26 Jay Guercio falou no TikTok e em diferentes veículos de comunicação sobre seu casamento platônico. Ela e sua amiga já romperam o relacionamento. Ver "Viral Best Friends in Platonic Marriage Have a Shocking Update", vídeo do YouTube, 5:54, postado por *Tamron Hall Show*, 6 fev. 2023, https://www.youtube.com/watch?v=kmZzs5vh9Hk.

27 Ed O'Loughlin, "In Ireland, a Same-Sex Marriage with a Tax Benefit". *The New York Times*, 24 dez. 2017, https://www.nytimes.com/2017/12/24/world/europe/ireland-gay-marriage-inheritance-tax.html.

28 Michael Warner, *The Trouble with Normal: Sex, Politics, and the Ethics of Queer Life* (Cambridge, MA: Harvard University Press, 2000), p. 117.

29 Kerry Abrams, "Marriage Fraud". *California Law Review*, v. 100, n. 1, pp. 1-67, 10, 2012.

30 Naomi Cahn et al., "Family Law for the One-Hundred-Year Life". *Yale Law Journal*, v. 132, n. 6, pp. 1691-768, 2023.

31 Hilary Osborne, "Sisters Lose Fight for Tax Rights of Wedded Couples". *The Guardian*, 29 abr. 2008, https://www.theguardian.com/money/2008/apr/29/inheritancetax.humanrights.

32 Abrams, "Marriage Fraud", op. cit., p. 56; ver pp. 39-40 para detalhes sobre fornicação e adultério.

33 Ibid., p. 42.

34 Kim Parker e Renee Stepler, "As Marriage Rate Hovers at 50%, Education Gap in Marital Status Widens". Pew Research Center, 14 set. 2017, https://www.pewresearch.org/short-reads/2017/09/14/as-u-s-marriage-rate-hovers-at-50-education-gap-in-marital-status-widens/.

35 Mayeri, "Marital Supremacy", op. cit., p. 1279.

36 "Personal Responsibility and Work Opportunity Reconciliation Act of 1996", Public Law 104-193, U. S. Statutes at Large 110, pp. 2105-355, 1996.

37 A escritora feminista Lyz Lenz expõe uma visão crítica sobre esse raciocínio. Ela escreve em seu boletim informativo: "Em suma, precisamos que as mulheres encampem parcerias românticas de modo que elas se tornem a rede de segurança social que nossos líderes e políticos se recusam a criar". Lyz Lenz, "Finding New Narratives in Sex and the City". *Men Yell at Me*, 12 jan. 2022, https://lyz.substack.com/p/finding-new-narratives-in-sex-and.

38 Angela Onwuachi-Willig, "The Return of the Ring: Welfare Reform's Marriage Cure as the Revival of Post-Bellum Control". *California Law Review*, v. 93, n. 6, pp. 1647-96, 2005, http://www.jstor.org/stable/30038499; Ife Floyd et al., "TANF Policies Reflect Racist Legacy of Cash Assistance". Center on Budget and Policy Priorities, 4 ago. 2021, https://www.cbpp.org/research/family-income-support/tanf-policies-reflect-racist-legacy-of-cash-assistance. Há ironia no foco em casar mães negras: historicamente o governo dos Estados Unidos impediu que negros estadunidenses se casassem, tema que discuto no Capítulo 5.

39 No painel, o membro sênior do AEI Ian V. Rowe falou sobre a "sequência de sucesso" – a ideia de que as pessoas que seguem uma série de etapas, incluindo o casamento antes de terem filhos, têm quase a garantia de não acabar na pobreza. Ver Isabel Sawhill, "Modeling Opportunity in America: The Success Sequence and Social Genome Model", Institute for Family Studies, 5 dez. 2018, https://ifstudies.org/blog/modeling-opportunity-in-america-the-success-sequence-and-social-genome-model; ver também o trabalho da socióloga Sara McLanahan, resumido aqui: Marcia J. Carlson, "Sara McLanahan: Pioneering Scholar Focused on Families and the Wellbeing of Children", *Proceedings of the National Academy of Sciences (PNAS)*, v. 119, n. 16, 2022, https://www.pnas.org/doi/10.1073/pnas.2204143119.

40 Ver o seguinte resumo dos principais estudos sociológicos sobre estrutura fami-

liar, estabilidade e bem-estar de filhos: "Family Stability", Urban Institute, 18 maio 2022, https://upward-mobility.urban.org/family-stability.

41 Emily Alpert Reyes, "Federal Funds to Foster Healthy Marriage Have Little Effect, Study Finds". *Los Angeles Times*, 9 fev. 2014, https://www.latimes.com/local/la-me-healthy-marriage-20140210-story.html; Philip N. Cohen, "More Marriage Promotion Failure Evidence". Family Equality (blog), 1 jun. 2018, https://familyinequality.wordpress.com/2018/06/01/more-marriage-promotion-failure-evidence/.

42 "Unmarried Childbearing". Centers for Disease Control and Prevention (CDCs), https://www.cdc.gov/nchs/fastats/unmarried-childbearing.htm.

43 Cahn, "Family Law", op. cit., p. 1691.

44 Vivian Hamilton, "Mistaking Marriage for Social Policy". *Virginia Journal of Social Policy & the Law*, v. 11, n. 3, pp. 307-72, 2004. A filósofa Elizabeth Brake também traz esse argumento em seu livro *Minimizing Marriage*.

45 Culhane, *More Than Marriage*, op. cit., p. 61.

46 Michele Zavos, em e-mail à autora, listou quais direitos dos negócios do Colorado seriam cobertos em um processo de planejamento patrimonial padronizado.

47 Culhane, *More Than Marriage*, op. cit., pp. 67-8.

48 Por exemplo, Cambridge, Massachusetts, e Somerville, Massachusetts. Ver Polyamory Legal Coalition, https://polyamorylegal.org/.

49 Emily Zentner, "I Do: California Domestic Partnerships Surge After More Opposite-Sex Couples Allowed to File". Rádio Pública Capitol, 22 set. 2020, https://www.capradio.org/articles/2020/09/22/i-do-california-domestic-partnerships-surge-after-more-opposite-sex-couples-allowed-to-file/.

50 Ibid.

51 "Is the Number of PACS Civil Unions in France the Same as the Number of Marriages?". Institut National d'Etudes Démographiques, jun. 2022, https://www.ined.fr/en/everythingabout_population/demographic-facts-sheets/faq/is-the-number-of-pacs-civil-unions-in-france-the-same-as-the-number-of-marriages/.

52 Ele escreve em *Obergefell*: "Uma primeira premissa dos precedentes relevantes da Corte é que o direito à escolha pessoal em relação ao casamento é inerente ao conceito de autonomia individual. Essa conexão permanente entre casamento e liberdade é o motivo pelo qual *Loving* invalidou as proibições de casamento inter-racial sob a Cláusula do Devido Processo Legal".

53 Richard Fry e Kim Parker, "Rising Share of U. S. Adults Are Living Without a Spouse or Partner". Pew Research Center, 5 out. 2021, https://www.pewresearch.org/social-trends/2021/10/05/rising-share-of-u-s-adults-are-living-without-a-spouse-or-partner/.

Epílogo

1 Terry Gross, "'New Yorker' Culture Critic Says Music and Mixtapes

Helped Make Sense of Himself". *Fresh Air*, 18 out. 2022, https://www.npr.org/2022/10/18/1129644971/new-yorker-culture-critic-says-music-and-mixtapes-helped-make-sense-of-himself.

[2] Kate Redburn, "Zoned Out: How Zoning Law Undermines Family Law's Functional Turn". *Yale Law Journal*, v. 128, n. 8, 2019, https://www.yalelawjournal.org/note/zoned-out.

[3] "Somerville Passes Historic Non-Discrimination Ordinance Protecting Polyamorous Families and Other Diverse Relationships". Chosen Family Law Center, 24 mar. 2023.

[4] O Healthy Families Act, que é apresentado ao Congresso todos os anos desde 2004 para estabelecer uma diretriz federal de licença médica, define a elegibilidade de forma ampla: "um filho, um pai ou mãe, um cônjuge, um parceiro doméstico ou qualquer outro indivíduo com parentesco de sangue ou afinidade cuja associação próxima com o funcionário seja equivalente a um relacionamento familiar".

[5] Existem estruturas legais estaduais, como uniões civis em Illinois e parcerias domésticas em Washington, D.C. As parcerias domésticas municipais em Cambridge, Massachussets, e Somerville, Massachussets, não têm uma conotação romântica para elas. Ver Polyamory Legal Advocacy Coalition, https://polyamorylegal.org.

[6] Courtney G. Joslin e Douglas NeJaime, "Multi-Parent Families, Real and Imagined". *Fordham Law Review*, v. 90, n. 6, pp. 2561-89, 2022. Nesse artigo, Joslin e NeJaime analisam quarenta anos de jurisprudência na Virgínia Ocidental e descobrem que lares multiparentais foram reconhecidos pelos tribunais. Esses casos geralmente envolviam filhos concebidos por casais de sexos diferentes, nos quais um terceiro adulto se tornava parte do quadro parental.

[7] "Somerville Passes Historic Non-Discrimination Ordinance".

[8] "Sex Is Not a Condition for Cohabitation". LexPress, 8 jul. 2022, https://www.lexpress.se/doc/482020.

[9] "Adult Interdependent Relationships". Canadian Legal FAQs, https://www.law-faqs.org/alberta-faqs/family-law/adult-interdependent-relationships/.

[10] "Germany Considers Granting Friends Similar Legal Rights to Married Couples", vídeo do YouTube, 3:42, postado por DW News, 28 fev. 2023, https://www.youtube.com/watch?v=VTkU9SFPPuI.

Este livro foi composto com tipografia Adobe Garamond Pro e impresso em papel Off-White 70g/m² na Formato Artes Gráficas.